KASSERA · DER LAUTLOSE FLUG

WINFRIED KASSERA

DER LAUTLOSE FLUG

Erlebnisse, Eindrücke und Tips aus dem Segelflug

MOTORBUCH VERLAG STUTTGART

Einbandgestaltung: Siegfried Horn
unter Verwendung eines Dias des Autors.
Die Zeichnungen im Innenteil fertigte der Autor

Fotos von Winfried Kassera, Barbara Kassera, Christian Flütsch (2), Manfred Schefczik (1) und Karl Doser (1)

Die Luftbilder sind freigegeben durch die Regierung von Oberbayern unter der Nummer GS 300/9320/83

ISBN 3-87943-951-6

2. Auflage 1987

Eine Abteilung des Buch- und Verlagshauses Paul Pietsch GmbH & Co. KG.

Satz und Druck: Studiodruck, 7440 Nürtingen-Raidwangen.
Bindung: Großbuchbinderei E. Riethmüller, 7000 Stuttgart 1.
Printed in Germany

Inhalt

Vorwort 6
Flugschüler 7
Luftfahrerschein – was nun? 16
Kunstflug 22
Wolkenflug 32
Motorsegler 50
Fluglehrer 52
Fluggerät 67
Vereins- oder Privatflugzeug? 75
Kostenrechnungen 79
Mannschaft 87
Teamflug 92
Wettbewerbe, Meisterschaften 100
Gefahren? 112
Risiko 117
Eine Außenlandung 125
Streckenflug 127
Gewitter 138
Alpen 145
Höher! 151

Vorwort

Wer nicht direkt mit dem Segelflug verbunden ist, sei es als aktiver Pilot, als Mitglied eines Luftsportvereins oder als fachkundiger Flugplatzbesucher, der erfährt eigentlich nur die extremen Erscheinungen dieser Freizeitbetätigung und das nur in spärlichster Form: Kurzberichte über Meisterschaften, Notizen über neue Weltrekorde oder mal ein Bild von einer Neukonstruktion. Breit ausgetreten dagegen erscheinen in der Tagespresse die Unfälle, und selbst harmlose Außenlandungen werden spektakulär als Notlandungen deklariert. Seit neuestem gibt sich der Journalismus auch dazu her, die wenigen Minuten, in denen ein Segler von einem Motorflugzeug auf seine geringe Ausgangshöhe geschleppt wird, unter die Rubrik ›unerträgliche Lärmbelästigung‹ einzureihen.

Kann das wirklich alles sein, was diese Sportart der Allgemeinheit zu bieten hat: ein paar exotische Piloten, Unfälle, Lärm?

Es gibt viel mehr Leute, die dem Luftsport nahestehen, als man annimmt. Der Urwunsch, fliegen zu können wie die Vögel, steckt in jedem irgendwo drin, wird aber in den meisten Fällen von der Angst, dabei fallen zu können, verdrängt. Wie könnte man sich sonst erklären, daß in unserem Jahrhundert, dem einzigen seit Beginn der Menschheitsgeschichte, in dem der motorlose Flug bis zu einer nie geahnten Perfektion gelungen ist, relativ wenige Menschen von dieser Möglichkeit Gebrauch machen und sei es nur, um als Passagier einmal dem eigenen Entdeckerdrang nachzugeben?

Wer sich erst einmal überwunden hat, und nach der Landung aus dem engen Cockpit steigt, sieht einem startenden Schleppzug plötzlich mit ganz anderen Augen nach.

Um so mehr haben die Piloten die Verpflichtung, den Nichtfliegern ihre Erlebnisse, Gefühle, Probleme und auch Ängste mitzuteilen. Wie sonst können sie Verständnis für ihre Sorgen erwarten? Wie sonst können sie sich gegen die immer stärker werdende Einengung ihres Luftraums wehren und den Leuten entgegentreten, die aus schierem Eigeninteresse am liebsten sogar den Vögeln das Fliegen verbieten wollen? Wie sonst können sie denen, die ihnen Sympathie entgegenbringen, die sie unterstützen, danken und ihnen eine kleine Freude bereiten. Lassen wir also unsere ›Sympathisanten‹ miterleben, mitfühlen und speisen wir sie nicht mit einem billigen »Schön war's« ab, wenn sie uns nach der Landung nach unseren Eindrücken fragen.

Flugschüler

Hermann ist heute ausgesprochen sauer auf seinen Fluglehrer. Er würdigt ihn keines Blickes mehr, spricht nicht mehr mit ihm.
Statt der erwarteten drei oder vier Schulflüge hat er genau einen einzigen erhalten. Und jetzt ist Sonnenuntergang.
»Nächstes Mal kommst du als erster dran.«
Auch dieses Versprechen kann ihn nicht aufmuntern, der Rückstand gegenüber den anderen hat sich in den letzten Wochen immer mehr vergrößert, und wenn er zum nächsten Flugbetrieb wieder eine Stunde später als die anderen kommt, hat er wieder das Nachsehen.
»Die haben etwas gegen mich«, glaubt er zu wissen. »Ein Vierteljahr lang bin ich nun schon – fast jedes zweite Wochenende – am Flugplatz und fliege immer noch nicht allein. Wenn das so weitergeht, wechsle ich den Verein.«
Was bekommt er denn schon geboten? Fast nichts, so scheint es ihm. Aber jeder will etwas:
Der Vorsitzende des Vereins verlangt Eigeninitiative und Einsatzbereitschaft für grundsätzlich alle Tätigkeiten. Da soll man Schreiner, Anstreicher, Automechaniker, Tellerwäscher und Putzfrau möglichst gleichzeitig sein. Wie sagt er immer?
»Es wäre wünschenswert, wenn jeder etwas mehr mitdenken und vor allem mehr mitarbeiten könnte, da jeder von uns nur ehrenamtlich tätig ist.«
Der Werkstattleiter beansprucht jede Woche mindestens einen vierstündigen Abend, um irgendwelche Arbeitsbeschaffungsprogramme durchzuziehen. Wenn ihm nichts Besseres einfällt, läßt er die Werkstatt aufräumen und auskehren. Man kann das schon nicht mehr hören: »Nur an einem sauberen Arbeitsplatz kann saubere Arbeit geleistet werden.«
Der Kassierer, der sich wahrscheinlich vom Taschengeld ein Motorrad leisten könnte, kann es nicht fassen, daß man seine Beiträge nicht freiwillig im voraus bezahlt, aber ein Moped fährt. Seine Drohungen mit Flugverbot sind die reinste Erpressung.
Der Fluglehrer wäre ja vielleicht noch zu akzeptieren. Aber diese Ungerechtigkeiten bei der Startverteilung wie heute nerven einen doch. Kann er sich den Tag denn wirklich nicht besser einteilen? Außerdem erwartet er, daß man jeden Sonntagmorgen um neun Uhr die Hallentore aufzieht und bis zum Dunkelwerden am Startplatz herumgammelt und Flugzeuge zurückschiebt.
Darf man ausnahmsweise den Rückholwagen fahren und will den Startablauf endlich mal etwas beschleunigen, indem man die Seile flotter auszieht, so wird man vom Windenfahrer und vom Flugleiter gleichzeitig zusammengepfiffen, nur weil der Windenfahrer das schnellere Tempo nicht gecheckt und Seilsalat angerichtet hat.
Ob das in allen Vereinen so ist?
Hermann erkundigt sich und muß feststellen, daß bezüglich Kosten, Arbeitsleistungen und Flugdienst fast überall die gleichen Zustände herrschen. Nur die Gewichtungen sind von Fall zu Fall verschieden.
Seine ursprünglich fast begeisterte Stimmung geht in eine zwiespältige über: Einerseits fühlt er, daß an diesem Phänomen Segelflug etwas dran sein könnte, das alle Mühen und Unannehmlichkeiten lohnen muß. Blieben sonst die anderen jahre- und jahrzehntelang dabei? Andererseits scheint ihn doch weitaus mehr Arbeits- als Flugzeit zu erwarten. An den Wochenenden kommt man zu nichts anderem mehr. Freunde und Freundinnen können das überhaupt nicht verstehen.
Sollte man vielleicht nicht doch lieber einer anderen Beschäftigung nachgehen, die intensiveren Freizeitcharakter hat, d.h. die einen nicht so ausschließlich beansprucht?
So wie er standen viele unserer Piloten einmal vor dem Scheideweg oder werden noch dort ankommen. Oft sind die äußeren Einflüsse ausschlaggebend, die eine Entscheidung erzwingen. Die Fluglehrer spüren die Halbherzigkeit, mit der man vor lauter Zweifeln bei der Sache ist. Der Mißmut über die ausbleibenden

schnellen Erfolge in der Ausbildung nähren die Einstellung: »Das ist halt doch nicht das Richtige für mich.« Dadurch wird der Eingliederungsprozeß in das Vereinsleben behindert. Die Folgen sind, daß der Werkstattleiter an die Zauderer nur die »niedrigen« Arbeiten verteilt, weil er berechtigte Zweifel an der Zuverlässigkeit der Ausführung verspürt und der Kassier besonders argwöhnisch auf die eingehenden Zahlungen achtet, weil die Außenstände nach einem vorzeitigen Austritt besonders schwer einzutreiben sind.
Der Vorsitzende nimmt das alles zur Kenntnis, stellt fest, daß unser Freund noch kein vollwertiges Mitglied ist und versagt ihm daher die besondere Förderungswürdigkeit, solange er sich noch nicht bewährt hat, was immer er darunter verstehen mag.
Die fortan auf Hermann abgeschossenen kleinen Pfeile gehen nur selten am Ziel vorbei. Manchmal treffen sie genau den Teil der Seele, der sich eigentlich für die Fliegerei stark gemacht hat, und vergiften ihn. Die Austrittserklärung und womöglich die totale Abwendung vom Luftsport sind Dokumentation dafür.
Überraschenderweise geschieht aber oft auch das genaue Gegenteil: Die Giftspritzer wirken wie stärkendes Elixier auf den Willen.
»Jetzt erst recht!« heißt die neue Devise. Gleichbehandelte und Gleichgesinnte werden gefunden. Schimpfkanonaden und Diskussionen bringen Erleichterung und besseres Verständnis. Die Auseinandersetzung hat plötzlich einen eigenartigen Reiz, und beinahe unmerklich kommt man häufiger, als man ursprünglich vorhatte, zu Arbeits- und Flugdienst. Schließlich wird man durch den dauernden Anpassungszwang zu einem, wenn auch nicht gleich »wertvollen«, so doch zumindest brauchbaren Mitglied.
Hat sich dann irgendwann einmal die Erkenntnis durchgesetzt, daß Segelfliegen nicht nur aus beglückendem Herumschweben in den Lüften besteht, sondern auch aus vielen anderen Tätigkeiten, Aufgaben und Problemen, so ist aus der Keimzelle, die irgendwo in jedem steckt, ein Organ geworden, das lebenswichtig zu werden droht.
Über Augen und Ohren will es fortlaufend ernährt werden und wird dabei immer unersättlicher. Wenn man nicht aufpaßt, entzieht es auch Nährstoffe, die für andere Bereiche bestimmt sind, z.B. für Schule und Beruf, Freunde oder Familie.
Hermann hat es heute einesteils leichter, Segelflieger zu werden, als beispielsweise vor 25 Jahren. Die meisten Vereine haben ihre Aufbauarbeit längst abgeschlossen, sind wohlfundiert und können sich auf die eigentliche Fliegerei konzentrieren. Wirtschaftlich geht es in unserer Gesellschaft fast allen so gut, daß jeder, der es wirklich ernst meint, auch den finanziellen Teil aufbringen kann.
Auf der anderen Seite wirkt sich aber genau das auch negativ aus: Man kann gut bezahlen und erwartet deshalb auch einwandfreie Gegenleistungen. Der Reiz, etwas anzupacken, was fast nicht zu schaffen ist, besteht heute längst nicht mehr. Fliegen, auch Segelfliegen, ist nichts Außergewöhnliches. Es unterliegt dem Konsumverhalten fast ebenso wie Autofahren oder Urlaubmachen.
Manch einer von den »Alten« im Verein, die selbst noch jung genug geblieben sind, sich in Mitglieder wie Hermann zu versetzen, erzählen in abendlicher Runde aus ihrer Flugschülerzeit und bieten den »Jungen« die Möglichkeit, Vergleiche anzustellen:
›Etwa gegen Ende der fünfziger Jahre waren wir sechs Flugschüler in unserem Verein. Schüler und Lehrlinge um die sechzehn Jahre alt. Grünlinge also, mit denen man umspringen konnte, wie man wollte. Die zwischen fünfundzwanzig- und dreißigjährigen »Alten« hatten sich nach Freigabe des Segelflugs zusammengetan, Spenden erbettelt und Gönner gefunden, um sich für rund 1000 DM das erste Vereinsflugzeug, einen nagelneuen Schulgleiter vom Typ »SG 38«, anschaffen zu können.
Die feierliche Taufe vor dem Rathaus des Städtchens war ein publikumswirksames Ereignis, und mancher von uns Buben ist dabei zum ersten Mal in die Nähe eines fliegenden Geräts gekommen.
Die Freude an den kurzen Sprüngen und Flügen war jedoch von nicht allzu langer Dauer; denn irgendjemand hat den drahtigen Gleiter mangels Können und Wissen bei einer krummen Landung übel zerschmissen. Man sortierte zwar die Trümmer und baute Abend für Abend Flügelrippen und Bootsspanten nach, kam aber gleichzeitig zu der Erkenntnis, daß die

neue Doppelsitzerschulmethode wahrscheinlich effizienter und insgesamt wohl auch billiger wäre.
Bald darauf konkretisierten sich diese Überlegungen in Form eines »Doppelraabs«, der in nächtelanger, aber begeisterter Arbeit erstellt wurde. Nach ein paar hundert langen Nächten war der Stolz des Vereins dann ebenfalls taufbereit.
Gerade in dieser Saison traten wir sechs nahezu gleichzeitig dem Club bei, teilweise rekrutiert aus der vereinseigenen Modellbaugruppe, teils durch Freunde animiert.
Lange eineinhalb Jahre dauerte es, bis auch der letzte von uns die geforderten Voraussetzungen zur aktiven Teilnahme als Flugschüler absolviert hatte: Die 150 Werkstattstunden waren noch relativ mühelos zu verkraften, nicht jedoch die Grundgebühr von 60 DM, die mancher nur fünfzigpfennigweise abzustottern vermochte. Und es gab kein Pardon. Wer diesen Anforderungen nicht genügte, war nicht flugberechtigt, nicht einmal als Passagier.
So strampelten wir in heißer Erwartung des ersten Fluges über endlos erscheinende Monate hinweg jeden Sams-, Sonn- und Feiertag in Ermangelung eines eigenen Flugplatzes auf irgendein Nachbargelände und mußten zusehen, wie sich die »Alten« und die nicht mehr ganz so jungen »Jungen« – eben jene, die das Glück gehabt hatten, noch in der ersten Aufbauphase aktiv mitzuwerkeln – die wenigen Flüge in strenger Hierarchie untereinander aufteilten.
Nachdem man uns lange genug eingetrichtert hatte, daß Segelfliegen gleich Kameradschaft sei, brachten wir absolutes Verständnis dafür auf, daß die Erbauer und Förderer des prächtigen »Doppelraabs« auch möglichst schnell ihren Luftfahrerschein erwerben wollten und beeilten uns mächtig, ihren Anweisungen und Arbeitsaufträgen nachzukommen, immer in der hoffnungsvollen Annahme, unser Eifer würde dadurch umso schneller belohnt.
Je mehr die vielen Handgriffe und Tätigkeiten des Flug- und Werkstattbetriebs den Reiz des Neuen verloren und bald in eintönige Routine übergingen, desto farbiger gerieten unsere Vorstellungen von einem ersten Flug. Doch die Dankbarkeit für unsere Dienstleistungen, die sich vom stundenlangen Wachestehen an den Rückholwegen bis zum Bergen des Windenseils aus den reifen Äckern (Seilfallschirme gab es noch nicht) auf alles erstreckte, was zum Flugbetrieb gehörte, zeigte sich höchstens darin, daß man den einen oder anderen von uns mit dem Motorroller zum Flugplatz mitnahm, wenn es mit dem Fahrrad gar so weit war. Das einzige Automobil, das einem der »Alten« zur Verfügung stand, war ständig überladen. Vorstand, Fluglehrer, Werkstattleiter und Windenfahrer drängten sich darin. Im Notfall wurde auch noch der Kofferraum mit einem verdienten Mitglied gefüllt.
Irgendwann war es dann tatsächlich einmal so weit: Die »Alten« hatten ihre Gier fürs erste befriedigt und wir kamen an die Reihe. Das neue Gefühl des direkten Himmelskontaktes verlief weitaus prosaischer, als wir uns das ausgemalt hatten, aber das tat unserem Stolz keinen Abbruch. Wir waren nun endgültig »dabei«.
Von nun an genoß jeder von uns etwa alle drei bis vier Wochen zwei, manchmal sogar drei Schulflüge mit etwa 250 m Windenhöhe und zwei bis vier Minuten Flugdauer. Wurden wir ungeduldig, weil uns der Abstand zwischen den Ausbildungstagen recht lange erschien und deuteten wir an, daß wir vielleicht doch auch mal wieder oder . . ., wenn es sich vielleicht gerade ergäbe usw. . . ., so wurde uns stets erklärt, daß wir nie vergessen sollten, wer den Verein aufgebaut und bisher die Hauptarbeit geleistet hatte. Wir fügten uns, maulten höchstens etwas im Hintergrund herum und erreichten wieder zufriedene Hochstimmung, wenn wir am übernächsten Wochenende den Steuerknüppel trotz mancher Bedenken überlassen bekamen.
Beinahe hätte sich nun wieder ein Alltagstrott, allerdings ein wesentlich angenehmerer, eingeschlichen, wenn wir nicht eines Tages ein neues Mitglied bekommen hätten. M., wie wir ihn vorsichtshalber mal nennen wollen, war im gleichen Alter wie unsere »Alten«. Mit einigen von ihnen verbanden ihn noch Aktivitäten aus der Hitlerjugend. Seine Werkstattarbeit hatte Hand und Fuß und war, wie wir neidlos anerkannten, von einem weit höheren Wirkungsgrad als die unsere, weil er von Berufs wegen handwerklich vorbelastet war. Es dauerte folgerichtig auch keine drei Wochen, bis M. auf dem gleichen fliegerischen Stand war wie

wir, die wir dazu zum Teil zwei Jahre gebraucht hatten.
Zunächst schluckten wir schwer an diesem Brocken, wagten aber keine Kritik; denn diese hätte unweigerlich Startverbot zur Folge gehabt wegen Angriffs auf die Entscheidungen der Vorstandschaft.
Etwas Luft verschaffte unserem offiziell schweigenden Ärger eine wie von selbst entstandene Einrichtung, die immer mehr zum Ventil für die sich langsam anstauenden Probleme geworden war. Sie bestand daraus, daß wir immer dann, wenn wir uns unbeobachtet fühlten – sei es bei unseren privaten Treffen oder bei den abendlichen Aufräumarbeiten, während die »Alten« schon beim Bier saßen – zur Melodie irgendeines aktuellen Schlagers ein paar Strophen texteten und uns das, was uns gerade störte, damit von der Seele sangen.
Etwas primitiv, aber deutlich brachten wir darin zum Ausdruck, daß wir uns einerseits durch viel Arbeit mit dem Verein verbunden fühlten, andererseits aber auch ungerecht behandelt vorkamen.
Den Refrain des damaligen Hits »I love you, baby«, den Conny fast täglich irgendwo glucksend präsentierte, wird in der Fassung, die wir ihm gaben, kaum einer der Beteiligten vergessen haben:

Flieger sein ist schön, das ist klar,
manchmal wunderbar.
Der eine braucht zwei Wochen,
der and're braucht zwei Jahr',
und jeder möcht' so gern ein Segelflieger sein,
doch nur hier im Verein.

Die Bevorzugung von M.wurde immer unerträglicher und so kam zu unserem Lied eine weitere diesbezügliche Strophe:

Ist der Abend gekommen,
geh'n die Flieger still nach Haus'.
Ihre Träume sind zerronnen,
mit der Schulung war's ein Graus.
Und am nächsten Sonntag geht das gleiche wieder los:
Geschult wird dann ganz ›groß‹.

Dann kam ein entscheidungsvoller Tag.
Mit sauren Mienen schoben wir den »Doppelraab« zum dritten Mal für M. an den Start. Unsere schlechte Stimmung fiel weder dem Fluglehrer auf, der zu sehr damit beschäftigt war, M. den letzten Schliff zu geben, noch M. selbst, der naturgemäß ob des intensiven Unterrichts bester Laune war.
Noch einmal und noch einmal wurde M. aufgefordert, in den Führersitz zu steigen. Wir schoben schweigend.
Nach dem fünften Abheben unseres Schulseglers sagte einer von uns: »Wenn der jetzt noch einmal fliegen darf, dann gehen wir.«
Wohlgemerkt, er sagte ›wir‹.
Es lag keine Aufforderung in diesen Worten, sondern das war unsere gemeinsame Entscheidung.
Keiner widersprach. Nur selten waren wir uns später wieder so einig wie in diesen Minuten.
Drei Minuten, bis zur Landung hatten wir noch Zeit, die möglichen Folgen zu diskutieren. Verlassen des Fluggeländes ohne vorheriges Abmelden hatte immer Konsequenzen. Es kam gleich nach ›Rauchen während des Flugbetriebs‹.
Was jedoch nicht mehr in Frage gestellt wurde, war die Entscheidung selbst. Eigentlich glaubte niemand ernsthaft daran, daß M. einen sechsten Start bekäme, und so blieb die Hoffnung, daß unsere Ereiferung rein hypothetischen Charakter behielt. In einer tieferen Schicht unserer Arme-Würstchen-Seelen bestand eher die Tendenz zur Lösung des Problems ohne äußere Streitigkeiten. Andererseits schwelte noch weiter im Hintergrund der Gedanke, endlich einmal aufmucken zu müssen und zwar genau jetzt mit einem triftigen Grund.
M. schwebte unterdessen zur Landung heran. Man konnte erkennen, daß der hinter ihm halb stehende Fluglehrer noch eingreifen mußte. Wie befohlen warteten wir bereits in der Nähe der Landestelle.
Lehrer und Lieblingsschüler stiegen aus. Gemeinsam schoben wir zurück. Mit erwartungsvollem Blick hingen wir wie immer, diesmal aber mit bangen Gefühlen, an den Lippen unseres Herrn und Meisters. Wer würde der nächste sein?
Uns schien es, als zögere er diesmal besonders lange.
Ahnte er schon etwas?

»Na komm, wir machen noch einen! Vielleicht klappt's dann beim nächsten Mal schon mit dem Alleinflug.«
Schnelle, betroffene Blicke zuckten zwischen uns hin und her.
Da waren sie gefallen: seine und unsere Entscheidung.
Der alte Opel Kadett brachte das Seil. Stumm bereiteten wir den Start vor, den sechsten für M., während sich dieser mit ›seinem‹ Fluglehrer über fachliche Einzelheiten unterhielt.
»Aus!« Die Windenkupplung öffnete sich.
»Ein!« Der Kupplungshaken griff sich den Doppelring.
»Fertig!« Die rotweiße Winkertafel wurde geschwenkt.
Einen Kilometer entfernt konnte man im Westen die Antwort ahnen.
»Seil straff!« Die Tafel senkte sich, wurde abgeschlagen.
Der »Doppelraab« stieg steil und höhnisch.
»Also. Gehen wir.«
Etwas unheimlich war uns schon zumute, davonzulaufen und alles so stehen und liegen lassen. Mit Bemerkungen wie »So geht's ja nicht« oder »Was glauben die eigentlich« versuchten wir uns jetzt schon zu rechtfertigen.
Kurz bevor wir in Hörweite des Windenfahrers ankamen, intonierten wir unseren »Glider-student-protestsong« und zogen wenig später an der Winde vorbei. Dem verblüfften Windenhelfer, Flugschüler wie wir, riefen wir zu: »Komm mit!« Zwar noch nicht informiert, aber ahnend, daß da etwas im Busch war, sprang er vom Motorabdeckblech herunter und schloß sich uns an.
Ziel war unser Stammtisch in der Bauernkneipe, die dem Flugleiter gehörte. Aus Protest gegen das Bier, das uns schon so manchen Flugbetrieb vermasselt hatte, weil die »Alten« am frühen Morgen noch lange daran litten und sich am späten Nachmittag schon wieder danach sehnten, bestellten wir jeder einen halben Liter Milch.

Ist die Sonne aufgegangen,
ist der Start längst aufgebaut,
nur der Windenfahrer liegt noch faul auf seiner Haut.
Wenn der Fluglehrer fehlt und wenn der Werkstattleiter kocht,
dann hast auch du gehofft ...

Lange Zeit tat sich nichts. Hieß das, daß unsere Aktion ihre Wirkung verfehlt hatte? Wir sandten einen Späher aus.
»Sie räumen selber ein«, berichtete er.
Das verhieß nichts Gutes; denn üblicherweise wurden die Auf- und Abbauarbeiten von den Flugschülern erledigt. Man wollte uns also zeigen, daß man uns gar nicht brauchte.
Jetzt kam der Hinauswurf aus dem Verein konkret zur Diskussion. Wir überlegten bereits, welchem der Nachbarvereine wir uns – natürlich als geschlossene Mannschaft – anbieten wollten.
Nach etwa einer Stunde ging die Wirtshaustüre auf und W., der Fluglehrer, trat, ohne uns eines Blickes zu würdigen, an die Theke: »Kann ich mal dein Nebenzimmer benützen?«
Nach ein paar Minuten hatte er sich dort mit zwei weiteren »Alten« installiert.
Kurz darauf herrschte Betriebsamkeit wie bei einem Zahnarzt.
Der erste, den man für den Rädelsführer hielt, wurde vor das Schnellgericht gestellt. Wir brauchten die Ohren nicht zu spitzen. Die recht einseitig geführte Verhandlung drang kräftig durch die dünne Trennwand.
»... Undankbarkeit ... eigentlich wissen müssen ... nennt sich kameradschaftlich ... schon lange geahnt ... glaubt ihr eigentlich ... Verein aufgebaut ... gemachtes Bett ... Vorschriften machen ...«
Ein geknickter Mensch setzte sich zu uns.
»Ein halbes Jahr Flugverbot.«
Was dies, jetzt im Mai bedeutete, war uns schnell klar: Bis Oktober waren die sechs Monate zwar vorbei, aber die Saison war dann ebenfalls beendet. Frühestens im April ging es wieder los. Also kam dies einem effektiven Startverbot für ein ganzes Jahr gleich.
»Der nächste!!« ...
Schließlich war die gräßliche Zeremonie beendet, wir zogen Bilanz: Startverbote zwischen zwei Monaten und einem Jahr.
Aus Erfahrung war uns gut bekannt, daß jedes Wochenende, an dem entweder nicht geflogen wurde oder dem man aus noch so entschuldbaren Gründen fernblieb, unbarmherzig hinten angehängt wurde.

Die Hinterhältigkeit des ganzen »Prozesses« wurde uns aber erst später bewußt. In unserer Benommenheit hatten wir nicht registriert, daß bei einem Teil von uns erstens die Lautstärke der Strafpredigt eher gemäßigt und zweitens das »Urteil« ebenso mild ausgefallen war. Auf diese Weise versuchte man, uns zu spalten und – was Jahre später offen zugegeben wurde – die unbequemen, scheinbar renitenten Flugschüler zur Kapitulation, sprich zum Austritt aus dem Verein, zu zwingen.
So durfte der eine oder andere der »Sträflinge« einen Teil seiner Zwangspause durch außergewöhnlichen Arbeitseinsatz abdienen. Manches Stück Stolz und Selbstwertgefühl wurde dabei aufgegeben.
Tatsächlich sind auch im Laufe der Jahre nur sehr wenige übriggeblieben. Das äußerst wechselhafte Klima des Vereins forderte ein Opfer nach dem anderen.
Diejenigen, die trotz aller Widernisse durchhielten, durchliefen diese Lehrzeit mit dunklem Humor und schnellem Vergessen. Dann nämlich, wenn man wieder im »Doppelraab« saß, hatte man das Gefühl, endlich für alle Mühen entschädigt zu sein. Zornige oder bittere Gefühle oder Trotz gehörten dann der Vergangenheit an.
Dadurch bekam der Segelflug – und hat ihn zum Teil bei einigen von uns, die wir nun auch schon zu den »Alten« gehören – einen Stellenwert, der ihm vielleicht gar nicht zusteht.‹

EIN VERGLEICH

Stellen wir einmal zwei Segelfliegerwerdegänge aus dem gleichen Verein gegenüber. Sie sind sicher nicht repräsentativ, aber interessant genug, um wenigstens betrachtet zu werden.

1. Wilfried, 16 Jahre alt, Eintritt in den Verein 1956, Schüler, Fahrradbesitzer mit monatlichem Taschengeld von DM 5, wohlgelitten bei den »Alten«, weil auf dem Flugplatz, wann immer möglich.

- Eintrittsgebühr: DM 30, in acht Raten abgestottert
- Beitrag: monatlich DM 1,50
- Arbeitsleistung bis zum ersten Schulflug: 120 Werkstattstunden von 80 geforderten
- August 1957: erster Flug im Segelflugzeug, fast ein Jahr nach dem Beitritt zum Verein
- November 1958: erster Alleinflug nach 35 Schulstarts auf »Doppelraab«
- bisherige Kosten: ca. DM 100 einschließlich zweier Kästen Bier
- Mai 1959: erster Flug auf dem Leistungseinsitzer »Baby IIb« nach 66 Starts
- 67. Start: längster Flug im Segelflugzeug mit 9 Minuten und größter Höhe von 540 m über Platz – persönlicher Rekord
- August 1959: Luftfahrerscheinprüfung Klasse I auf »Baby IIb« nach 92 Flügen
  Theorieprüfung von 10 Minuten Dauer während des Abendbrots
  Flugerfahrung bis zur Prüfung:
  3 Std. 28 Min. Alleinflugzeit
  2 Std. 49 Min. mit Lehrer
  Unterricht bis zur Prüfung: ca. 15 Std. »Vorlesung« aus dem Bodlee, ansonsten »Biertischtheorie«
- April 1960: erster Thermikflug mit 800 m Höhengewinn und 32 Min. Flugdauer – persönlicher Rekord
- Juni 1960: erster Überlandflug auf »Baby IIb« mit ca. 16 Std. Flugerfahrung – 53 km Strecke (Silber-C-Bedingung)
- Mai 1963: zweiter Überlandflug auf »L-Spatz 55« – 220 km weit
- ab 1966 Fluglehrer

2. Dieter, bei Eintritt in den Verein im März 1978 ebenfalls 16 Jahre alt, Schüler,
   Mopedbesitzer mit wöchentlichem Taschengeld von DM 5,
   regelmäßig an den Wochenenden und einmal wöchentlich auf dem Flugplatz

- Eintrittsgebühr: DM 200, davon DM 100 nach dem ersten Alleinflug bezahlt
- Beitrag: DM 30 pro Monat
- Arbeitsleistung: keine Pflichtstunden, Beteiligung an anfallenden Arbeiten
- April 1978: erster Schulflug, 10 Tage nach dem Vereinsbeitritt
- September 1978: erster Alleinflug nach 80 Schulflü-

gen auf »Bergfalke II« mit ca. 12 Std. Flugzeit
- bisherige Kosten: ca. DM 700
- März 1979: Prüfung zum Funksprechzeugnis, Kosten ca. DM 300
- März 1980: theoretische Luftfahrerscheinprüfung nach Teilnahme an zwei Theorielehrgängen mit ca. 150 Unterrichtsstunden
- Mai 1980: Überlandeinweisung auf Motorsegler: 180-km-Dreieck
- Juni 1980: praktische Luftfahrerscheinprüfung mit 55 Std. Gesamtflugzeit und 290 Starts auf »Bergfalke«, »Club-Astir« und »Twin-Astir« einschließlich 60-km-Zielflug im Alleinflug
- Juni 1981: Teilnahme an einem Streckenfluglehrgang

Die Daten sprechen für sich.
Die Qualität der Ausbildung hat rapid zugenommen, nicht jedoch die Dauer. Wem heute der Vereinskram bei der Schulung zuwider ist oder wer die Wochenendzeit nicht aufbringen mag oder will, der kann sich in mehrwöchigen Kursen während seiner Urlaubszeit in einer der Segelflugschulen das handwerkliche Grundkönnen in kompakter Form beibringen lassen. Daß es aber nicht allein mit dem Bezahlen der oft kernigen Lehrgangsgebühren getan ist, merkt er bald, wenn er sich einem Verein anschließt. Hier gelten eigene, oft skurrile Gesetze, denen man sich zunächst unterwerfen muß, will man den Fluggerätepark auch mitbenützen, die man aber auch mitgestalten kann, wenn man sich nicht nur auf dem Papier als Aktiver führen läßt. Segelflug heißt heute Streckenflug. Schon immer hat sich der echte Leistungssegelflug außerhalb der Platzrunde abgespielt. Was früher jedoch die Ausnahme war, ist heute fast die Regel geworden; denn worauf man vor nicht allzu langer Zeit oft jahrelang warten mußte, ist heutzutage als Flugschüler durchführbar: der erste Überlandflug. Als gut vorbereiteter Ausbildungshöhepunkt hat er das gestrige Zufallsprodukt weit übertroffen. Fundierter Unterricht und praktische Einweisungsflüge mit erfahrenen Fluglehrern lassen die abenteuerlichen Gefühle beim Gedanken an die erste Landung auf einem unbekannten Gelände erst gar nicht aufkommen.
Oder doch?

ERSTER ÜBERLANDFLUG

Mein neuer Luftfahrerschein Klasse I hat mir am letzten Sonntag nicht allzuviel gebracht: sechs Minuten Alleinflugzeit auf dem »Baby«. Danach war ich den Rest des Tages als Windenfahrer im Dienst.
Nach sorgfältiger Eintragung in das Flugbuch kann ich jetzt 16 Stunden und 22 Minuten als verantwortlicher Flugzeugführer nachweisen. Eine durchaus positive Bilanz, wie mir scheint. Sie stellt auch die Voraussetzung zum nächsten großen Schritt dar, dem ersten Überlandflug.
Die passende Gelegenheit dazu kommt so unverhofft, daß ich zunächst gar nicht glauben kann, daß es ausgerechnet jetzt so weit sein soll.
An einem strahlend blauen Fronleichnamstag will zunächst keiner den ersten Start haben.
»Ich probier's mal«, behaupte ich fragend.
Kein Protest der Altvorderen, die ältere Rechte besitzen?
Im Gegenteil: »Gut, mach' dich fertig.«
Kissen und Polster werden aus dem lindgrünen Cockpit herausgenommen, um meinen langen Beinen Platz zu schaffen. Lediglich in den kleinen Schacht, in den normalerweise ein Fallschirm gehörte – aber wer kann sich so etwas schon leisten –, stopfe ich eine alte Decke, damit die scharfen Kanten nicht gar so stark ins Kreuz drücken.
Inzwischen hat der alte Nachkriegskadett das Seil aus der Winde gezogen. Ich melde mich startklar.
Die komfortable geschlossene Haube wird aufgesetzt, aus der heraus ich wie immer mit gespannter Aufmerksamkeit das Straffen des Seils beobachte. Ein sanfter Ruck, und schon holpert die schmale Eschenholzkufe über die Wiese, hebt sich aus den zusammengefalteten Gräsern. Schnell streichelt der Sporn noch einmal die Erde.
Eine knappe Minute lang registriere ich an den Druckstellen im Rücken und am Widerstand des Steuerknüppels das unwiderstehliche Steigen.
Metallisches Klacken: 400 Meter Freiheit.
Legionen von Luftteilchen umströmen mein hölzernes Fluggebilde, stemmen sich gegen die beplankte Flügelnase, zerren an der Bespannung, um den Sturz in

die Schwerkraft zu mildern.
Das zuverlässige Wunder geschieht: der freie Fall bleibt aus, wir gleiten.
So sanft das Absinken auch ist, so unvermeidbar scheint es auch. 350 Meter Höhe – Gleiten. 300 Meter.
Unruhe.
Ein riesiges Heer winzigster Arbeitskräfte läßt sich auf einmal nicht mehr von der Erde unterdrücken, verläßt sie, drängt nach oben, findet ein neues Betätigungsfeld an meinen ausgebreiteten Flügeln.
Von vorn und von unten wird nun geschoben und gehoben, und sie schaffen es, daß das Gleitfallen aufgehoben wird.
Schweben – 250 Meter – Schweben, Verweilen in dieser fleißigen Schar.
Kreisen – 250 Meter – Kreisen.
Aufregung.
Die Sonne hat sie erregt. Wirbelnde Ströme verhöhnen die Schwerkraft. In ihrem Sog werden neue Schwaden emporgerissen, bilden quirlend und strudelnd eine unsichtbare pilzköpfige Säule.
Bleiben – Kreisen – Mitschwimmen.
Auch die etwas schwerfällige Nadel des Variometers hat nun endlich begriffen, was sich tut. Zügig überquert sie die 1 auf der Skala und nähert sich ungläubig der 2.
Aus 800 Metern Höhe liegt der Startplatz dort unten wie auf einem Plakat. Gerade gehen der »Doppelraab« und der Seil-Opel auf Kollisionskurs, bleiben aber rechtzeitig voreinander stehen. Der Rückholwagen gibt nach und überläßt die Grasnarbe dem Doppelsitzer. Er verharrt einige Augenblicke, nimmt dann den Flügel waagrecht, ruckt nach vorn und drängt steil und stolz nach oben.
Plötzlich nickt er resigniert. Enttäuschtes Niedergehen.
Seilriß.
Mindestens eine Stunde wird vergehen, bis das Seil aus den reifenden Feldern geborgen, bis die Bruchstelle mühsam gespleißt ist.
Jetzt habe ich Gelegenheit, fast so lange zu fliegen, wie ich will. Vielleicht eine ganze Stunde, vielleicht sogar zwei?
Oder gar etwas weiter vom Platz weg?
Wie wär's denn mit einem Überlandversuch?
Ein kühner Gedanke.
Ist das womöglich die Gelegenheit, von der man schon so lange geträumt hat?
Aber wenn die »Alten« nicht damit einverstanden sein sollten, wenn der Transportanhänger nicht in Ordnung ist, wenn mich niemand zurückholen will, wenn ...
»Kein Wenn und Aber mehr! Das ist sie, die Chance.«
Also gut, probieren wir's.
Doch die Gedanken lassen sich nicht teilen. Noch ist der Instinkt für den bussardgleichen Flug nicht so weit entwickelt, daß man sich nebenbei auch noch in Diskussionen mit sich selbst einlassen könnte.
Sinken – 500 Meter – Sinken – 400 Meter.
»Du brauchst dir gar keine Gedanken über die Rückholung zu machen, denn wahrscheinlich bist du in 5 Minuten wieder unten.«
Zurück über den Wald, in dem vorhin tragende Geister hausten.
Jawohl, sie mögen heute das »Baby«, wiegen es, heben es hoch, zeigen es her. Schaut, hier ist es wieder – in 1000 Metern Höhe.
Vor lauter Übermut vergessen sie, daß sie eigentlich unsichtbar bleiben wollten und nehmen weiße, bizarre Gestalt an. An ihren Thermikarmen kann sich das »Baby« festhalten, hinaufhangeln.
Kreisen – 1200 Meter – Kreisen – 1300 Meter.
Hoch genug, um ein Stück vom Platz wegzufliegen?
Wegfliegen? Wir sind bereits über der nahen Stadt.
Der Ostwind drängt in die Abendrichtung.
Wie weit reichen wohl 1300 Meter?
10 Kilometer bestimmt. 15 Kilometer? Vielleicht.
Wo sind fünfzehn Kilometer zu Ende?
Gleiten – Gleiten.
Ein banger Blick zurück. Wo ist der Flugplatz?
Eben hatte diese Stadt doch noch einen Flugplatz.
Kehrtkurve. Fallen.
Gottseidank. Der schmale Landestreifen kommt ins Blickfeld, der zurückgeschobene »Doppelraab« steht verlassen da. Mittagspause. Ist das ein weiterer Wink für uns, auf Strecke gehen zu dürfen? Das erneute Steigen enthebt uns zunächst der Entscheidung.

Kreisen.
Wie von selbst treiben wir dabei in westliche Richtung.
Doch der heimatliche Platz gibt uns noch nicht frei.
Wie an starken Bändern, die zwar Spielraum lassen, aber ihre Rückholkraft mit zunehmender Entfernung verstärken, hängen wir in seinem Bannkreis. Um ihn zu verlassen, um die Bindungen zu zerreißen, ist ein größerer Anlauf notwendig.
Vorsatz: Wenn wir jetzt wieder auf 1300 Meter kommen, fliege ich ab und drehe heute nicht mehr um.
Das Ziel ist gesetzt. Die alte Kinderformel ›Wenn ich es bis zum Ende des Zauns schaffe, bevor mich das gelbe Auto überholt...‹ beschwört den Erfolg: Wenn ich 1300 Meter Höhe erreiche, habe ich keine Angst mehr vor dem Wegfliegen.
Bei 1200 Metern beginnt der Puls fühlbar zu schlagen.
Wenn ich jetzt einfach nicht mehr weiterkreise, erreiche ich die 1300 m-Grenze nicht und brauche nicht...
Zu spät. 1300 zeigt die Nadel.
Weitersteigen. Zeit lassen.
1400 Meter. Wir sind an der Wolke. Ende des Aufstiegs.
Jetzt gilt es. Du hast es versprochen.
Noch einmal durchquert die milchige Sonnenscheibe hinter faserigen Wolkentüchern das Plexiglas.
Nein, schau nicht mehr hinunter zum Flugplatz!
Nach Westen.
Der Sonnenkreis bleibt links über meinem Kopf hängen. Wir fliegen ab. Westkurs? Na, wenigstens ungefähr. Ein Kompaß wäre gar nicht schlecht.
Voraus die Donau. Blick nicht zurück! Sodom und Gomorrha!
Fast körperlich spürbar dehnen sich die Haltebande.
Schneller! Weg von hier.
Steigt es nicht an dieser Stelle? Wenn ja, müßte man eigentlich kreisen.
Nein, erst noch weiter weg, sonst schauen wir zu früh zurück.
Lots Frau hat es auch nicht geschafft.
Auf einmal weiß ich, daß wir das starke Anziehungsfeld verlassen haben, die Fesseln sind gerissen.
Beim nächsten Steigen werden wir wieder kreisen und dann im Gleitflug mit dem Wind auf Wanderschaft gehen. Und noch einmal werden wir dieses Spiel wiederholen. Es ist nun gleichgültig, wo wir uns befinden.
Städtchen und Dörfer haben keine Namen mehr.
In einem jungen, grünen Getreidefeld freuen wir uns über die sanfte Landung. Der Feldschütz hat uns beobachtet und begrüßt uns wohlwollend. Er kann uns auch sagen, wo wir sind:
Auf seiner Karte messen wir die Luftstrecke: 53 Kilometer.
Er weiß auch, wie spät es ist und wo man telefonieren kann.

Luftfahrerschein – was nun?

Endlich hat der Briefträger die richtige Post gebracht. Der gräulich-grüne Umschlag trägt als Absender den Stempel der Regierung. Hinter einer nicht gerade zimperlichen Kostenrechnung kommt der Ersehnte hervor: der Luftfahrerschein samt Beiblatt mit der aufgedruckten rosa Diagonalen. Ein Grund zum Feiern.

Viel zu lange erscheint unserem Scheinbesitzer die Zeit bis zum nächsten Flugbetrieb. Schließlich möchte er ja seine Erlaubnis auch mal »ausprobieren«. Ohne Flugauftrag darf er nun starten, ohne Gängelei fliegen und sogar Passagiere können sich ihm anvertrauen.

Aber schon bald merkt er, daß er mit der Aushändigung eines bestempelten Stück Papiers nicht gleich die ganz große Freiheit und schon gar keine Sonderrechte im Verein erworben hat.

Als er sich mit seiner Freundin zu dem lange versprochenen Rundflug anmelden will, wird er vom Flugleiter zurechtgewiesen: »Du hast den Doppelsitzer schon lange nicht mehr geflogen. Mit Passagier ist da nichts drin, mein Lieber.«

Die erforderlichen Sicherheitsrunden werden absolviert und die Freundin wartet ungeduldig, denn der Zweisitzer gehört dem Schulbetrieb. Nur ungern geben die Flugschüler irgendwelchen Passagieren den Vortritt. Aber auch diese Hürde wird genommen.

Doch die nächste ist schon aufgebaut: Vor dem Umsteigen auf den Kunststoffeinsitzer sind mindestens 80 Flugstunden nachzuweisen und ein paar hundert Mark extra zu bezahlen.

Also fliegt er seine Runden und Stunden mit den Übungsseglern und muß sich diese nach wie vor mit den Flugschülern teilen. Von den Fluglehrern fühlt er sich alleingelassen. Sie haben bereits neue Schüler in der Ausbildung und kümmern sich nicht mehr um ihn. Nur wenn er irgendeinen Fehler macht, bekommt er von ihnen in gewohnter Manier seinen Rüffel.

Auch bei den »Alten« findet er kaum Unterstützung in Bezug auf seinen Drang nach fliegerischem Fortschritt. Sie rücken nur sehr zögernd mit ihren Kenntnissen heraus, nehmen aber jede Gelegenheit wahr, ihn bei Absaufern oder anderen Mißgeschicken gehörig auf die Schippe zu nehmen. Manchmal hat er den Eindruck, der eine oder andere wartet nur darauf, daß er einen Fehler begeht.

Beim Fliegen selbst kann er sich auch nicht richtig ausleben; denn je nach Absprache darf er eine, manchmal auch bis zu zwei Stunden am Stück fliegen. Dann wartet mit futterneidischem Blick schon wieder der nächste. Und der Trick mit der vergessenen Uhr funktioniert auch bloß einmal.

Bald ist er es leid, an jedem freien Tag ab halb neun Uhr auf dem Flugplatz zu stehen. Er erscheint nun etwas später, nach ein paar Monaten erst nachmittags und schließlich nur noch an guten, thermikverdächtigen Tagen.

Irgendwann hat er endlich alle vereinsinternen Bedingungen erfüllt und darf auf das Flaggschiff des Flugzeugparks umsteigen.

Gründliche Einweisung, viele Ratschläge, ungewohnte Sitzposition, mäßiger Start, mäßig gute Landung: Aber das war wieder ein Schritt nach vorn.

Nun darf er sich mit den »Alten« die Flugzeuge teilen, doch auch hier fühlt er sich eher gebremst als gefördert. Da gibt es nämlich noch genügend Leute, die ihren 300 km-Flug noch nicht geschafft haben. Sie pochen auf ihr älteres Anrecht, immer zuerst einen Versuch frei zu haben. Unser Aufsteiger sieht das nach etlichen Diskussionsbeiträgen auch ein und begnügt sich jeweils mit dem Erkundungsstart. Über Funk fragt man ihn dann meistens: »Geht's schon?«, worauf er prompt herunterbefohlen wird, wenn es »schon geht«.

Er übergibt das Flugzeug mit »alles klar« und der Ortsangabe des besten Steigens an den Diamanten-Aspiranten, bietet sich als Rückholer für den Fall einer Außenlandung an und richtet sich auf einen geruhsamen Tag als Startschreiber oder Seilwagenfahrer ein. Die übrigen Flugsitzplätze sind sowieso ausgebucht

und außerdem hat man ihn gar nicht mehr berücksichtigt, weil man stillschweigend annimmt, daß er ab sofort nur noch den Leistungssegler benützt.
Die Gelegenheit für einen längeren Flug damit kommt tatsächlich genau in der Form, wie er sich das aus seinen Beobachtungen heraus kombiniert hat: Die »ewigen« Diamantensucher brechen meist ihren Flug vorzeitig nach relativ kurzer Flugstrecke ab, fliegen zum Platz zurück und landen mit Begründungen, die in vielen Variationen immer das gleiche ausdrücken:
zu niedrige Basis – schwaches Steigen – jede Menge Fallen – beinahe abgesoffen – gerade noch rechtzeitig umgekehrt – Schnauze für heute voll ...
Ja, wenn niemand sonst bei so schlechten Bedingungen fliegen will, dann opfere ich mich halt. Kein Widerspruch?
Also auf zum Start.
Und jetzt kommt nach langen, verschlungenen Wegen für unseren Segelflieger endlich einmal der Tag, an dem er so fliegen kann, wie er sich das vorgestellt hat. Unbeschwert tummelt er sich zunächst in Platznähe und zieht vorsichtig tastend immer größere Kreise. Mit der ansteigenden Basis nimmt sein Aktionsradius weiter zu. Er schätzt die Thermikverhältnisse ab, wagt sich drei, vier Flugplätze weiter und kehrt lieber etwas früher um, damit er nicht noch eine Außenlandung riskieren muß. Bei tiefer sinkender Sonne bleibt er im Gleitwinkelbereich seines Heimathafens und gleitet schließlich mit größtmöglicher Höhe über das Segelfluggelände: »Seht her, ich bin immer noch ganz oben!«
Er fährt die Klappen aus:
»Seht ihr, ich müßte eigentlich noch gar nicht landen. Ich komme euch zuliebe herunter, damit ihr nicht so lange mit dem Einräumen warten müßt.«
Großzügig läßt er den Doppelsitzer zuerst landen, wartet, bis er aus der Landebahn in Richtung Halle geschoben wird und bereitet eine Bilderbuchlandung vor.
Querab vom Aufsetzpunkt hat er genau noch 150 m Höhe, der Rest der Platzrunde ist ein sauberes offenes Rechteck, der Anflug schnurgerade.
»Ja, schaut nur, so landet man astrein.«
In sanftem Abfangbogen nähert er sich der Grasnarbe. Das scheint eine Punktlandung direkt neben dem Landezeichen zu werden.
Jetzt – nein noch einen kleinen Moment, bitte – ja, jetzt müßte sie sitzen. Gleich wird das rollende Rad die Zelle leicht vibrieren lassen.
Na, die Landung wird doch ein paar Meter länger. Man muß sich ja erst an die ungewöhnlich tiefe Sitzposition gewöhnen. Aber eine Ziellandung bleibt das trotzdem noch.
Plötzlich hartes Schleifen, ungewöhnlich kurze Landestrecke.
Starr bleibt der Vogel stehen, ohne wie gewohnt den Flügel abzulegen.
Innerliches und äußerliches Erbleichen: »Ach du Scheiße, Fahrwerk vergessen auszufahren!«
Die anderen kommen im Laufschritt. Ärgerliche, schadenfrohe und überhebliche Mienen schauen gleichermaßen intensiv zu ihm herab, während er sich aus dem Cockpit schält.
»... wie kann man nur ... Zeit genug für den Landecheck ... noch nie vergessen ...«
Ho-ruck! – Klack.
Als wäre nichts gewesen, steht das Prunkstück des Vereins wieder normal im Gras. Zwei Gutachter liegen unter seinem Bauch und wälzen sich nach bangen Sekunden hervor:
»Glück gehabt. Nur ein paar Kratzer zu sehen.«
Den Kasten Bier, den unser Pechvogel heute Abend eigentlich freiwillig spendieren wollte, mit dessen Inhalt er auch den anderen etwas von der eigenen Hochstimmung über den wunderbaren ersten langen Flug mit dem Schlachtschiff des Clubs abgeben wollte, muß er nun gemäß den ungeschriebenen überlieferten Spielregeln gezwungenermaßen stiften. Schlimmer jedoch als der finanzielle Schaden und die verdorbene eigene Stimmung ist die Erkenntnis, daß man eben schon wieder etwas falsch gemacht hat.
Wie gut tut es, nachdem die Schadenfreude abgeklungen ist, wenn einer von den wirklichen Könnern sich zu einem setzt und freimütig zugibt:
»Nimm's nicht so tragisch. Das ist mir schon zweimal passiert. Wenn's weiter nichts ist!«
Die Flugsaison ist noch lang und jeder, der in dieses eigenartige Metier, das sich überall zwischen Sport

und Muße ansiedeln läßt, hineinwachsen will, hat genügend Gelegenheit, seine Mißerfolge zu Erfahrungen zu verarbeiten.
Schritt für Schritt wird sich unser Segelflieger etablieren, und fast unbemerkt gehört er eines Tages plötzlich schon zu den »Alten«. Es ist der Nachwuchs, der ihn jetzt dort einordnet.
Doch ständig pauschal von den »Alten« zu sprechen, hieße nur sehr oberflächlich auf deren Eigenarten und Eigenschaften einzugehen. Auch sie durchlaufen immer wieder Fort- und Rückschritte, erklimmen mühselig oder erstürmen kraftvoll die segelfliegerische Erfolgsleiter. Einige, die bereits auf den höheren Sprossen stehen, blicken lässig und nicht selten hochnäsig auf die anderen hinunter, während diese bewundernd oder neidisch zu ihnen aufschauen. Andere reichen den Tieferstehenden die Hand, um ihnen emporzuhelfen, und Grüppchen schließen sich zusammen, die niemanden an sich vorbeiziehen lassen.

TYPEN

Gerade die Segelflieger geben sich gern als geschlossene Gemeinschaft, beseelt von ungebrochenem Kameradschaftsgeist aus. Doch schaut man etwas genauer hin, so stellt man Kristallisationen von verschiedenen Formen fest, die sich nicht allzu eng berühren dürfen, wollen sie nicht heftige Reaktionen auslösen.
Die folgenden Beschreibungen einiger typischer Erscheinungen ist beileibe nicht vollständig und sicher stark karikiert. Sollte sich jemand darin erkennen und sich nicht gefallen, so möge er mir bitte verzeihen. Ein Stück schwarzer Folie zum Überkleben des entsprechenden Abschnitts ist beim Verfasser gegen Einsendung einer detaillierten Gegendarstellung kostenlos erhältlich, falls das Buch verschenkt werden sollte.

Der Scheininhaber – harmloser Typ

hat den Höhepunkt seiner fliegerischen Laufbahn bereits in der Ausbildung überschritten. Die Krönung war für ihn die Aushändigung des Luftfahrerscheins. Er fliegt gerade so viel, daß er ihn alle zwei Jahre wieder verlängern kann. Die meisten Flüge unternimmt er kurz vor dem Verfalldatum.
Bei familiären oder beruflichen Schwierigkeiten besteht die Gefahr, daß er seine Erlaubnis verfallen läßt und nie mehr erneuert. Es genügt ihm, wenn er später erzählen kann: »Ich war auch mal dabei.«

Der Scheininhaber – unangenehmer Typ

fällt dadurch auf, daß er vorwiegend an den Theken und Stammtischen zu finden ist. Mit dem Cognacglas in der Hand verkündet er lautstark, welche Großtaten er bereits vollbracht hat und welche demnächst anstehen. Um sich dabei selbst in ein gefälligeres Licht zu rücken, spielt er die Leistungen der anderen Piloten in der Regel herunter:
»... hat immer das Glück, an gutes Wetter zu geraten... wenn er den letzten Bart nicht noch gekriegt hätte, wäre er auch abgesoffen... ist doch bei seinem 300er im Pulk mitgeflogen... allein hätte er das auch nicht geschafft...«
Nichtsahnende halten ihn für den großen Könner, wenn er vom Clubhaus aus wieder einmal die Fehler eines anderen kritisieren zu müssen glaubt. Die guten Piloten tun so, als nähmen sie ihn für voll, belustigen sich in Wirklichkeit aber über ihn.
Manchmal läßt er sich auch in den Vorstand wählen. Dann beginnt wieder eine heiße Phase im Vereinsleben.

Der Platzflieger

scheint, obwohl gern mitleidig belächelt, doch eher verkannt zu sein. Er nimmt mit seinesgleichen nahezu regelmäßig am Flugbetrieb teil und bildet dessen tragende Stütze. Er begnügt sich auch an den besten Tagen mit meist nicht mehr als einer Stunde Flugzeit und schafft dadurch für die anderen freie Sitzplatzkapazität.
Er erfreut sich daran, daß er einmal pro Woche Gelegenheit hat, sich über seinen Alltagskram zu erheben und benützt vom Schuldoppelsitzer aufwärts alles, was er sicher zu beherrschen vermag. Allzu kompliziertes Instrumentarium und zu viele Hebel im Cockpit sind ihm allerdings etwas suspekt. Er hat mindestens den gleichen Spaß mit der alten »Ka 8« wie andere mit einem Wölbklappenrenner, weil er wenig Ambitionen

zeigt, längere Strecken entlang zu hetzen oder irgendwelche Abzeichen zu erwerben.
Je nach Breitengrad erkennt man ihn daran, daß sich über dem Fluggelände manchmal ein Jauchzer oder ein Jodler vernehmen läßt.
Es wäre unfair, diesen Segelflieger ob seiner wenigen Fortschritte im Streckenflug zu verspotten, bringt er doch Ruhe und innere Gelassenheit mit, um die man ihn beneiden sollte. Nicht selten wurden aus seinen Reihen schon die zuverlässigsten Fluglehrer des Vereins rekrutiert.

Der Möchtegern-Leistungsflieger
bringt außer dem Wunsch, auch mal eine bemerkenswerte Strecke zurückzulegen, und einem Schuß Unbekümmertheit nicht allzu viel mit. Über die Planung seiner Vorhaben macht er sich zwar Gedanken, überläßt die Ausführung aber dann dem Zufall. Zwangsläufig scheitert er an allen möglichen und unmöglichen Details:
– Nicht an das vorhergesagte gute Wetter geglaubt, weil es zur Zeit der Vorhersage noch miserabel aussah.
– Das Wetter zwar richtig eingeschätzt, aber vergessen, einen Film zur Beurkundung einzukaufen, keine passende Navigationskarte aufgetrieben, Kamera verlegt. Ein besser vorbereiteter Pilot nimmt ihm schließlich das Flugzeug weg.
– Das Wetter bessert sich zusehends. Barograph gesucht und gefunden, schnell in die Stadt gefahren, Film eingekauft, wieder heimgerast, Karten und Papiere geholt, Schleppilot und Sportzeugen nach mehreren Telefonaten erreicht, Flugzeug aufgebaut und in voller Hektik gestartet. Dreimal abgesoffen und entnervt aufgegeben.
– Endlich, unter tatkräftiger Mithilfe erfahrener Kameraden, die heute sonderbarerweise auf ihr Vorrecht verzichten, ist alles bestens vorbereitet. Glatter Start, glatte Landung nach 25 Kilometern: Wetter total falsch eingeschätzt.
Aber diesem Piloten kann geholfen werden. Vielleicht nimmt sich einer der »Alten« seiner an, berät ihn bei seinen Streckenvorbereitungen und fliegt mal ein Stück mit ihm.
Nichts zu machen ist allerdings mit jenen, die sich trotz aller Hilfestellung und Ratschläge abends nicht vom Bierglas losreißen können oder die morgendlichen Verabredungen aus anderen, sicher verständlichen Gründen nicht einzuhalten vermögen.

Der Abzeichen-Flieger
strebt mit beständigem Ehrgeiz danach, die Pyramide der Leistungsabzeichen möglichst schnell zu durchsteigen. Oft gelingt es ihm schon während der Ausbildung, einige Bedingungen für die Silber-C zu ergattern. Selten läßt er eine gute Gelegenheit aus, steckt mit seinem Eifer auch andere an, die weniger zielstrebig auf die begehrten Anstecknadeln losgehen, schiebt sie aber rücksichtslos beiseite, solange er selbst das entsprechende Brevet noch nicht besitzt.
Manche seiner Gattung verfallen aber in den Fehler, sich sofort nach dem ersten gelungenen 50 km-Flug für bemerkenswerte Streckenflieger zu halten und nur noch auf »große Strecke« gehen.
In den meisten Fällen hat das eine beachtliche Zahl von Außenlandungen zur Folge. Doch schließlich werden die ausgewerteten Flüge, aber auch die Tankrechnungen seiner Rückholmannschaften, mit zunehmender Erfahrung immer länger und erreichen endlich die angepeilten Maße. Auch auf diese Weise ist schon mancher Diamant erkämpft worden. Hängt er erst einmal am Ausgehrock, dann riecht er bestimmt nicht mehr nach Benzin.
Für die Startüberhöhungen von 3000 oder 5000 Metern werden weder Zeit noch Kosten gescheut. Man hört sich in erfolgreichen Kreisen um, liest aufmerksam die Fachzeitschriften und weiß mit der Zeit ganz genau, wohin man zu welcher Jahreszeit fahren muß, um mit einem genügend hohen Barogrammschrieb wieder heimzukehren. Doch leider – oder Gottseidank – ist auf das Wetter im allgemeinen und für Höhenflüge im besonderen nicht hundertprozentig Verlaß, so daß das Probierspiel in einzelnen Fällen viele Jahre lang interessant und spannend bleibt.
Wer in den heimischen Breiten vom Strecken- oder Höhenpech verfolgt zu sein glaubt, der nimmt auch gern Einladungen aus dem näheren und ferneren Ausland an. Frankreich, Spanien, Südafrika oder gar

Australien bieten sich – freilich nicht ganz umsonst – als Diamantenlieferanten an.
Bedenkt man, daß die Bedingungen, für die die höchsten segelflugsportlichen Auszeichnungen vergeben werden, vor fast fünfzig Jahren aufgestellt und auch damals schon auf hölzernen Gleitern erflogen wurden, so fehlt doch heute den vielen »Kunststoff-Brillanten« einfach das Feuer.
Es wäre höchste Zeit, sich Gedanken über eine sinnvolle Neuordnung der Leistungsbewertung zu machen. Die jetzigen Anforderungen entsprechen auf keinen Fall mehr den technischen Gegebenheiten.
Wenigstens wurde als neuer Anreiz für den modernen Segelflug das 1000 km-Abzeichen geschaffen. Eine Strecke, die bereits an die Reichweitengrenze der meisten einsitzigen Motorflugzeuge geht, muß hier nonstop bewältigt werden. Das ist wahrhaftig einen fliegerischen Orden wert. Aber eine Dreieckstrecke von 300 km mit einem »Nimbus« oder einer »ASW 20«...?
Nach Erfüllung aller belohnbaren Bedingungen scheiden sich die Abzeichenflieger in zwei Untergruppen. Die einen verlieren den großen Schwung, weil sie der Überzeugung sind, alles erreicht zu haben, was möglich ist. Die anderen haben nun erst richtig Feuer gefangen, fliegen nun zwanglos und erleben Steigerungen, die sie vorher nicht für möglich gehalten haben. Viele von ihnen tragen ihr Abzeichen nur noch hinter dem Revers.

Der sogenannte Leistungsflieger
ist im modernen Sinn Streckenflieger, wenn auch von der körperlichen und seelischen Belastung her natürlich auch der Kunstflieger oder der Höhenflieger zu den Leistungspiloten zu zählen ist.
Ihn reizt es, neue Strecken zu erkunden und bewährte schneller zu durchsegeln. Neben der Verbesserung seiner absoluten Leistungen, die sich in Längen und Geschwindigkeiten angeben lassen, versucht er auch, seine Anstrengungen zu objektivieren. Eine gelungene Rückkehrstrecke über 250 km bei Schauern, schwacher Blauthermik oder teilweisen Abschirmungen schätzt er daher genau so hoch ein, wie ein 500er Dreieck bei Hammerwetter.
Es reizt ihn, sich mit anderen zu vergleichen und über kurz oder lang wird er sich auch an Wettbewerben beteiligen. Dort kann er sich messen, neue Taktiken beobachten und zur Abwechslung mal aus den Fehlern der anderen lernen. Und er wird in den meisten Fällen zähneknirschend zugeben müssen, daß es genügend Leute gibt, die ein gutes Stück besser sind als er.

Der Rekordflieger
war schon immer Pionier und Maßstab zugleich.
Wer hätte in den zwanziger Jahren daran gedacht, 300 oder 500 Kilometer im motorlosen Flug zurückzulegen?
Wer hätte die – selbst heute noch wahnwitzig anmutenden – Riesenstrecken und Dreiecke von weit mehr als 1000 km eines Hans-Werner Grosse für möglich gehalten.
Pioniertaten haben die Eigenart, daß sie nachvollzogen werden. Was heute noch einmalig ist, wird morgen von vielen anderen wiederholt. Es wurde ja bewiesen, daß es machbar ist. Doch die Rekordler planen bereits wieder neue Überraschungen. Es dürfte nur eine Frage der Zeit sein, wann auch die 2000 km-Grenze von einem Segelflieger überboten wird. Vielleicht in den Wellensystemen der Sierra Nevada oder den Jetstreams über der europäischen Troposphäre?
Der materielle Aufwand für eine Rekordjagd ist aber derart hoch geworden, daß es sich nur wenige Auserwählte erlauben können, dieser Sucht nachzugeben. Die gelungenen Flüge jedoch als reine Geldangelegenheiten abzutun, hieße unseren Weiten- und Höhenjägern bitter Unrecht tun.
Bestleistungen sind heute nur äußerst selten Zufallsprodukte. Oft erfordern sie jahrelange Vorbereitungen oder Wartezeiten, immer aber zähes Daranglauben trotz aller Unkenrufe der Pessimisten.
Die Einstellung der Rekordpiloten zum Segelflug überträgt sich immer auch auf ihre Lebensweise. So haftet ihnen neben dem Willen zur maximalen Leistung, die bis an die menschliche Belastbarkeitsgrenze herangehen muß, einem unentbehrlichen Schuß Fanatismus und einer Prise Verbissenheit auch ein Hauch von Exotik an.

Sicher lassen sich nicht alle Segelflieger in die Typenreihe einordnen, wie sie hier vorgestellt wurde. Mancher durchläuft während seiner Luftsportzeit das eine oder andere Stadium, bleibt hier und da etwas länger hängen oder entwickelt sich zu einer individuellen Mischform.

So vielfältig die Motive sein mögen, aus denen heraus sich jemand dem Segelflug annähert oder verschreibt, so schillernd bunt ist auch die Palette der Typen, die man hier antreffen kann.

Segelflug läßt sich als Zeitvertreib, zum Renommieren, als Sport oder Religion und als Ersatzbefriedigung für berufliche oder sexuelle Mißerfolge betreiben. Deswegen findet man neben den scheinbar »Normalen« auch Vertreter aus fast allen Spektren menschlicher Lebensweisen:

vom Hungerkünstler bis zum Fresser,
vom Asketen bis zum Exzessiven,
vom Krüppel bis zum Athleten,
vom Atheisten bis zum Bigottischen,
vom Antialkoholiker bis zum Säufer...

Allen gemeinsam ist, daß sie hier etwas zu finden glauben, was sie schon lange gesucht haben.

Kunstflug

Was wäre ein Flugtag ohne Kunstflug. Das fernsehverwöhnte (oder -verdorbene) Publikum ist nur mit spektakulären Vorführungen von den Sitzen zu heben. Alle, die gekommen sind, hoffen eine risikoreiche Show zu erleben und so manch einer der Zuschauer wünscht sich im Stillen, daß »etwas passiert« und er etwas zum Erzählen hat.

Also bemüht sich der Veranstalter, Piloten und Flugzeuge aufzutreiben, die den Ansprüchen des Volkes gerecht zu werden versprechen. Man engagiert amtierende Meister oder solche, die es waren oder werden wollen und hofft auf zufrieden abziehende Menschenmassen.

Den größten Beifall ernten dann auch tatsächlich die Piloten, die sich mit brüllenden Motoren vom Himmel stürzen und hautnah, mit dem Kopf nach unten hängend, an den erstaunten Gesichtern vorbeifegen, während sie mit der linken Hand leutselig aus dem Cockpit winken und an der anderen Seite der Startbahn senkrecht in den Himmel ziehen.

Würde die Lautsprecherstimme nicht extra darauf hinweisen, so entginge der Kunstflug mit dem Segelflugzeug den meisten; denn nach dem Ausklinken in 1000 oder gar 1200 Metern Höhe erscheint nur eine kleine, blinkende Silhouette, und dem Unerfahrenen ist es unmöglich, Fluglagen und Figuren auseinanderzuhalten. Selbst der Mann am Mikrofon verheddert sich, wenn sich der Pilot nicht an die Reihenfolge hält, die er sich auf seinem Notizzettel vermerkt hat.

Die Aufmerksamkeit der zahlenden Gäste steigert sich erst, wenn der Abstand zum Erdboden deutlich geringer geworden ist. Alle warten nun auf etwas Besonderes, z.B. auf eine einarmige Felge oder etwas Gleichwertiges. Und der Kunstflieger bemüht sich, den Ansprüchen einigermaßen gerecht zu werden:

Aus dem Turn heraus stürzt er senkrecht nach unten, baut dabei noch eine halbe Rolle ein, drückt in Rükkenlage, holt dabei mit der restlichen Höhe so geschickt Fahrt auf, daß man meint, er könnte nur mit Mühe einem Aufschlag entgehen und rauscht mit Höchstgeschwindigkeit so knapp über die Piste, als wollte er mit der Seitenflosse eine Furche durch die Landebahn ziehen. Mit einem halben Innenloop drückt er sich wieder in Höhe und Normalfluglage, rast noch einmal zu den nach oben gereckten Köpfen hinunter, zieht in der Kehrtkurve hoch und setzt mit einem Riesenlip zur Landung an.

Die anwesenden Segelflieger bewundern aufrichtig Mut und Können des Schaustellers. Die Einstellungen zur Sache selbst gehen jedoch weit auseinander:

»Das ist nichts für mich«, gibt der eine offen zu.

»Das muß ich auch einmal probieren«, denkt sich ein anderer.

»Das will ich auch lernen«, nimmt sich vielleicht einer von zehn vor. Doch wenn nicht gerade am eigenen Flugplatz ein aktiver Kunstflugpilot trainiert, kann es sein, daß sich so schnell keine Möglichkeit ergibt, ein paar Figuren an den Himmel zu zeichnen.

Geeignete Flugzeuge und Lehrer sind relativ selten.

Bleibt also für einen begeisterten jungen Segelflieger nichts anderes übrig, als bei passender Gelegenheit selbst auszuprobieren, was einfach erscheint und als ungefährlich angepriesen wird.

Aus »Expertengesprächen« hat man ja im Laufe der Zeit schon so manchen Begriff aufgeschnappt und in Gedanken oder auf dem Teppichboden des Wohnzimmers ein eigenes »Programm« zusammengestellt.

Irgendwann hält man die reine Theorie dann nicht mehr aus und versucht sich an der Praxis.

Eines Tages sitzt man dann nach einem Thermikflug in 1000 Metern Höhe etwas abseits vom Heimatplatz in einer »Ka 8« und denkt sich: »Das wäre doch jetzt der geeignete Augenblick für den ersten Looping.« Allein die Vorstellung daran erzeugt schon ein erregendes Prickeln in allen Organen, die man zum Fliegen braucht.

»Na, jetzt oder nie!« drängt der Mut.

»Und wenn's der Flugleiter sieht?« fragt die Vorschriftentreue.

»Wenn schon«, meint die Unbekümmertheit, »was soll

denn schon passieren?«
»Hält die ›Ka 8‹ das auch wirklich aus?« wirft die Vorsicht ein.
»Mit dem Gerät sind schon viele Loopings geflogen worden, einen wird sie schon noch schaffen«, sagt die Logik.
Also gut, probieren wir's.
Wie war das noch?
Knüppel nach vorn. Fahrt aufholen.
Mensch, dauert das lange, bis da mal 140 Sachen anliegen. Noch mehr drücken!
Reichen 150 km? Geben wir lieber noch etwas dazu.
So. Jetzt ziehen. Mehr ziehen. Noch mehr ziehen.
Der Horizont klappt unter der Rumpfspitze weg. Der Anpreßdruck wird ungewohnt hoch.
Vielleicht haben wir etwas zuviel gezogen? Nachlassen!
Der Steuerdruck nimmt ab, der Horizont bleibt verschwunden, alles wird plötzlich leicht. Die Navigationskarte schwebt auf einmal vor dem Gesicht herum.
Durchziehen bis zum Anschlag!
Das Fahrtgeräusch ist kaum mehr zu vernehmen. Scheinbar regungslos hängen wir am Himmel. Mit angehaltenem Atem warten wir auf die Reaktion des Seglers.
Da erscheint die Erde wieder, zwar etwas schief, aber sie ist Gottseidank noch da. Mit dem vollgezogenen Knüppel gibt es einen kurzen, fast fahrtlosen Abfangbogen.
Die Spannung entlädt sich. Nur das Herzklopfen bleibt unter dem linken Schultergurt noch etliche Sekunden spürbar.
Stolz auf die erste gelungene Kunstflugfigur – gelungen in dem Sinn, daß weder Pilot noch Flugzeug ernsthafte Schäden davongetragen haben – wird das ganze gleich noch einmal geübt.
Jetzt, nachdem das Neue seine aufregende Seite fast verloren hat, geht alles etwas zügiger und bewußter: Fahrt – ziehen – warten – abfangen.
Na also, zähle ich nicht fast schon zu den Kunstfliegern?
Aber es wird Zeit, damit aufzuhören. Mit den letzten 700 Metern schaue ich, daß ich nach Hause komme. Die anderen wollen auch noch in die Luft.
»Du weißt doch, daß Kunstflug verboten ist!« empfängt mich der Flugleiter.
Natürlich bin ich beobachtet worden, ich hab's mir doch gleich gedacht. Einerseits bin ich enttäuscht, daß ich nun einen Rüffel oder Schlimmeres in Kauf nehmen muß, andererseits freue ich mich ein bißchen, weil man zu meinen Überschlagsversuchen »Kunstflug« gesagt hat. Doch der Dämpfer kommt sofort:
»Außerdem ist Ostern längst vorbei, mal deine Eier woanders hin, aber nicht an den Himmel.«
»Ich wollte halt auch mal...«, versuche ich zu erklären.
»Glaub' ich dir alles, aber wenn ich dich noch einmal erwische, gibt's Startverbot.«
»Aber du hast doch selbst auch schon Loopings geflogen«, wage ich einzuwerfen.
»... und auch mein Flugverbot kassiert. Deswegen gebe ich dir heute noch eine Chance, indem ich deine seltsamen Flugfiguren als mißglückte Steilkurven betrachte. Wenn du natürlich behauptest, daß das Loopings waren, muß ich das Startverbot sofort aussprechen. Was sollen sonst die anderen denken?«
»Ja, haben die mich nicht gesehen?«
»Bis jetzt hat keiner etwas gesagt.«
»Verstehe.«
Vorsichtshalber halte ich jetzt den Mund, stifte dem Flugleiter abends ein Bier und beschließe, meine nächsten Versuche weit, weit abseits von einem Flugplatz zu unternehmen.
Doch lange Zeit tat sich – abgesehen von ein paar vermurksten Turns und Loops – in dieser Richtung nichts Ernsthaftes mehr.
Die erste Begegnung mit brauchbarem Segelkunstflug fand unerwarteterweise in einem Urlaub in Jugoslawien statt. Dort, auf dem Gelände von Slovenjgradec, nahe der österreichischen Grenze gab es zwei »Blanik« und Franz, einen Berufspiloten, der auch Segelflieger mit Kunstflugberechtigung war.
Eines Spätnachmittags stand die Schleppmaschine herum, der »Blanik« war frei, Franz hatte Zeit und ließ sich auch nicht lange bitten, mit mir die Luft etwas durcheinander zu wirbeln.
Mit meiner Anschnallerei war er nicht so recht zufrie-

den und wies mich an, meine Bauchgurte noch einmal streng nachzuziehen. Was das zu bedeuten hatte, wurde mir erst später richtig klar.
Die »Super-Cub« rollte vor und wir ließen uns in die sinkende Sonne hinein schleppen. In knapp 1500 Meter klinkte Franz aus und die »Pa 18« verabschiedete sich wackelnd mit schlenkerndem Schleppseil.
Ganz harmlos und wie erwartet begann es mit dem Vorschieben des Knüppels und der damit verbundenen Fahrtaufnahme.
»Aha, das kannst du ja«, dachte ich mir. »Das wird sicher ein Looping.« Richtig. Die Schnauze stieg über den Horizont und der Anpreßdruck wurde deutlich höher. Einige Augenblicke später jedoch war mir bis kurz vor der Landung aber so gut wie nichts mehr klar.
Franz steuerte seine Figuren ohne jegliche Ankündigung oder Erklärung. Auf Grund meiner Unerfahrenheit auf diesem Gebiet bildete ich mir irgendwelche Situationen ein, die dann eben doch nicht eintraten. Wenn ich mir vorstellte, er müßte nun ziehen, dann drückte er, daß es mich in die Gurte schob. Glaubte ich den Ansatz zu einem Turn zu erkennen, so wurde bestimmt eine Rolle daraus. Und wenn er tatsächlich einmal zu einem Looping ansetzte, wartete ich vergebens auf das Erscheinen des waagrechten Horizonts, denn inzwischen hatte er längst eine neue Figur angefügt.
Die Erscheinung, daß ich dem Geschehen weder folgen, geschweige denn gedanklich vorauseilen konnte, beunruhigte mich und erzeugte in mir ein Gefühl des Ausgeliefertseins. Längst hatte ich es aufgegeben, mit den Füßen und den Händen die Steuerbewegungen mitzufühlen. Erleichtert atmete ich jedesmal tief durch, wenn sich die bereits dunkel erscheinende Erdoberfläche in einigermaßen verständlicher Lage vor mir präsentierte.
Eine Zeitlang war mir klar, daß wir uns in Rückenlage befanden. Anfangs hatte ich das Bedürfnis, mich irgendwo festzuhalten. Aber da war nichts. Gottergeben ließ ich mich also in den Gurten hängen und war nun demjenigen dankbar, der sie mir vor dem Start noch einmal so stramm nachgezogen hatte. Trotzdem mußte ich den Kopf tief zwischen die Schultern nehmen, um nicht mit meinem Gewicht gegen die dünne Plexiglashaube zu drücken. Kurz darauf stand der Horizont nicht nur auf dem Kopf, sondern auch noch schief und irgendetwas versuchte, mich durch die geschlossene Kanzel hindurch mit unwiderstehlicher Kraft ins Freie zu zerren. Plötzlich bekam ich Bedenken, ob ich auch das Gurtschloß richtig hatte einschnappen lassen. Gelegenheit, das zu kontrollieren, gab es nicht, denn nun betrachtete ich fasziniert die Schnauze unseres Blechvogels, die wie ein Ball im Zeitlupentempo auf der Horizontlinie entlanghüpfte.
Dieser Rollenkreis – den ich als solchen nicht erkannte – ging zwar auch zu Ende, es war aber sinnlos geworden, die einzelnen Figuren auseinanderhalten zu wollen. Augen, Ohren und das Gleichgewichtsgefühl erlebten bisher unbekannte, wirbelnde Eindrücke.
Mit dem tanzenden, verschwindenden, wieder auftauchenden, rotierenden Horizont wechselte das Fahrtgeräusch zwischen orgastischem Rauschen und absoluter Stille, während Oben und Unten vom Belastungswechsel her nicht mit den optischen Eindrücken übereinstimmten.
Immer mehr befürchtete ich, daß ich diesen Zuständen nicht mehr lange gewachsen sein könnte. Aber der Rest meines Selbstbewußtseins und ein eigenartiger Trotz hinderten mich daran, bei der nächstbesten Normalfluglage die Steuer festzuhalten und Franz zum Aufhören zu bewegen.
Der einzige, der noch zu mir hielt, war der Höhenmesser. In gedämpften Sprüngen bewegte sich seine Nadel beständig auf die Null zu. Die Gewißheit, daß spätestens beim Erreichen dieser schon magisch erscheinenden Zahl wieder erträgliche Zustände herrschen würden, ließ mich etwas Mut schöpfen.
Tatsächlich schien bei 300 Metern ein Ende absehbar. Das Unangenehmste war offensichtlich vorbei. Ich versuchte mich zu orientieren. Links unten lag die Landebahn herrlich groß da. Eine Rolle rechts herum wies mich aber dezent darauf hin, daß wir noch nicht unten waren. Aber das verfilzte Knäuel unseres Flugbahnfadens entwirrte sich zusehends. Nochmaliges Fahrtaufnehmen – und endlich erkannte ich »meinen Looping« wieder. Welche Wohltat nach diesem chaotischen Wirrwarr war doch ein einfacher Überschlag!

Aber »meiner« war doch irgendwie anders gewesen. Nicht so hart beschleunigend in der Anfangsphase und nicht so zeitraubend im oberen Teil. Außerdem kam der »Blanik« unten mit den gleichen 190 km/h heraus, mit denen er begonnen hatte, während ich immer stolz darauf gewesen war, mit möglichst geringer Fahrt abfangen zu können. »Du landen«, sagte Franz plötzlich hinter mir.

Alles was ich noch an Verstand, Gedächtnis und Nervenkraft zusammenkratzen konnte, mußte nun aufgeboten werden, wollte ich mich nicht blamieren.

Ich übernahm den Knüppel und war erstaunt, daß der »Blanik« auch mir gehorchte. Aber eine besonders gute Landung habe ich damals nicht hingelegt. Benommen stieg ich aus, grinsende Gesichter umringten mich.

»Wie war's?« fragte einer.

»Klasse!« behauptete ich. Aber meine krampfhaft um Gelassenheit bemühte Haltung überzeugte wohl nicht so recht, was ich aus der Bemerkung entnahm:

»So siehst du auch aus.«

Warum soll ich es nicht zugeben:

An jenem Abend habe ich hart an meinem Gulasch herumgewürgt. Der Spaß am Essen wollte sich einfach nicht einstellen. Auch zwei Stunden später noch war mir eher nach dem Gegenteil zumute.

AUSBILDUNG IM KUNSTFLUG

Bis vor nicht allzu langer Zeit hat man sich in Ermangelung zugelassener doppelsitziger Segelflugzeuge darauf beschränken müssen, einem Kunstflugschüler die Figuren am Boden nur theoretisch zu erklären und ihn zu fragen, ob er auch alles richtig verstanden hätte.

»Alles klar«, sagte der meistens, setzte sich in die »Lo 100« oder die »Pilatus B 4« und schleuderte sich am Himmel herum.

Daß auf diese Weise nicht immer alles glatt ging, liegt auf der Hand. Heute ist die Doppelsteuermethode auch für die Kunstflugschulung verpflichtend vorgeschrieben. Fehler können nun sofort erkannt und ausgemerzt werden, eine Überbeanspruchung von Mensch und Maschine kommt nur noch sehr selten vor, weil der Fluglehrer eingreifen kann, bevor eine kritische Fluglage eintritt.

Wer sich ernsthaft für die Kunstflugberechtigung interessiert, nimmt am besten an einem Lehrgang teil, wo sich erfahrene, einfühlsame Fluglehrer um jeden einzelnen individuell kümmern.

Als Voraussetzung für die Teilnahme an einer Ausbildungsveranstaltung sind eine Flugerfahrung von mindestens 100 Stunden sowie die Bescheinigung der fliegerischen Qualifikation durch den Ausbildungsleiter.

Auf eine gute körperliche Verfassung und eine erhöhte Belastbarkeit sollte sich jeder Interessent selbst überprüfen und – falls er sich darüber im Zweifel ist – seinen Fliegerarzt befragen.

Ob er sich dann auch wirklich für den Kunstflug eignet, das stellt sich erst im Laufe der Schulung heraus. Viele gute Segelflieger haben schon erkennen müssen, daß sie besser die Finger von dieser Art Luftfahrt lassen.

Was wird nun gelehrt bzw. zur Prüfung verlangt?

Da sind zunächst die Grundfiguren, aus denen sich alle weiteren ableiten:

Trudeln
Looping
Turn
Rolle
Rückenflug

Mit zunehmender Erfahrung und Übung werden die einzelnen Elemente nicht mehr isoliert geflogen, sondern so aneinandergereiht, daß sich aus den verschiedenen Bewegungsteilen neue Figuren ergeben.

Kombiniert man z.B. eine halbe Rolle mit einem halben Looping, so entsteht ein sog. Abschwung, beginnt man dagegen zuerst mit einem halben Überschlag und fügt daran eine halbe Rolle, so wird das ein Aufschwung (siehe S. 26/27):

Alle diese Figuren können mit positiver oder negativer Belastung geflogen werden, d.h. der Pilot wird dabei in den Sitz bzw. in die Gurte gepreßt.

Beispiel: Außenloop (positiv) und Innenloop (negativ)

Gelingen die einzelnen Übungen, so werden sie zu einem sog. Programm zusammengestellt. Den Könner

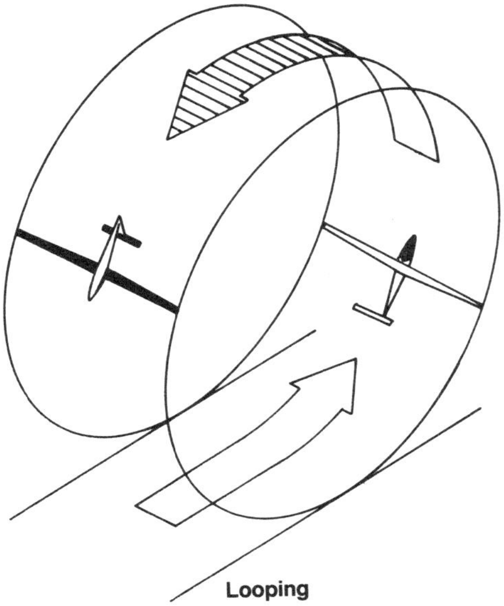

Looping

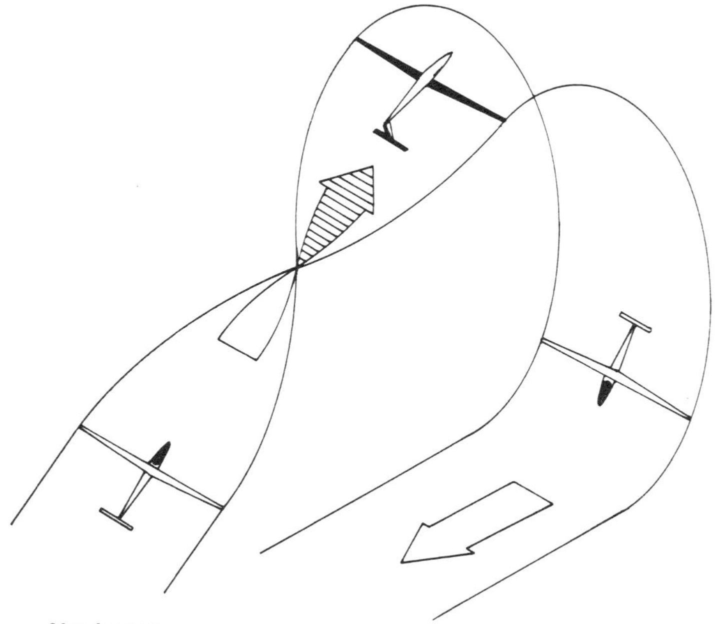

Abschwung

negative Belastung

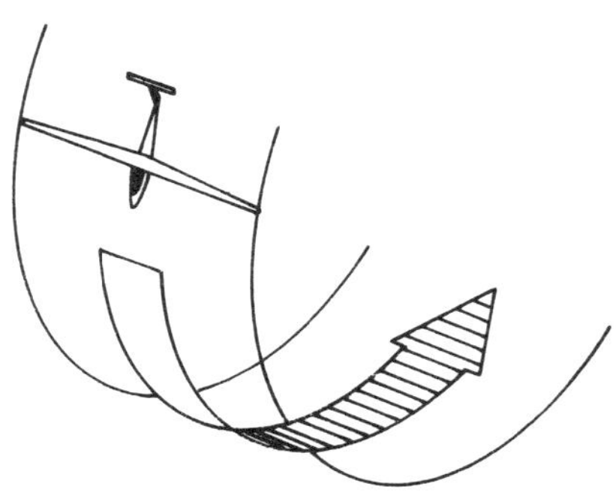

positive Belastung

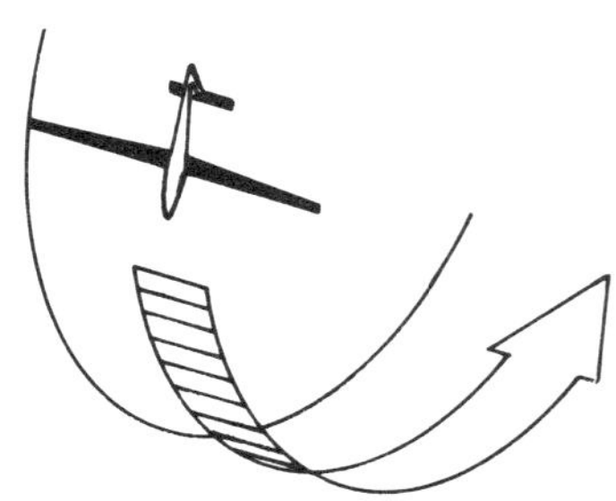

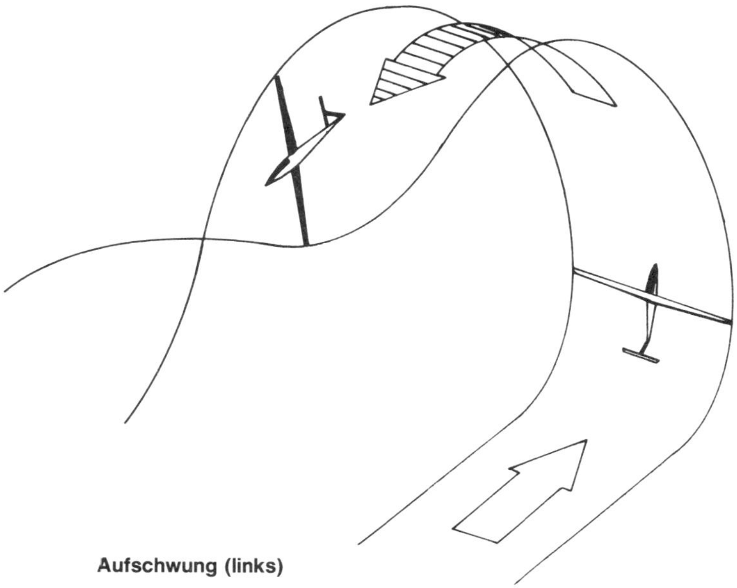

Aufschwung (links)

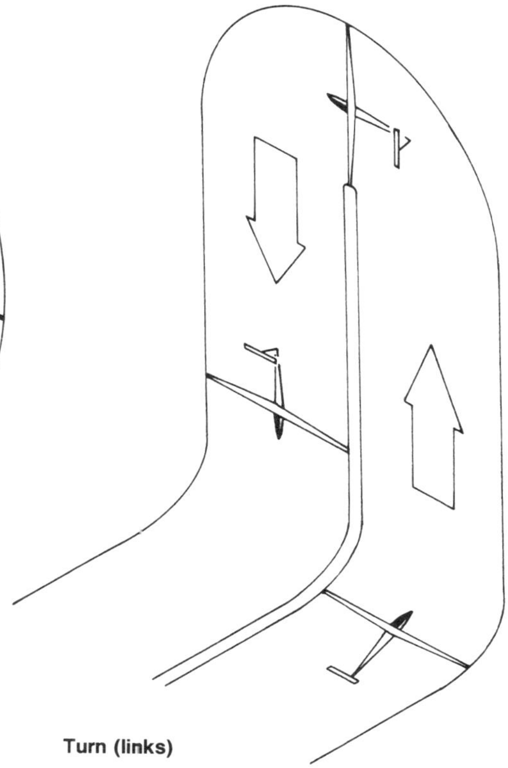

Turn (links)

Rolle (rechts)

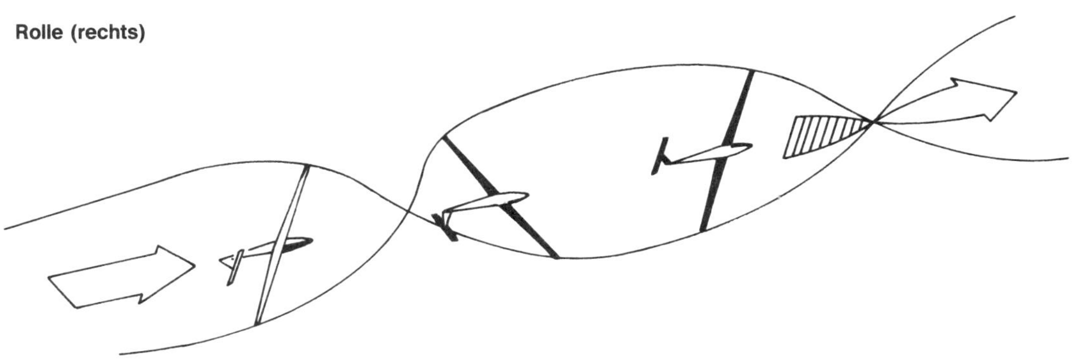

erkennt man daran, daß seine Figuren fließend ineinander übergehen. Die Schlußphase jedes Elements ist dabei zugleich der Beginn eines neuen.
Zur Kunstflugberechtigung erwartet der amtliche Prüfer keine akrobatischen Leistungen, sondern folgendes Programm:
- Start auf ca. 1000 m Höhe
- Überschlag aus der Normalfluglage (Looping)
- Hochgezogene Rollenkehre links (Abschwung)
- Aufschwung mit halber Rolle rechts
- Turn rechts
- Rolle links
- Turn links
- Rolle rechts
- Steilkreise bis 150 m über Grund
- Seitengleitflug (Slip)
- Ziellandung

In der Symbolschreibweise sieht das so aus:

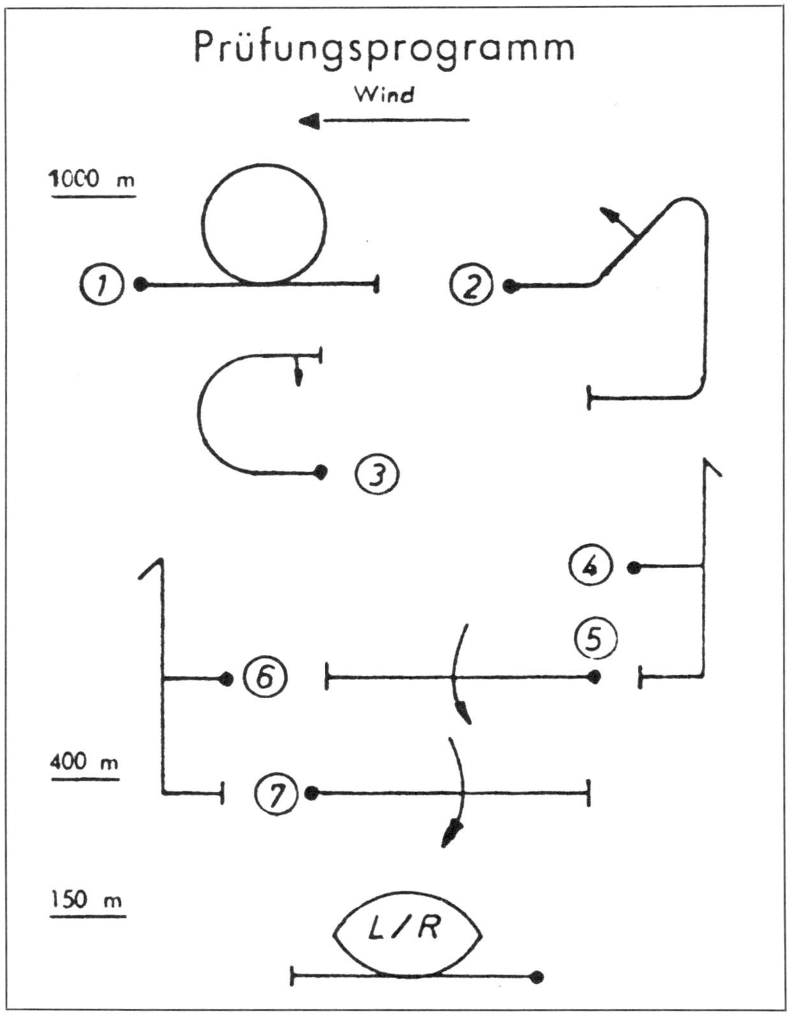

Der Flugbahnverlauf könnte so gestaltet sein:

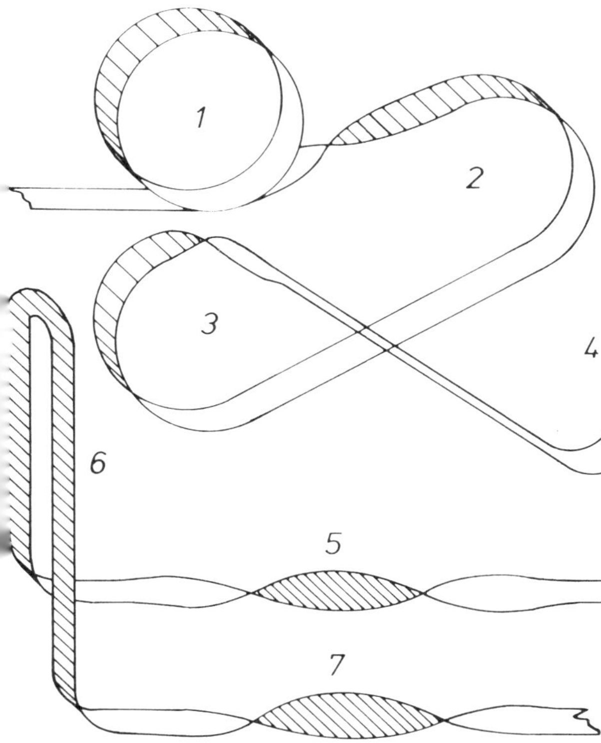

FLUGZEUGE UND AUSRÜSTUNG

Es gibt nur wenige, voll zum Kunstflug zugelassene Segelflugzeuge, weil die Anforderungen, die von den Bauvorschriften her gestellt werden, naturgemäß sehr hoch sein müssen und der Markt hier sehr klein ist.
Die alte »Lo 100«, auch »Zwergreiher« genannt, wurde nach dem Zweiten Weltkrieg entworfen und ist seit den frühen fünfziger Jahren bis heute eigentlich *das* Kunstflugzeug geblieben, an dem sich auch die neueren Entwicklungen orientieren mußten – zumindest was die Flugeigenschaften betrifft.
Mit ihren 10 m Spannweite über dem einteiligen, elliptischen Flügel und den großdimensionierten Rudern erreicht sie eine vorzügliche Wendigkeit bei harmonischen Steuerbewegungen.
Früher auf eine Höchstgeschwindigkeit von 400 km/h(!) ausgelegt, müssen sich die noch übrig gebliebenen Exemplare heute mit etwa 100 km/h weniger zufrieden geben, was ihrer »Acrotauglichkeit« aber keinen Abbruch tut.
Seit 1970 mischt auch der »Salto«, ein 13 m-Kunststoffvogel, kräftig bei den Wettbewerben um die Meistertitel mit.
Auch die Ganzmetallkonstruktion »Pilatus B 4« war eine Zeitlang beliebt, konnte sich aber nicht so richtig durchsetzen.
Von den Doppelsitzern machte eigentlich nur der tschechoslowakische »Blanik«, eine ebenfalls recht betagte Ganzmetallkonstruktion, bei uns von sich reden. Er wurde vor allem für die Grundausbildung im Kunstflug eingesetzt, war aber in der BRD doppelsitzig nicht für alle Figuren des Prüfungsprogramms zugelassen.
Die neuen GfK-Doppelsitzer »Twin-Astir« und »ASK 21« lösten ihn ab.
Um einen Eindruck zu vermitteln, welche Kräfte bei unkonventionellen Flugzuständen auftreten können, schauen wir uns einmal ein Beispiel genauer an:
Die »ASK 21« ist für ein sicheres Lastvielfaches von 6,5 g bei positiven und 4,0 g bei negativen Belastungen gebaut. Das bedeutet, daß man sie aus dem Sturzflug so stark abfangen darf, daß ein 80 kg schwerer Pilot, würde er auf einer Waage sitzen, ein »Gewicht« von 520 kg angezeigt bekäme.
Siehe Abb. S. 26 (positive Belastung)
Drückt er beim Abfangen aus dem Sturzflug in Rükkenlage, so darf er die vierfache Last nicht überschreiten. Im Grenzfall hängt er mit 320 kg »Gewicht« in den Gurten.
Siehe Abb. S. 26 (negative Belastung)
Diese Belastungen treten natürlich in anderen Fluglagen auch auf. Grob gesagt erzeugt man positive Kräfte immer dann, wenn man das Höhenruder nach oben ausschlägt, negative Lasten treten beim Drücken auf. Die Größe der Kräfte hängt dabei sowohl von der Heftigkeit der Steuerbewegungen als auch von der mo-

mentanen Geschwindigkeit ab, bei der die Ruderausschläge erfolgen, so daß der Pilot sein »Gewicht« zwischen +520 kg und —320 kg selbst variieren kann.
Wenn man sich vorstellt, daß die Kunstflieger im Training und im Wettkampf bis an die Grenzen der Belastbarkeit herangehen, bekommt man einen Eindruck davon, was nicht nur deren Kreislauf, sondern auch die Struktur ihrer Flugzeugzelle aushalten muß. Einem Ungeübten wird bei plus 4 g bereits ein grauer Schleier die Sehkraft trüben oder ihm wird gar schwarz vor den Augen.
Um bei allen Fluglagen sicher im Führersitz zu bleiben, wird der Pilot gern den fünfteiligen Gurt stramm anlegen. Neben den üblichen Schulter- und Bauchgurten muß vor allem der Bodengurt zwischen den Beinen straff sitzen, damit man bei negativen Figuren gut gesichert ist.
Die Füße stecken in Schlaufen oder Bügeln, die ein Abheben der Füße von den Pedalen verhindern.
Man kann sich noch so gut anschnallen, bei negativen Belastungen verliert man unweigerlich den Kontakt mit der Sitzfläche. Doch erst, wenn man aus dieser Lage heraus locker und unverkrampft zu fliegen vermag, beginnt das Kunstflugerlebnis Spaß zu machen.
Die übrige Ausrüstung ist eher spartanisch:
Neben der Grundinstrumentierung werden noch ein Grobvariometer und ein Beschleunigungsmesser mitgeführt und – für alle Fälle – immer ein Fallschirm.

KUNSTFLUG ALS SPORTART

Es sind eigentlich zwei grundverschiedene Arten von Segelfliegern, der Strecken- und der Kunstflieger. Während der eine die Weite sucht, findet der andere im engen, genau einen Kubikkilometer großen Kunstflugraum, der sog. »box«, seine Bestätigung.
Nimmt man den Begriff »Kunst« wörtlich, so ist der Pilot, der seine Fliegerei danach ausrichten will, mit dem Eisläufer, dem Geräteturner oder dem Tänzer zu vergleichen. Denn alle diese Wettkampfsportler werden bei ihren Meisterschaften von einer Jury beurteilt, die immer nur subjektive Bewertungen abgeben kann, weil ihr keine Meßdaten zur Auswertung vorgelegt werden können. Auch das intensivste Streben nach Objektivität – das jedem Jurymitglied unterstellt werden sollte – verhindert nicht gelegentliche eigenartige Bewertungen.
Der hin und wieder zur Diskussion gebrachte Einsatz von Aufzeichnungsgeräten zur besseren Analyse der einzelnen Elemente, würde dem Wesen solcher Darbietungen nicht entsprechen.
Das Kunstflugprogramm ist nicht als dauerhaftes Werk anzusehen, in das man sich in langen Betrachtungen vertiefen kann wie in ein Gemälde. Es ist die flüchtig hingezogene Linie, die im Augenblick der Entstehung zum sofortigen Vergehen verurteilt ist und nur im Gedächtnis des Schauenden einen sinngebenden Eindruck hinterläßt.
Das totale Zerpflücken dieses Erlebnisses durch dutzendfaches Analysieren einzelner Abschnitte käme dem Abkratzen der Farbe eines Bildes gleich.
Zur Kunst gehört ein bißchen Prostitution.
Auch der Kunstflieger will, daß man ihn und sein Werk betrachtet, und mit Lob und Beifall bezahlt.
Hier kann der Segelflug nicht stilles Abenteuer bleiben, hier stellt er sich zur Schau. Wer Lust hat, zahlt und genießt.
Neil Williams, ehemaliger englischer Meisterpilot, meint dazu: »An sich gibt es keinen Grund, Kunstflug zu betreiben. Wer aber wirklich das Bedürfnis dazu verspürt, ohne genau zu wissen warum, und auch die Bereitschaft zeigt, hart zu arbeiten und diesen erregenden Sport zu erforschen, der ist auf dem richtigen Weg. Er wird dann gepackt wie von einer Droge. Je mehr man davon nimmt, desto abhängiger wird man davon.«
Die Motive, aus denen heraus sich jemand dem Kunstflug verschreibt, der nicht nur gelegentlich, sondern – manchmal bis zur Selbstkasteiung – als Sport ausgeübt wird, mögen vielschichtig sein.
Es kann der einfache Drang sein, seine überschüssigen Kräfte am Himmel auszutoben und dabei seine Aggressionen loszuwerden oder aber der Wunsch, mit wissenschaftlicher Akribie Präzisionsarbeit zu leisten.
Ob es nur der Nervenkitzel beim Betreiben einer zweifellos etwas risikoreicheren Sparte der Fliegerei ist, oder aber das Ausloten der eigenen Grenzen und der

Selbstbeweis der eigenen Leistungsfähigkeit, vermag manchmal auch der Aktive nicht mehr zu unterscheiden.
Vielleicht ist es auch nur ein Relikt des ursprünglichen Imponiergehabes in einer modernen Form oder aber das Bedürfnis des Künstlers, nach harter Arbeit und vielen Rückschlägen ein gelungenes Werk vorzustellen?

Manchmal liefert der durchaus sportliche Ehrgeiz, besser sein zu wollen als alle anderen, den Antrieb. Mancher findet hier endlich sein Gebiet, auf dem er einmal aus der Masse hervortreten kann.
Gemeinsam bleibt allen, daß mit dem Kunstflug eine Form der Selbstverwirklichung gefunden werden kann, die auch Außenstehenden Freude bereitet und dem Aktiven selbst zur Philosophie werden muß.

Wolkenflug

Herbsttag.
Aber keiner, wie man ihn sonst gewöhnt ist. Der typische Nebel oder Hochnebel im Donautal fehlt, es hat sich keine Inversion in niedriger Höhe eingenistet, sondern frische, kalte, labile Luft herrscht bis in Höhen von ca. 2000 m vor.
Seit etwa zwei Stunden hängen wäßrige, aber aktive Quellwolken in relativ großen Abständen am Himmel. Großflächige, doch löchrige Stratusbewölkung im mittleren Niveau verhindert schnelle Überentwicklungen.
Derartiger Anblick scheint einen Startversuch wert zu sein, zumal die Segelflugpausen ab Oktober oft unerträglich lang zu werden drohen.
Die üblichen Vorbereitungen laufen an.
Doch niemand hat anscheinend damit gerechnet, daß man diesen Tag verwerten könnte. Kein Schleppilot, kein Windenfahrer läßt sich blicken.
Aufgeben?
Die Ermutigung kommt von meiner Mannschaft:
»Probier doch mal, ob auf dem Nachbarflugplatz was geht.«
Tatsächlich wird dort gerade im Flugzeugschlepp geschult. Die immer hilfsbereiten Kameraden versprechen, Punkt 12 Uhr die Schleppmaschine herüberzuschicken.
Zwanzig Minuten nach dem »Danke im voraus« steht der »Astir« flugbereit am Rande der Rollbahn und der Rest der Wintercheckliste wird verlesen:
Anorak, Handschuhe, Mütze, Stiefel anziehen, ...
Pünktlich wie nach Fahrplan taucht die »Remorqueur« auf.
»Ich weiß nicht, ob sich das heute lohnt«, ruft Herrmann aus der zurückgeschobenen Haube herüber. »Das Zeug hängt reichlich tief.«
»Wir probieren's.«
Jetzt gibt es kein Zurück mehr.
Knapp zwei Minuten nach dem Abheben hat der Schleppzug die Wolkenuntergrenze von 350 Metern erreicht.
»Wohin jetzt?« fragt der Schleppilot über Funk.
»Flieg' vor die Wolke und steig' weiter!«
Mit sicherem Abstand vor den grauweißen Massen hängt sich der Schlepper wieder an den Propeller und reißt mich hinterher.
In der glasklaren Kaltluft stehen die Konturen des Cumulus nadelscharf neben uns. Hier müßte man eintauchen, um sicheres Steigen zu finden. Es wäre einen Versuch wert.
Ich sage meinem Vordermann Bescheid und raste die Frequenz 126,95 MHz für »München Information«. Während wir die 800 m-Marke durchlaufen, setze ich meinen Anruf ab.
München hört mich zwar, kann mich jedoch nicht verstehen.
»Wiederholen Sie Ihr Kennzeichen!«
»... hier DELTA 7-2-3-9, kommen!«
»Tut mir leid, Sie sind unverständlich, rufen Sie später wieder.«
Da meldet sich ganz unerwartet eine weitere Stimme:
»DELTA 3-9, hier INDIA-ALPHA, höre Sie fünnef, kann ich Ihnen irgendwie helfen?«
»3-9 positiv, ich wollte eine Wolkenflugfreigabe für den Raum Ulm, kann aber meinen Flugplan nicht absetzen.«
Der hilfsbereite Pilot der Zweimotorigen übermittelt mein Anliegen an München INFORMATION. Ich kann den Wechselsprechverkehr einwandfrei mithören.
»INDIA-ALPHA, warten«, heißt die letzte Durchsage.
Währenddessen sind 1200 m Höhe erreicht, ich klinke aus und gleite mit geringstem Sinken in der Hoffnung auf eine positive Entscheidung in Richtung Wolke.
»DELTA-INDIA-ALPHA, das Segelflugzeug 3-9 ist freigegeben für Wolkenflug bis flight level 8-0.«
»INDIA-ALPHA verstanden, ich übermittle ...«
Von dem Motorflieger höre ich den gleichen Text noch einmal und bedanke mich:
»DELTA 3-9, verstanden, Obergrenze 8-0, besten Dank.«
»... keine Ursache, viel Spaß!«

Letzte Anweisungen vor dem ersten Alleinflug. – Schulung auf dem »Doppelraab« in den 50er Jahren. (Der Autor im Cockpit)

Altgediente »Schulflotte«: Doppelraab und Ka8

»Blanik« im Windenstart

Blick auf das Instrumentenbrett einer startbereiten »Lo 100«

»SZD Ogar« mit Druckluftschraube, deutsch-polnische Entwicklung

»Dimona«, Motorsegler oder leichtes Motorflugzeug?

Unentbehrlich für den Rücktransport: Pkw- Anhänger
Oben: Zerlegte »ASW 20« im geschlossenen Hänger
Unten: offene Einfachstversion französischer Herkunft

Morgendliches Aufrüsten des Segelflugzeugs

Start vor Beginn der Thermik bei blauem Himmel

Ein verheißungsvoller Beginn über der thermikstarken Schwäbischen Alb

Vorbei an einem der süddeutschen Segelflugzentren: Klippeneck bei Spaichingen

Zwischen Titisee und Feldberg im Schwarzwald

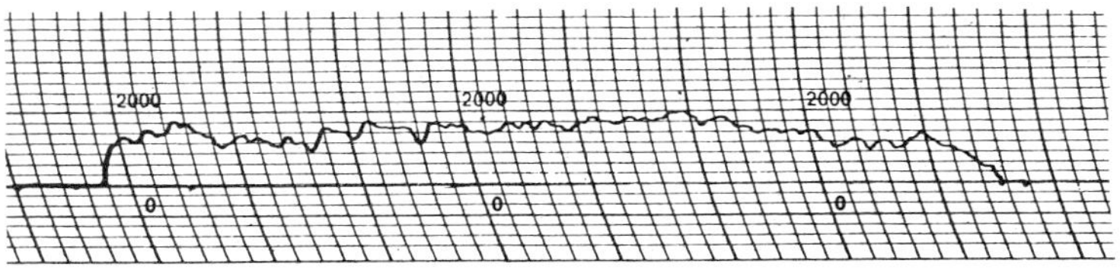

Barogramm zu den Bildern:
Start um 10.20 Uhr, Landung um 16.38 Uhr (jeder waagrechte Teilstrich entspricht 10 Minuten), größte Höhe: 2000 m NN, tiefster Punkt nach dem Ausklinken: 1200 m NN

In der Nähe des Wendepunkts Beilngries am Rande der Fränkischen Alb

Gelungene Wendepunktfotos aus dem richtigen Sektor
links: Feldberg/Radarstation
rechts: Beilngries/Flugplatz

München hat mich diesmal verstanden und schaltet sich nochmal ein: »DELTA 3-9, hier München Information, bleiben Sie während des Wolkenflugs auf dieser Frequenz.«

Ich bestätige und kann mich nun dem eigentlichen Flug widmen.

Eine leichte Unruhe hat mich erfaßt, wie immer, wenn es gilt, etwas nicht Alltägliches zu erleben. Doch diese Art Lampenfieber spannt die Kräfte und schärft die Sinne.

Die 1200 Höhenmeter sind auf 1000 zusammengeschmolzen, während ich den Wolkenberg umfliege, um eine geeignete Stelle für den Einstieg zu suchen. Mein Ziel ist es, ein Steiggebiet zu finden, das nahe am Rande der feuchten Massen liegt, um im Zweifelsfall einen möglichst kurzen Fluchtweg nach draußen zu haben; denn so absolut sicher bin ich mir meiner Blindflugkünste nicht, um ohne künstlichen Horizont und allzu viel Übung das Flugzeug und mich über längere Zeit hinweg unter zweifelsfreier Kontrolle halten zu können.

Starkes Fallen zwingt mich, wieder in respektvollen Abstand zu gehen. Doch an der Sonnenseite nehme ich wenig später eine Einbuchtung wahr, über der sich ein Überhang mit scharf gezeichneten Rundungen gebildet hat, die sich vergrößern wie Luftballons, die gerade aufgeblasen werden. Ich halte darauf zu und bereits in unerwartet großem Abstand vor den ersten Kondensen fängt das Variometer an zu piepsen. Durch kurze Tritte in die Seitenruderpedale überprüfe ich die Funktion des Wendezeigers. Gleißend fällt das reflektierte Sonnenlicht ins Cockpit und beleuchtet die sinngemäßen Ausschläge des Fluglagegeräts. In einer leichten Linkskurve taste ich mich an die ersten Ausläufer des Wolkengebirges heran. Aus der Nähe betrachtet, erscheinen sie nun gar nicht mehr scharf, sondern zerfahren und zerrissen.

Die ersten weichen Fasern fliegen unter dem Rumpf hindurch, zerteilen sich vor dem Kabinenglas. Dann umgibt uns gelblich helles Grau. Links oben dreht eine diffuse Sonnenscheibe vorbei. Erwartungsvoll hat sich das Variometer auf einen halben Meter Steigen eingestimmt.

Schlagartig wird es wieder überhell im Cockpit, das Aufwärtsgleiten hält jedoch an. Ich merke mir die Kompaßanzeige: 120 Grad.

Dankbar registriere ich, daß die Kreisbahn nicht verlagert werden muß, um im Steigbereich zu bleiben.

Der Wendezeiger schlägt etwa eine Pinselbreite weit aus, also brauchen wir für einen Kreis rund eine Minute. Zehn Sekunden davon bin ich im Freien. Die Wolke gibt uns damit eine Eingewöhnungszeit und in jedem Kreis die Möglichkeit, die Fluglage mit Sicht auf den Horizont zu kontrollieren.

Nach vier oder fünf Kreisen sind 200 Höhenmeter dazugewonnen. Beim nächsten Drehen wird es plötzlich dunkler als vorher. Fahrt und Steigen nehmen zu und die erwartete Öffnung bei 120 Grad Kompaßanzeige will sich nicht mehr einstellen. Lediglich eine leichte Aufhellung macht sich an dieser Stelle bemerkbar und geht sofort wieder in dunkles Grau über.

Vorsichtig ziehe ich am Knüppel, um die Fahrtmesseranzeige von 110 km/h wieder auf 80 zu reduzieren. Beim Durchlauf von 90 gebe ich vorsichtig nach und halte dann mit zwei Fingern die Lage. Erstaunlich, wie stabil die Anzeige nun bleibt. Ohne künstlichen Horizont ist die richtige Längsneigung nicht ganz einfach zu stabilisieren. Eine harte Hand am Knüppel würde eine brauchbare Kurve nicht zulassen. Doch mit einem gut ausgetrimmten Flugzeug läßt sich auch am Ruderdruck die Fahrt erfühlen. Je nach Querneigung muß der ziehenden Hand ein bestimmter Widerstand entgegenwirken.

Bei den nächsten Spiralen hellt sich die amorphe Feuchte an keiner Stelle mehr auf. Wir scheinen in den frisch quellenden Überhang gestiegen zu sein, den ich vorhin beobachtet habe.

Worauf ich schon mit Spannung gewartet habe, tritt nun tatsächlich ein: Das Gefühl des Fliegens, des Bewegtseins verschwindet. Man unterliegt dem Eindruck, bewegungslos im Raum zu sitzen. Nur das Gedächtnis hat registriert, daß man sich vom Erdboden gelöst hat.

Von den dürftigen Anzeigen, die die wenigen Instrumente liefern, wird nun der Verstand gezwungen, die Fluglage zu rekonstruieren. Die Augen nehmen die Bilder auf: Fahrtmessernadel bei 90, Pinsel rechts von der Mitte, Kugel fast im Käfig, Kompaßrose torkelnd.

Das Gehirn verknüpft die Bedeutungen und die Erfahrung gibt dem Bewußtsein bekannt: Rechtskurve, etwas zu steil werdend. Diese Erkenntnis wird als Vorwarnung notiert, durch die sich eine neue Sinnestäuschung anbahnt: Das minutenlange Kreisfliegen scheint durch Gewöhnung zum Geradeausflug zu werden. Unbewußt vergrößert man dabei die Schräglage, um die vermeintlich verlorengegangene Drehung wieder herzustellen. Erkennt man den gedanklichen Fehler aber und nimmt die Querneigung wieder auf normale Werte zurück, dann entsteht der Eindruck, daß aus der Rechtskurve eine Linksdrehung wird. Der Körper wird zur Arena, in der sich die widersprüchlichsten Ansichten streiten:

»Glaube mir, das ist eine Linkskurve. Ich habe dich jahrelang nicht betrogen«, behauptet selbstbewußt das Gleichgewichtsgefühl.

»Hier sind die Tatsachen: Pinsel rechts plus Kugel mittig ergibt eine Rechtskurve!« sprechen die Instrumente und die Logik stimmt zu.

»Vielleicht ist aber der Wendezeiger defekt geworden?« wirft die Skeptik ein.

»Warum sollte er ausgerechnet jetzt versagen?«

»Dann könntest du dich auch im Rückenflug befinden.«

Solche Gedanken stören die Konzentration erheblich, können durch ihre Zwiespältigkeit Schwindelgefühle erzeugen und trotz richtiger Interpretation der Anzeigen räumliche Desorientierung hervorrufen.

»Soweit lassen wir es nicht kommen.« Der Wille greift energisch ein. »Jetzt wird ausschließlich nach den Instrumenten gearbeitet!«

Lassen wir also Kompaß und Uhr im Moment weg.

Konzentration auf Wendezeiger und Fahrtmesser!

Fahrtschwankungen im nächsten Kreis von mehr als 30 km/h bedeuten, daß mit dem Willen auch die Hand fester zugepackt hat und damit für die Eingaben des Steuerdrucks unempfindlicher geworden ist.

»Lehn dich zurück, entspann dich wieder, mach die Faust auf.«

Vorsichtig mit dem Daumen und zwei Fingern am Knüppel ertasten wir uns erneut den gewünschten Steuerdruck.

Wieder ist die Querneigung etwas zurückzunehmen, und ich wirke dem Gefühl, mit dem Kopf nach links unten zu hängen, mit der Vorstellung einer Rechtskurve an einem schnurgeraden Horizont entgegen.

Es klappt: Verstandeskopf und Gefühlskopf verschmelzen wieder zu einer Einheit. Das Schielen nach innen und außen ist endlich abgelöst von dem geraden Blick auf das Instrumentenbrett.

Wie hoch sind wir eigentlich?

1200 Meter über dem Platz werden angezeigt.

Der bisher verdrängte Ton des akustischen Variometers dringt bis ins Bewußtsein durch und signalisiert nur noch schwaches, dann verlöschendes Steigen. Die veränderte Stimmlage war sicher der Auslöser für die plötzliche Aufmerksamkeitslage.

Mit einem zusätzlichen Piepser meldet sich der Integrator und der Blick geht automatisch zur Anzeige. Immerhin, im Schnitt sind wir in den letzten zwei Minuten rund einen Meter pro Sekunde gestiegen.

500 Meter Höhengewinn ohne Sicht nach außen heben mein Selbstbewußtsein ein bißchen. Unter der Basis hätte ich keinen erfreulichen Aktionsradius gehabt.

Doch Selbstgefälligkeit paßt nicht zum Wolkenflug. Die Strafe kommt ohne Verzögerung. Die abgewichenen Gedanken werden durch das anschwellende Zischgeräusch der Lüftung jäh unterbrochen. Beunruhigt verfolgt der Blick das Klettern der Tachonadel. Ziehen hilft nichts, lediglich der Sitzdruck verstärkt sich.

Was ist mit dem Wendezeiger los?

Die Kugel hängt verängstigt in der rechten Ecke, der Pinsel steht drohend davor, als wollte er sie nicht mehr herauslassen.

Das Variometer hat einen tiefen, drohenden Brummton angenommen. Auch der Pulsschlag wird spürbar schneller und härter, obwohl mir diese Situation bekannt ist und die Gegenmaßnahmen geübt wurden. Doch die Diskrepanz zwischen Übung und Ernstfall wird erst dem bewußt, der zum ersten Mal den Ernstfall allein bewältigen muß. Mit Gerd Stolle auf dem Lehrersitz war es nie eine sonderlich aufregende Situation, unter der abgedunkelten Haube aus einer absonderlichen Fluglage wieder in den Horizontalflug zu kommen.

Allein das Wissen, daß da vorn in der »RF 5« einer mit Sicht nach außen saß, der jederzeit eine mißliche Lage beenden konnte, wirkte beruhigend. Und in Sekundenschnelle hätte man die vordere Abdeckung lösen können, wenn die blinde Herumprobiererei unerträglich geworden wäre.
Doch jetzt wird es eine Zeitlang dauern, bis ich wieder mit einem Blick nach draußen feststellen kann, in welcher Fluglage wir uns befinden. Und dieses »Zeitlang« ist mehr als wörtlich zu nehmen; denn die abzuwartenden Sekunden dehnen sich zu kleinen Ewigkeiten.
Seitenruder und Querruder schlage ich voll nach links aus, während sich die linke Hand vorsichtshalber um den Bremsklappenhebel legt. Sollte die Fahrt unkontrolliert 170 km/h überschreiten, werde ich die Bremsen ausfahren. Zögernd kriecht der Pinsel aus seiner Ecke, die Kugel wartet offensichtlich noch etwas ab. Doch je weiter sich beide der Mitte nähern, desto mehr nimmt die Fahrt zu.
Wir befinden uns also im Bahnneigungsflug geradeaus mit hängender rechter Fläche. Also vorsichtiges Ziehen bei knapp 160 km/h!
Sofort läßt der Anpreßdruck die Höhenruderwirkung spüren. Es gelingt mir nicht, die Kugel in die Mitte zu dirigieren, ohne daß der Pinsel wieder auswandert. Doch der hat absoluten Vorrang. Deshalb überlasse ich das Querruder in Mittelstellung sich selbst und halte mit den Füßen eisern den Pinsel im Zaum, während ich mir den Abfangbogen vorzustellen versuche, den der »Astir« gerade beschreibt.
Auf keinen Fall darf ich so lange am Höhensteuer ziehen, bis der Fahrtmesser die gewohnten 80 km/h anzeigt. Das würde fast senkrechte Steiglage und gar den Ansatz zum Überschlag bedeuten.
Nein, jetzt wo die Fahrtnadel stillhält und beginnt, sich wieder für niedrigere Werte zu interessieren, lasse ich mit dem Zug am Knüppel nach und warte lange Augenblicke, bis sie sich bei 100 km/h zitternd beruhigt.
Auch die Kugel findet auf Umwegen in ihren Käfig zurück: Normalfluglage.
Aber nun hat der Pilot seine Gelassenheit verloren. Unkonzentrierte, fahrige Bewegungen deuten das an. Ich will wieder raus ins Freie, will wieder Land sehen.
Wo geht's hier am schnellsten hinaus?
Nach unten, mit ausgefahrenen Klappen?
Dann ist bei der niedrigen Basis wahrscheinlich auch der Flug zu Ende. Das will ich nun auch wieder nicht. 900 Meter haben wir noch.
Der kürzeste Weg ins Licht lag vorhin in Südostrichtung. Aber Wolken sind keine starren Gebilde, sondern Formen von hastiger Schnellebigkeit. Trotzdem beende ich den momentanen Westkurs und leite eine vorsichtige Linkskurve ein bis der Kurs von 150 Grad einläuft.
Die Kompaßrose schwingt zurück auf 180 Grad und bleibt dort stehen. Wieder dehnt sich die Zeit. Untätig sitze ich da und warte. Mir kommt es vor, als käme ich nie mehr aus diesem triefenden Grau heraus. Zaghaft tippt der Ton des Varios mein Bewußtsein an: Die Steigzone beginnt hier.
Richtig, vorhin lag sie auch im Süden. Wir steigen einige zehn Meter und müßten uns eigentlich auf den Wolkenrand hinbewegen.
Die Spannung wird immer größer.
Ich erhöhe die Fahrt, weil ich das Warten auf Erdsicht nicht mehr ertragen kann.
Endlich huscht etwas Helles über die Haube hinweg, ein paar graue Fahnen folgen und urplötzlich sehe ich der Sonne ins Gesicht. Eine Farbenwelt stürzt auf mich ein.
Das einzige was mich stört, ist der unglaublich schräg stehende Horizont. Aber das ist jetzt kein Problem mehr. Mit dem Rest der Fahrt ziehe ich übermütig senkrecht in den Himmel und drehe schwerelos im Turn zur Erde.
Nach der Anspannung habe ich das Bedürfnis, mich irgendwie auszutoben. Aber zu mehr als ein paar Steilkreisen und hochgezogenen Fahrtkurven mag ich die Höhe nicht verschwenden.
Die Entfernung zum Platz beträgt etwas mehr als 10 Kilometer und in 500 m Höhe tauche ich wieder knapp über der Basis in eine frische Quellung und lasse mich vom lautlosen Dampf nach oben spülen. Ohne größere Probleme gelingt diesmal der Aufstieg.
Nach etwas mehr als einer Stunde mehrmaligen Ein- und Austauchens habe ich endgültig genug. Mir kommt es vor, als wäre ich schon fünf oder sechs

Stunden in der Luft. Lockeres Wolkenfliegen verlangt viel Übung. Lange Pausen ziehen Unsicherheiten nach sich, die die Nerven strapazieren.

Aus den letzten 1200 Metern fliege ich – diesmal im Sparflug – aus den dicken Wattebäuschen heraus und befinde mich in einem Gewirr von Tälern, Schluchten und Einbuchtungen. Ein schmaler, aber langer Streifen graugrünen Erdbodens leuchtet mit satten Farben herauf.

Übermütig hole ich Fahrt auf und zische über vorstehende Wolkenbäuche und um schmale Vorsprünge herum, verliere mich in einem Seitental, das brutal vor einer schwarzen Wand endet. Wehe, wenn das Berge wären. Eine Blindkurve führt zurück ins Haupttal und kurz darauf finde ich mich dicht unter der Basis wieder.

Der Blick auf den Höhenmesser sagt, daß sie inzwischen um mehr als 200 Meter angestiegen ist.

Im Stillen bedanke ich mich noch einmal bei dem Flugsicherungsmann und dem netten Zweimotpiloten, die mir zu einem nichtalltäglichen Nachsaisonflug verholfen haben.

Wenn ich daran denke, wie es mir ein paar Monate zuvor ergangen ist, kann ich den heutigen Tag gar nicht hoch genug einschätzen.

Auch damals war ich allein am Himmel und bat München um Wolkenfluggenehmigung.

»... wiederholen Sie!«

Noch einmal funkte ich die Anfrage durch.

»... Wolkenflug?«

Die ratlose Pause verriet, daß der Controller wohl noch nicht mit diesem Problem konfrontiert worden war.

»... warten!«

Nach etlichen Sekunden:

»... kein Wolkenflug möglich.«

»... erbitte Begründung.«

Keine Antwort. Dann eine ärgerliche Stimme:

»PARAGRAPH 25 der Luftverkehrsordnung!«

Es gehört sich nicht, über Funk mit Flugsicherungsleuten zu diskutieren. Dazu sind diese Frequenzen nicht da. Aber ich habe mich gefragt, ob so die Gleichberechtigung unter den Luftverkehrsteilnehmern aussieht, die wir uns angeblich durch eine intensive, solide, ständig verbesserte Ausbildung erworben haben. Wäre ein Hinweis auf zu dichten Verkehr zu viel gewesen?

Hätte sich nicht eine zeitliche, räumliche oder höhenmäßige Beschränkung angeboten, in einem Luftraum, der absolut wenig frequentiert wird? Jede noch so dürftige Erklärung wäre kommentarlos zu verkraften gewesen.

Eigentlich hatte ich damals vorgehabt, diese Fragen schriftlich an die Bundesanstalt für Flugsicherung zu stellen. Aber nachdem der erste Ärger verraucht war, kam die ernüchternde und deprimierende Erkenntnis: Vielleicht verstärkst du dadurch nur noch die Tendenz, den Wolkenflug für Segelflieger in Deutschland ganz zu verbieten. Das ist für die Behörden jedenfalls weitaus einfacher, als sich mit einigen Einzelpersonen auseinanderzusetzen, die womöglich noch im Recht sind. Leider gibt es genügend Vertreter der Luftfahrt, denen der Segelflug ein lästiger Dorn im Auge ist, weil sie sich mit ihm arrangieren müssen. Gießen wir also nicht noch trübes Wasser auf deren Mühlen, sondern schlucken es selbst.

Jetzt, mit genügend Abstand zu diesem unerfreulichen Erlebnis hoffe ich eigentlich nur, daß ich an einen gestreßten Controller geraten bin, der nichts als seine Ruhe haben wollte. Oder an einen Anfänger, der mit mir und seinen Vorschriften nichts Rechtes anzufangen wußte. Vielleicht trifft er mal mit seinem Kollegen zusammen, der souverän den Überblick behielt und möglich machte, was möglich war.

Hoffentlich aber gehört er nicht zu einer neuen Generation Beamter, die nur die ›Großen‹ wichtig nimmt und den übrigen ›Kleinkram‹ beiseite zu schieben versucht.

Wenn auch der Wolkenflug mit Segelflugzeugen bei uns nicht allzu häufig praktiziert wird, so gibt allein die Tatsache, daß er nicht verboten ist, den Luftsportlern das Gefühl, daß man sich mit Ämtern und Behörden noch arrangieren kann.

Daß Auflagen, Einschränkungen und Vorbehalte rechtens sind, wird jeder Vernünftige einsehen. Besonders in Ballungsgebieten der Luftfahrt wie z.B. Frankfurt oder München kann man nicht unkontrolliert in den Wolken herumsegeln. Andererseits sollte man

sich auch darauf besinnen, daß es durchaus große »dünnbesiedelte« Gebiete (z. B. in Alpennähe) gibt, wo eine Freigabe für den Wolkenflug eine gängige Selbstverständlichkeit sein sollte.
Vielleicht hört dann die Schwarzfliegerei in ihrer Doppeldeutigkeit auf diesem Gebiet auf?

DER WEG ZUR WOLKENFLUGBERECHTIGUNG

Wer Wolkenflug ausüben will, braucht dazu eine amtliche Berechtigung und ein Segelflugzeug, das entsprechend ausgerüstet ist.
Die Minimalausstattung besteht aus
- vereisungsunempfindlichem Fahrtmesser
- Wendezeiger
- Kompaß
- Uhr
- Höhenmesser
- Funkgerät.

Optimal ist man bedient, wenn man zusätzlich
- Wendehorizont
- Bohlikompaß und
- Transponder

einsetzen kann.
Um mit der Ausbildung beginnen zu können, ist eine Flugerfahrung von mindestens 70 Flugstunden im Segelflug Voraussetzung. Jeder Fluglehrer, der selbst die Wolkenflugberechtigung besitzt, kann die praktische Unterweisung durchführen.
Der Motorsegler hilft dabei, die Ausbildungszeit zu straffen, weil auch an thermiklosen Tagen die notwendigen längeren Flüge durchgeführt werden können.
Der Flugschüler sitzt während seiner Lehrzeit auf dem zweiten Sitz, der durch eine Haube vollständig abgedeckt ist, so daß auch nicht die geringste Sicht nach außen mehr möglich ist. Der Fluglehrer nimmt auf dem Führersitz Platz und kann den Luftraum frei beobachten.
Wie bei der Grundausbildung beginnt der Lernprozeß mit der schrittweisen Zuordnung von Ruderbetätigung und Ruderwirkung. Allerdings zeigt sich die Auswirkung einer Rudereingabe nicht mehr am natürlichen Horizont, sondern nur noch an den Instrumentenanzeigen.
Geradeausflug bei verschiedenen Geschwindigkeiten, Kurven mit zunehmender Querneigung, Kurvenwechsel, Steilkurven, Erfliegen von Kompaßkursen usw. sind einige Stationen des Lehrweges, bevor besondere Flugzustände wie Langsamflug, Überziehen und Trudeln geübt werden.
Wer sein Handwerkszeug unter der Haube sicher beherrscht, kann sich bald von seinem Lehrer blind zur Landung führen lassen.
Kurze Flüge von zehn oder fünfzehn Minuten Dauer stehen am Anfang, um aus der Eingewöhnung nicht eine Überforderung werden zu lassen.
Hält man schließlich eine oder anderthalb Stunden ohne Eingreifen des Lehrers durch und steigt nach der Landung zwar nicht mehr ganz frisch, aber auch nicht erschöpft aus seinem Käfig hervor, dann hat man es in der Regel geschafft.
Die geforderten zehn Stunden ohne Sicht nach außen stellen das Minimum dar, das auch tatsächlich dringend gebraucht wird, um sich in dieses gestaltlose Schweben einzuleben und um die Erkenntnis zu gewinnen, daß die Instrumente recht haben und nicht die Vorstellungskraft oder das fliegerische Gefühl.
Auch der IFR-erfahrene Motorflieger braucht auf dem Segelflugzeug eine gewisse Eingewöhnungszeit, weil er das sonst vernachlässigte Seitenruder wieder einsetzen muß, um sauber zu fliegen.
Trockenübungen am Boden – am besten noch vor der eigentlichen Ausbildung – sind ein vorzügliches Mittel, die geistige Beweglichkeit auf diesem ungewohnten Gebiet zu trainieren.
Wichtig ist, daß man sich über die neun »Grundstellungen« des Wendezeigers im klaren ist:
(Abbildung)
Wählt man sich ein beliebiges Bild aus, so erfolgt zunächst die analytische Frage:
- In welcher Lage befinde ich mich?

Ist dies geklärt, lassen sich Zielfragen stellen wie:
Was ist zu tun, um von hier aus
- sauber geradeaus zu fliegen
- sauber rechts (links) zu kreisen?

Am besten deutet man – im bequemen Sessel sitzend – mit Händen und Füßen die entsprechenden Steuerbewegungen an.

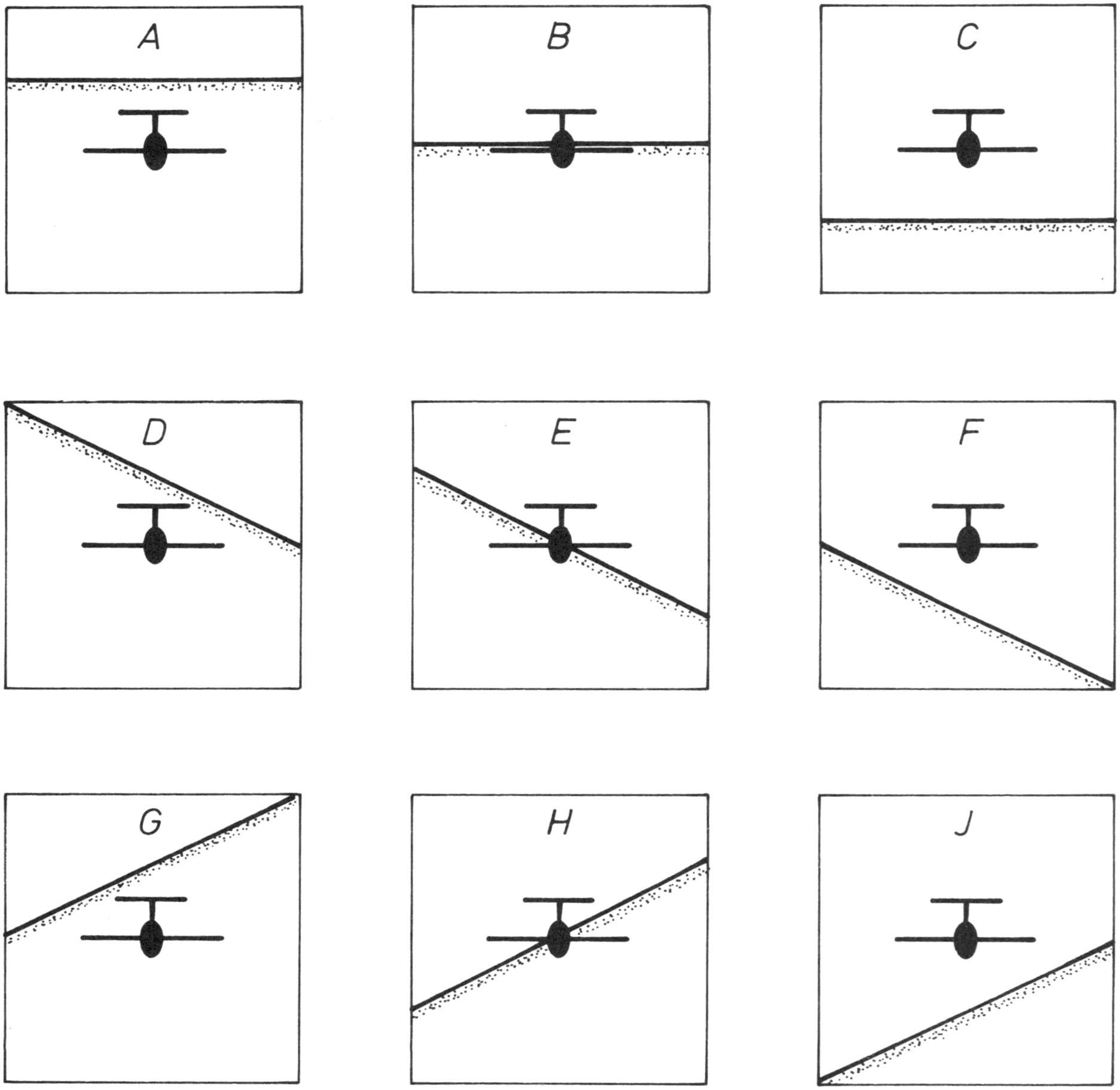

Erläuterungen zu den Stellungen des künstlichen Horizonts

A: Sinkflug ohne Querneigung
B: Horizontalflug ohne Querneigung
C: Steigfluglage ohne Querneigung

D: Sinkflug mit Querneigung links
E: Horizontalflug mit Querneigung links
F: Steigfluglage mit Querneigung links
G: Sinkfluglage mit Querneigung rechts
H: Horizontallage mit Querneigung rechts
J: Steigfluglage mit Querneigung rechts

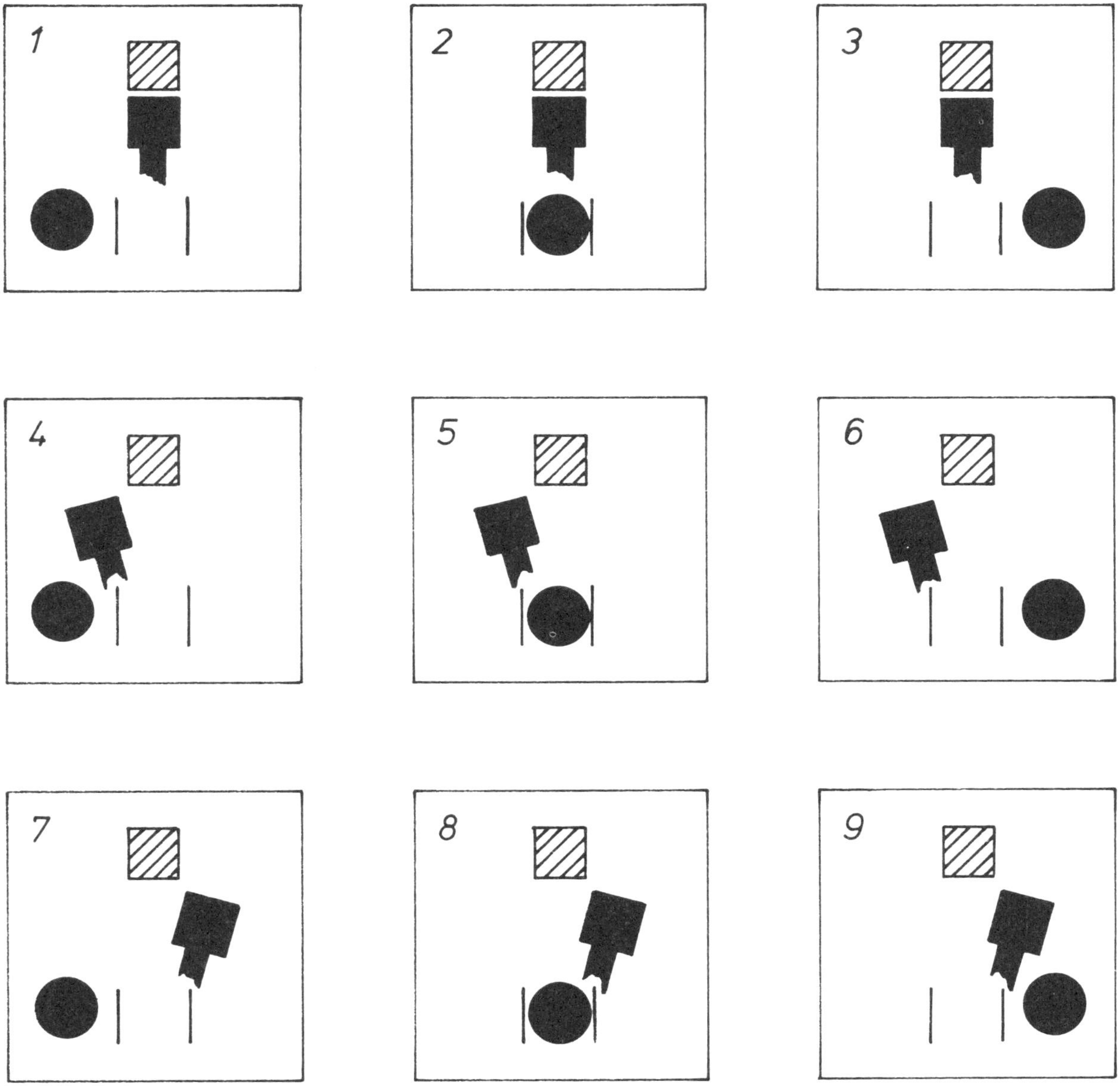

Erläuterung der Wendezeigerstellungen

1: Geradeausflug, links hängend
2: exakter Geradeausflug
3: Geradeausflug, rechts hängend
4: Linkskurve, zu große Querneigung
5: exakte Linkskurve (6° pro Sekunde)
6: Linkskurve, nach außen schiebend
7: Rechtskurve, zu wenig Querneigung
8: exakte Rechtskurve (6° pro Sekunde)
9: Rechtskurve, nach innen schiebend

Gelingen diese Übungen in bunter Reihenfolge ohne langes Überlegen, dann hat man bereits große Fortschritte erzielt.
Ein Beispiel für den interessierten Leser:

Zielsetzung: saubere Rechtskurve (Bild 8)
Maßnahmen:
- Querruder links und etwas Seitenruder rechts bis Geradeausflug (Bild 2)
- Einleiten der Rechtskurve mit Quer- und Seitenruder rechts
- Ruder normal
- mögliche Rechtskurvenfehler Bilder 7 und 9

Im Laufe der Zeit wird jeder seinen eigenen Flugstil entwickeln. Der eine bevorzugt die Feinabstimmung mit dem Querruder, der andere mit dem Seitenruder, der dritte kann es mit beiden gleichzeitig.
Die Schwierigkeiten lassen sich steigern, wenn man sich zusätzlich eine Fahrt- und eine Kompaßanzeige vorgibt, von der aus ein neuer Kurs aufgenommen werden soll.
Beispiel:
Ausgangslage: Bild 7, Fahrt 170 km/h, Kompaß taumelt
Ziel: Geradeausflug mit Kurs 90 Grad
Maßnahmen:
- Querruder rechts, evt. Seitenruder links bis Normallage (Bild 2)
- Höhensteuer ziehen bis Fahrtanzeige rückläufig
- Knüppel normal
- Feinabstimmung Geradeausflug falls Bild 1 oder 3
- Kompaß ablesen, z.B. 190 Grad
- Linkskurve einleiten (Ziel ist Bild 5)
- mit einer Pinselbreite ca. 15 Sekunden kurven oder kurz vor ›Ost‹-Anzeige Kurve beenden
- Feinabstimmung auf Bild 2 und Kompaß 90 Grad

Die Eigenarten des Magnetkompasses lassen sich auf Sichtflügen in welchem Luftfahrzeug auch immer, bestens studieren. Die teure Flugzeit unter der Haube ist dafür zu schade.
Der Vorlauf der Anzeige bei Südkursen bzw. der Nachlauf bei Nordkursen während des Kurvenflugs, die genauen Anzeigen Ost und West beim Links- bzw. Rechtskurven, die Fehlanzeigen bei hängendem Flügel oder im Steig- oder Sinkflug sollten Phänomene sein, die vor Beginn der Wolkenflugausbildung ausprobiert und beherrscht worden sind.
Mit einem drehfehlerfreien Bohli-Kompaß und einem künstlichen Horizont gelingt die Herstellung der gewünschten Fluglage natürlich müheloser, aber auch nicht ohne Vorarbeit und Übung.
Man sollte jedoch nicht darauf verzichten, nur nach Wendezeiger und Fahrtmesser fliegen zu können, denn der einfache Wendezeiger ist ein zuverlässigeres Gerät (weil unkomplizierter und verbrauchsärmer) als der künstliche Horizont.
Es würde den Rahmen dieses Kapitels sprengen, hier alle Kombinationen von Horizont- und Wendezeigerlagen zu erläutern. Dies sei einem Lehrbuch vorbehalten. Kehren wir also zum Ausbildungsgang zurück:
Er schließt ab mit einem Prüfungsflug von etwa zwanzig bis fünfundzwanzig Minuten Dauer, bei dem der amtliche Prüfer den Sitz des Lehrers einnimmt. Eine theoretische Prüfung wird nicht verlangt.
Klappt alles, so bekommt der Absolvent in sein Beiblatt zum Luftfahrerschein den lapidaren Eintrag »Wolkenflugberechtigung« eingestempelt, den sich die ausstellende Behörde mit einer erklecklichen Gebühr honorieren läßt.

PRAKTISCHE DURCHFÜHRUNG VON WOLKENFLÜGEN

Wolkenflüge sind flugplanpflichtig.
Werden sie schon vor dem Start beabsichtigt, so gibt man den Flugplan telefonisch beim Flugberatungsdienst der zuständigen Flugsicherungsstelle auf.
Hier erhält man auch die Informationen über zu meidende Gebiete, Höhen- oder Zeitbeschränkungen usw. Da in der Regel der genaue Zeitpunkt des Wolkenflugbeginns nicht vorhergesagt werden kann, aktiviert man seinen Flugplan über Funk, wenn es soweit ist.
Erkennt man erst nach dem Start die Möglichkeit zum Wolkenflug, so kann der Flugplan über Funk beim zuständigen Fluginformationsdienst aufgegeben werden, sofern der diensttuende Wachleiter keine Unmög-

lichkeit darin sieht, ihn anzunehmen.
Erfolgt kein Widerspruch, so wird man auf eine Frequenz verwiesen, auf der man in Hörbereitschaft bleibt und eventuelle Anweisungen annehmen kann. Gerät man zu tief und reißt die Funkverbindung zur Flugsicherung ab, so fliegt man anschließend nach Sichtflugregeln weiter, bis eventuell neuer Kontakt hergestellt ist.
Ganz erheblich erleichtert man der Flugsicherung die Identifizierung über Radar, wenn man über einen Transponder verfügen kann, der beim Auftreffen der Radarstrahlen einen Antwortimpuls aussendet. Noch sind Funknavigationshilfen in Segelflugzeugen teurer Luxus. Sie würden aber hier dem Controller die Zusage zu einer Flugverkehrsfreigabe sicher leichter fallen lassen.
Die meisten Flugsicherungsleute sind nette, hilfsbereite Menschen, die aus Erfahrung wissen, daß Segelflieger keine Profis sind. Wann immer möglich, versuchen sie alle Luftfahrer zufriedenstellend zu bedienen. (Ausnahmen bestätigen nur die Regel.) Aus Scheu davor, sie in Anspruch nehmen zu müssen, sollte man sich nicht dazu hinreißen lassen, unerlaubt in die lockenden Quellwolken einzusteigen.
In Wettbewerben ist Wolkenflug bei uns grundsätzlich verboten, da durch das massierte Auftreten von Pulks, die sich manchmal an der scheinbar einzigen erreichbaren Aufwindquelle laben, die Zusammenstoßgefahr unverantwortlich groß ist. (Nach einem tödlichen Unfall auf der Weltmeisterschaft in Jugoslawien weiß man das auch aus bitterer Erfahrung.)
Um solchen Risiken zu begegnen, müssen vor Beginn der Wertungstage die Kreiselinstrumente ausgebaut werden; denn ein einfaches Verbot hält den einen oder anderen Ehrgeizling manchmal nicht ab, doch in die Wolke zu klettern, wenn er sich davon Vorteile erhofft.
Trotzdem kann man hin und wieder Piloten beobachten, die über einem im »Dreck« verschwinden; weil man auch mit der stabilen Anzeige des erlaubten Bohlikompasses und einiger Übung blind fliegen kann. Ob die Betreffenden auf diese Weise fair und verantwortungsbewußt handeln, sollten sie sich allerdings vorher fragen, bevor man sie hinterher – hoffentlich – disqualifiziert.
Bei den üblichen Streckenflügen mit Segelflugzeugen sollte man auch auf den erlaubten Wolkenflug verzichten, weil an guten Überlandtagen der Verkehr unter den Wolken meist recht dicht ist. Es kann halt doch passieren, daß man unkontrolliert aus der Wolke fällt und sei es nur, weil die Batterie leer oder die Sicherung durchgebrannt ist. Abgesehen davon wird die Navigation auf Strecke schwieriger, die Abschätzung des vorausliegenden thermischen Terrains u. U. sogar schlechter.
So werden Wolkenflüge mit Segelflugzeugen wegen der Flugsicherungsprobleme, aus Rücksicht auf die anderen Luftfahrer und auch wegen Ausbildungsschwierigkeiten eher die Ausnahme als die Regel bleiben. Sie gehören aber mit zu den stärksten Erlebnissen, die der Segelflug zu bieten hat und wir können nur hoffen, daß uns diese Spektrallinie in der Farbskala der Fliegerei nicht genommen wird.

Motorsegler

Die Idee ist fast so alt wie der Segelflug selbst:
Mit eigener Kraft starten, auf eine ausreichende Ausgangshöhe steigen, den Motor abstellen und dann antriebslos segeln.
Experimente, diesen Gedanken in die Praxis umzusetzen, gab es schon viele. Die ersten Nachkriegsversuche hatten als Basis ein bewährtes Segelflugzeugmuster, dem man vorn oder oben einen kleinen Motor mit Propeller aufpfropfte. Die Segelflugleistungen dieser Kategorie waren entsprechend mäßig, so daß man dazu überging, die Antriebseinheit in die Zelle zu integrieren. Besonders die doppelsitzige Baureihe des »Motorfalken« von Egon Scheibe war lange ein Verkaufsschlager. Sie hat sich vor allem in der Grundausbildung von Motorsegler- und Segelflugzeugführern bewährt.
Was die Flugleistungen anbelangte, konnten aber auch diese Konzeptionen nicht an die modernen Segler heranreichen. Erst Alois Obermeier aus Altenstadt konnte mit seiner Idee des Klapptriebwerks beweisen, daß eine motorbestückte »SF 27M« ihrer Segelflugschwester »SF 27« kaum nachstand.
Andere Hersteller griffen die Konstruktion auf und bieten heute in den verschiedensten Versionen Kunststoffsegler mit Einklapptriebwerken an. Auch sie schleppen noch rund einen Zentner Last mit, der sich aber nur bei schwachen Wetterlagen ungünstig auswirkt. Der finanzielle Aufwand jedoch ist gegenüber dem Segelflugzeugpreis erheblich größer: Für den Anschaffungspreis eines neuen Motorseglers dieser Generation erhält man auf dem Gebrauchtmarkt meist das entsprechende Grundmodell plus eine gebrauchte Schleppmaschine.
Doch für die Käufer zählen andere Argumente: Sie wollen gerade von der umständlichen Schlepperei, sei es per Winde oder Motorflugzeug, unabhängig sein, sie wollen auch an thermikschwachen Tagen möglichst lange fliegen, sie wollen günstige Ausgangspunkte möglichst unkompliziert erreichen und sie möchten sich den Rücktransport im Falle eines unvollendeten Streckenflugs ersparen.
Bewußt oder unbewußt spielen aber auch noch andere Motive mit, über die sie weniger gern reden, die aber doch entscheidend sein können: das Umgehen der Unbequemlichkeiten, die der Segelflug nun einmal mit sich bringt, was zum Beispiel die Organisation des Flugbetriebs betrifft. Aber da ist auch die Angst vor den unbestreitbaren Risiken einer Außenlandung auf fremdem Gelände. Anders ausgedrückt, soll das Sicherheitsbedürfnis bei Streckenflügen noch stärker zu seinem Recht kommen.
Es sind daher oft die älteren Piloten, die – ohne dies abwertend zu deuten – dazu neigen, sich eher dem Motorsegler als dem reinen Segelflug zu verschreiben. Etliche der begeisterten Motorseglerpiloten kommen aus Segelfliegerkreisen und haben früher den »Mose« als sportliches Gerät selbst nicht so recht für voll genommen.
Vergleichen wir z.B. einen 500 km-Flug im Segler mit einem gleichlangen Flug im Motorsegler, so kann man sich in letzterem mit weit größerer Gelassenheit an das Überfliegen von unlandbaren Gebieten oder das Durchqueren von aufwindlosen Zonen wagen. Und im Falle eines vorzeitigen Scheiterns per Motorkraft mindestens bis zum nächsten Flugplatz schippern, während der erstere vielleicht aus Vorsicht auf die Fortsetzung des Flugs mehr oder weniger gezwungenermaßen verzichtet.
Denkt man an die Rekordversuche über afrikanischer oder australischer Steppe oder gar Wüste, so lassen sich die Langstreckenleistungen zwar noch von der flugtechnischen und -taktischen Seite her vergleichen, nicht aber von der psychischen Belastung her, die wiederum mit der physischen rückgekoppelt ist.
Eine Gefahr soll aber nicht verschwiegen werden, der sich der Motorseglerpilot aussetzt: Im Vertrauen darauf, daß er ja im Zweifelsfall noch sein Triebwerk einsetzen kann, besteht die Neigung, die Entscheidungshöhe für das Abbrechen eines ›wichtigen‹ Fluges zu tief anzusetzen. Sollte dann der Motor beim Ansprin-

gen Schwierigkeiten bereiten, bleibt ihm ebenfalls nur noch die Außenlandung. Falls dieses Risiko von vornherein nicht eingeplant war und durch »Bereithalten« eines geeigneten Landefelds nicht minimiert wurde, setzt er sich erheblich mehr Gefahren aus, als es im Normalfall der Segelflieger tut. Verzweifelte Anlaßversuche bis hinunter zur Bodennähe sind die Folge, eine normale Segelfluglandung ist wegen der erheblich verschlechterten Leistungen durch das ausgefahrene Triebwerk auch nicht mehr möglich. Eigentlich kann jetzt nur noch der Zufall oder das Glück helfend eingreifen.

Doch insgesamt werden wohl die sportlich höher einzuschätzenden Flugleistungen dem reinen Segelflug zugeschrieben werden müssen. Ein echter Vergleich wäre nur dann gegeben, wenn sich der Motorsegler nach dem Start auf ein echtes Segelflugzeug reduzieren ließe. Gemeint ist damit die einmalige Starthilfe, die unterwegs nicht mehr in Betrieb gebracht werden kann und die gewichtsmäßig eine zu vernachlässigende Rolle spielt.

In einem Liter Benzin steckt bei einem bescheidenen Wirkungsgrad so viel Energie, daß man eine Masse von 500 oder 600 Kilogramm ohne weiteres auf eine Höhe von 500 oder 600 Meter bringen könnte. Das Problem besteht aber darin, die notwendigen Antriebsaggregate wie Motor, Propeller, Tankanlage, Zusatzinstrumentierung usw. durch irgendetwas zu ersetzen, was möglichst wenig wiegt und möglichst wenig Umstände bei größtmöglicher Sicherheit bereitet. Man könnte dabei an Kartuschen oder Raketentreibsätze o.ä. denken, doch bis jetzt ist keine praxisgerechte Lösung in Sicht. Vielleicht fällt unseren Ingenieuren dazu mal was ein, vielleicht lassen sich auch die mit Sonnenenergie betriebenen Versuchsmuster in dieser Richtung entwickeln. Warten wir's also ab.

Wie wird man Motorseglerführer?

Der »amtliche« Unterschied zwischen einem Segelflieger und einem Motorseglerführer besteht darin, daß der eine die Privatpilotenlizenz (Abk. PPL) mit dem Beiblatt »C« besitzt, während der andere das Beiblatt »B« innehat.

Um von »C« auf »B« aufzusteigen, muß der lizensierte Segelflieger folgende Mindestbedingungen erfüllen:

- Einweisung durch einen Fluglehrer in die Bedienung und Führung von Motorseglern
- Einweisung in besondere Flugzustände, Verhalten in Notfällen usw.
- 5 Flugstunden auf Motorseglern mit mindestens 10 Alleinflügen
- ein 300 km langer Navigationsflug ohne Begleitung

Wenn man erst einmal einen Luftfahrerschein für Segelflugzeugführer besitzt, kann die Erlaubnis zum Führen von Motorseglern auf recht einfache Art erworben werden. Eine umfassende Prüfung braucht nicht mehr abgelegt zu werden. Lediglich eine Überprüfung durch einen anerkannten Sachverständigen, die sich auf einen knapp halbstündigen Flug und auf die Überprüfung von spezifischem Motorseglerwissen erstreckt, ist erforderlich.

Wer auch diese Hürde genommen hat, darf sogar die modernen Kunststoffdoppelsitzer der dritten Generation verantwortlich fliegen. Mit Steigleistungen von bis zu 4 m/s und Reisegeschwindigkeiten bis etwa 200 km/h sind sie zwar manchem Leichtflugzeug deutlich überlegen, fallen von der Auslegung her aber noch unter die Kategorie der Motorsegler. Wen wundert es, wenn sie vorwiegend im Motorflug eingesetzt werden?

Doch wessen Herz noch so richtig am Segelflug hängt, der greift an guten Thermiktagen lieber nach einem reinrassigen Segelflugzeug. Er verzichtet auf die Gewißheit, abends wieder auf dem Heimatplatz landen zu können, kostet auch den Reiz aus, nicht von vornherein bestimmen zu können, wo die Landung erfolgt und kämpft vielleicht noch ein bißchen härter um das Erreichen des gesteckten Tagesziels. Der Hauch eines Abenteuers bleibt ihm dabei ganz sicher erhalten.

Nur in der segelfluglosen Zeit wird er ein wenig neidisch zu seinem brummenden Kollegen hochschauen und ihn, wenn er es gar nicht mehr aushalten kann, um eine verlängerte Platzrunde bitten, die dann so manches Mal erst nach ein oder zwei Stunden endet.

Fluglehrer

Flugleher. Das klingt mindestens so gut wie Fahrlehrer oder Tennislehrer, hat ein wenig vom Flair des Skilehrers, aber nicht das Renommé eines Reitlehers. All diesen Personen gemeinsam ist, daß sie die Schlüsselfiguren und Bezugspersonen für diejenigen sind, die sich für das jeweilige Hobby interessieren. Der große Unterschied macht sich vor allem aber in der Honorierung dieser Tätigkeiten bemerkbar.

Wer hohe Verantwortung übernimmt, wird in der Regel auch mit einer entsprechenden Vergütung belohnt. Und wer wollte bestreiten, daß gerade in der Fliegerei die Sorge um Gesundheit und Leben der Luftfahrtteilnehmer einen höheren Stellenwert aufweisen muß als in landgebundenen Bereichen.

Die Schlußfolgerung aus diesen Überlegungen kann also nur lauten: Fluglehrer sind hochdotierte Persönlichkeiten.

Leider haben wir einen Faktor übersehen, der – zumindest im Segelflug – eine entscheidende Rolle spielt und dessen Namen auszusprechen oder gar niederzuschreiben in unserer Zeit nahezu anstößig erscheint, weil er die Träger jener Ohren peinlich berührt, die vor lauter Egoismus nicht in der Lage sind, Signale von außerhalb ihres Anspruchshorizonts aufzunehmen. Aber mit welchem anderen Wort läßt sich die Bereitschaft, eine Wertvorstellung aufzugreifen und weiterzuleiten, besser beschreiben als mit ›Idealismus‹?

Dieser schwer von den Lippen gehende Begriff tritt im Segelflug in drei Grobformen im Zusammenhang mit der Lehrtätigkeit auf:

- Segelfluglehrer an einer Flugschule mit mäßiger oder schlechter Bezahlung und keiner oder anderweitiger Tätigkeit außerhalb der Saison
- ehrenamtlicher Segelfluglehrer in einem Verein mit Aufwandsentschädigung für Fahrtkosten o.ä.
- ehrenamtlicher Segelfluglehrer

Über die letztgenannte schlichte Form, die übrigens am häufigsten auftritt, lohnt es sich, ein paar Gedanken zu verlieren. Eben gerade deswegen, weil das Nehmen heute großgeschrieben, das Denken klein und das Reflektieren vergessen wird.

Da gibt es also Männer und Frauen (ihr Anteil ist allerdings verschwindend gering), die im Normalfall einem geregelten Hauptberuf nachgehen und dadurch nur ein beschränktes Maß an Freizeit zur Verfügung haben. Ursprünglich sind sie dem Luftsportverein beigetreten, weil sie sich beim Segelfliegen etwas regenerieren wollten. Plötzlich, sie wissen meist selbst nicht so recht warum, waren sie Fluglehrer.

Ihre Daseinsberechtigung, vielleicht sogar ihre Notwendigkeit, wird selbst von den größten Egozentrikern des Vereins nicht bestritten, wenigstens so lange nicht, wie diese selbst noch einen Ausbilder nötig haben und solange nicht über eine Beitragsermäßigung für die Fluglehrer diskutiert wird. So können sich in jedem segelflugtreibenden Verein einer oder gar mehrere Fluglehrer einnisten.

Sie alle haben das Privileg erworben, so viel fliegen zu dürfen, wie sie wollen. Gleichzeitig sind sie an allen Sams-, Sonn-, Feier- und Urlaubstagen, vielleicht auch noch (»... aber nur, wenn es dir nichts ausmacht...«) an etlichen Wochentagen nach Dienst- oder Geschäftsschluß von den üblichen lästigen Pflichten entbunden wie gemütliches Frühstück im Familienkreis, Ausschlafen, Spazierengehen oder Wandern, Schwimmen, Segeln, Fußballplatz, Frau, Freundin, Faulenzen usw.

Und der Umstand, daß sie auf Flüge mit den Leistungseinsitzern verzichten, verhindert sogar eine Beitragserhöhung speziell für Fluglehrer wegen ihrer extravaganten Flugstundensammelleidenschaft, solange der Verein finanziell einigermaßen über die Runden kommt. Ein paar Gegenleistungen werden für dieses großzügige Zugeständnis natürlich schon verlangt. Bei genauerem Hinsehen entpuppen sie sich sogar als Bevorrechtigungen: Ein Fluglehrer darf jeweils morgens als erster den Flugplatz betreten. Das kann auch vor 8 Uhr Sommerzeit sein.

Er braucht keine spezielle Genehmigung des technischen Leiters, um an den Flugzeugen herumzuhantieren, um z.B. die Fallschirme einzulegen, die Batterien einzubauen oder die Plexiglashaube zu reinigen.
Sollte eine Stunde nach dem vereinbarten Flugbetriebsbeginn außer ihm noch niemand erschienen sein, darf er sogar die Winde bzw. das Schleppflugzeug durchchecken, betanken und in Position stellen.
Kommt trotz guten Wetters der Flugbetrieb rechtzeitig in Gang, steht einem erholsamen Tagesablauf eigentlich kaum mehr etwas im Wege. Sechs bis elf Flugschüler sind begierig darauf aus, ihren Fluglehrer zum Fliegen kommen zu lassen. Jeder von ihnen ist gern bereit, vier bis sechs Starts mit ihm durchzuführen.
Wenn er will, kann er, um sportlich fit zu bleiben, nach jeder Landung den Doppelsitzer wieder an den Startplatz schieben helfen. Dafür dürfen zwei oder drei Flugschüler ein paarmal aussetzen.
Zwischendurch genießt er den eleganten Anblick der schlanken Kunststoffeinsitzer, die sich in der kräftiger werdenden Thermik hochschrauben und am Horizont verschwinden. Er bedauert aufrichtig die armen Insassen, die nun mehrere Stunden in ihrem engen Cockpit allein verbringen müssen, ohne sich zwischendurch einmal die Beine vertreten zu können. Wenn er an ihr abendliches Gejammer über die miserable Wetterlage des Tages denkt, die sie nur durch Aufbietung artistischen Könnens und Einsatz modernster Elektronik meistern konnten, dann kuschelt er sich doch lieber behaglich in den hinteren Sitz seines jahrzehntelang bewährten »Bergfalken«. Hier sitzt man noch sportlich aufrecht mit angezogenen Knien statt sich in weichen Polstern und weibischen Schaffellen zu lümmeln.
Vor allem weiß man genau, was einen erwartet. Während sich jene Überlandflieger mit einer einzigen Landung – womöglich noch auf einem unbekannten Acker – begnügen müssen, hat er wenigstens das Vergnügen, zwanzig oder fünfzig Aufsetzer mit seinen Schülern ausprobieren zu können, deren Ideenreichtum ihn immer wieder aufs Neue verblüfft.
Seine in jahrelangem Training zum Seismographen umfunktionierte Wirbelsäule nimmt die ungefederten Landestöße so präzis wahr, daß er auch ohne hinauszuschauen die Qualität einer jeden Landung einwandfrei beurteilen kann. Gelegentliche Kreuzschmerzen nimmt er dafür gern in Kauf, weil er weiß, daß sich dadurch die Empfindlichkeit seines Rückgrats nur verbessern kann.
Hat sich durch das zögernde Eintreffen seiner Flugschüler der Flugbetriebsbeginn verzögert, so ordnet er für seine Schützlinge die gleitende Mittagspause an. Das hat für ihn selbst den Vorteil, daß er bis zum Sonnenuntergang nicht aus dem Rhythmus geworfen wird. Er liebt es, sich gegen zwei Uhr nachmittags sein Vesperbrot ins Cockpit reichen zu lassen, das durch das lange Liegen im sonnendurchglühten Auto die gewohnte konvex-konkave Form angenommen hat. Mit einem Schluck köstlich lauwarmen Perlwassers spült er dann den Leberwurstgeschmack hinunter, ohne dabei den Startcheck seines nächsten Flugschülers aus den Augen zu verlieren.
Nur mit Ekel vermag er die Gedanken an die degenerierten Spießbürger unserer Zivilisation zu verdrängen, die jetzt am Mittagstisch ihren Sauerbraten mit Rotkohl und Kartoffelknödeln mit temperiertem Rotwein übergießen und mit schauspielerhafter Laszivität ihren Nachtisch schlürfen.
Unverhofft stellt sich ein Höhepunkt in seinem Tagesablauf ein: Der Vorsitzende des Vereins erscheint mit ein paar Freunden, die mit ihm zusammen im Flugplatzrestaurant gespeist haben.
»Du kannst doch sicher zwischendurch ein paar Passagierflüge einschieben?«
Niemand sonst ist da, dem man die Fluggäste anvertrauen könnte. Der Präsident hat wohl die Berechtigung dazu, will es sich aber nicht zumuten, da er mit vollem Magen nicht so gut in Form ist. Außerdem fliegen die Leute doch viel lieber mit dem Fluglehrer, strahlt er doch Erfahrung aus und flößt Vertrauen ein.
Mit tröstenden Worten holt man den schon startbereiten Flugsäugling vom Führersitz und fesselt zunächst die Passagiere n mit den Anschnallgurten an den hinteren Sitz.
Der Fluglehrer klettert vorn hinein und bemüht sich, mit wenigen Worten viel zu erklären.
Start und Flug verlaufen wunderbar. Nur der Thermikschlauch war etwas zu schwach, um ihn auszunutzen.

Schade, man hätte mit dem hübschen Mädchen gern noch ein paar Kreise geflogen. Also Landung nach zehn Minuten Luftfahrt.
Er entbindet seine erleichtert aufatmende weibliche Zuladung, die, vor lauter Freude, noch am Leben zu sein, sofort fröhlich zu schnattern beginnt:
»... phantastisch... toll... schlimmer vorgestellt... nichts dabei.«
»Du mußt das unbedingt auch einmal probieren, Fritz.«
Fritz wollte das sowieso und klemmt sich anstelle seiner Freundin auf den noch angstschweißfeuchten Sitz.
Unseren Fluglehrer wurmt es inzwischen doch ein bißchen, daß er vorhin trotz Thermik unfreiwillig landen mußte. Deshalb gibt er sich jetzt besonders viel Mühe – und schafft es, oben zu bleiben. Er kurbelt, steigt höher, erläutert seinem Mitflieger die Landschaft, gibt ihm einen Schnellkurs in Sachen Segelflug und läßt ihn auch mal eine Weile den Steuerknüppel rühren.
Ein starker Bart kündigt sich an.
Eingekurvt, zentriert, hinauf!
Ja, man kann es halt noch. Wer sonst soll den Doppelsitzer voll beherrschen, wenn nicht der Fluglehrer? Aha, ein Einsitzer kommt zu uns in den Aufwind. Jetzt werden wir mal sehen, wer besser steigt. Hier, eng und steil, hier geht es am besten. Der andere fliegt außen herum.
»Sehen Sie, so wird's gemacht«, sagt er nicht ohne Stolz nach hinten zu seinem Passagier, den er ein paar Minuten lang vergessen hat.
»Wann landen wir wieder?«
Oha, denkt der Fluglehrer. Jetzt wird es ernst.
»Ist Ihnen schon schlecht?«
»Nein – ja – ich weiß nicht.«
Also doch.
Mit größter Vorsicht und Behutsamkeit leitet unser Fluglehrer den Abstieg ein. Schnell und schonend muß es gehen. Um den Fritz abzulenken, redet er unaufhörlich mit ihm, bestätigt ihm immer wieder: »Wir sind gleich unten.«
Fritz ist froh über den schnellen Abstieg. Sein Mittagessen dagegen ist ganz anderer Meinung. Es will wieder hinauf.
Fritz und sein Mittagessen kämpfen erbittert miteinander. Der Fluglehrer nimmt die Kampfgeräusche wahr und beschreibt für alle Fälle die Lage einer Tüte, die Fritz jedoch nicht finden kann.
»Wir sind schon im Landeanflug.«
Damit löst sich bei Fritz die Spannung. Das Mittagessen erkennt die momentane Unaufmerksamkeit und wagt einen Ausbruchsversuch.
Er gelingt, bevor Fritz es noch einmal zu fassen kriegt. Triumphierend stürzt es sich ins Freie, muß aber erkennen, daß es hier unerwünscht ist. Nach dem Öffnen der Haube liegt es zweigeteilt im und neben dem Rumpf des »Bergfalken«.
Und unser Fluglehrer sieht seinen Ekel vor Sauerbraten, Knödeln und Rotkraut voll bestätigt.
»Das tut mir aber leid«, sagt der Vorsitzende scheinheilig zu dem kreideweißen Gesicht seines Freundes.
»Mir auch.« Der Fluglehrer meint es wirklich ehrlich, weil er weiß, daß sich auch nach der gründlichsten Reinigungsprozedur die ausgehauchte Seele des Sauerbratens hartnäckig als säuerlicher Geruch im Cockpit festklammert.
Die restlichen vierundzwanzig Schulstarts am Nachmittag kann er deswegen nicht mehr so unbeschwert wie üblich genießen. Ein würgender Kloß im Hals hindert ihn irgendwie daran.
Leider kommt der Sonnenuntergang viel zu früh. Er hätte sicher noch vier oder fünf Schulflüge vor dem ersten Schwächeanfall durchgestanden. Aber nun muß eingeräumt werden.
Gelassen nimmt er die Entschuldigungen für vorzeitiges Entfernen vom Flugbetrieb entgegen. Ihn stärkt das Bewußtsein, auch mit nur zwei oder drei Leuten die Halle mustergültig einräumen zu können.
Klar doch, daß man Verständnis dafür hat, wenn die »Jungen« daheim von wichtigem Besuch erwartet werden, wenn sie zum Abendessen oder ins Theater eingeladen wurden oder wenn der Abend noch für das Studium genutzt werden muß.
Mit zunehmender Dunkelheit versammeln sich im Clubhaus immer mehr Mitglieder und Gäste. Ein Kasten Bier steht auf dem Tisch.
»Den hat der Fritz gestiftet«, erklärt der Vorsitzende lachend.

»Der Fritz lebe dreimal hoch!« ruft traditionsgemäß der Fluglehrer und stößt mit den anderen an.
Um halb zehn steht er auf.
»Ich muß jetzt gehen, vielleicht kriege ich daheim noch etwas vom Mittagessen.«
»Bleib doch noch, jetzt wird's doch erst richtig gemütlich«, versucht ihn der Vorsitzende zu locken.
»Heute nicht, ein andermal.«
Er weiß, wie das ist, wenn man erst einmal sitzenbleibt. Während er die Türe hinter sich schließt, hört er noch:
»Die Fluglehrer von heute sind auch nicht mehr das, was sie früher einmal waren...«
Er kennt die Geschichten schon, die der Vorsitzende nun zu erzählen beginnt. Wie man früher – zu seiner Zeit als Flugschüler – von Sonnenaufgang bis Sonnenuntergang geschult, wie man von Sonnenuntergang bis Sonnenaufgang gesoffen und wie man nach höchstens zwei Stunden Schlaf, hart und männlich gegen sich selbst, den Flugbetrieb wieder in Schwung gebracht hat.
Das waren halt noch Zeiten. Dagegen ist heute überhaupt nichts mehr los...
Eine leicht gereizte Frau/Freundin erwartet inzwischen ihren Fluglehrergatten/-freund.[1)]
»Wir wollten doch heute abend ausgehen. Du kommst wieder zu spät. Daß du dich nie rechtzeitig von deinen Kumpeln trennen kannst!...« An dieser Stelle brechen wir lieber ab und überlassen unseren Fluglehrer seinem Schicksal, bevor wir uns dem Vorwurf aussetzen müssen, uns in seine inneren Angelegenheiten einmischen zu wollen.
Doch keine Angst. Er scheint diese Probleme meisterhaft im Griff zu haben; denn am nächsten Samstag sieht man ihn schon wieder als ersten auf dem Flugplatz herumwerkeln.
Gerüchte über eine bevorstehende Scheidung/Trennung dementiert er mit Entschiedenheit.[1)]

1) Unzutreffendes bitte streichen!

EIN KLEINES LOBLIED MIT EIN PAAR MISSKLÄNGEN

Es ist nicht abzustreiten: Die Vereine sind es – und hierin wieder die Fluglehrer, die die Grundausbildung der Flugschüler tragen. Sie erhalten den Segelflug jung und schüren das Feuer nach, das bei den »Alten« naturgemäß zu erlöschen droht.
Von den paar Spitzenleuten, die Rekorde fliegen und Wettbewerbe gewinnen, kann die Segelflugbewegung nicht leben. Sie gehören zwar zum Kopf (nicht immer aber zum Gehirn) des Ganzen, Fleisch und Blut bildet jedoch der Nachwuchs, getragen von den alten, sprich bewährten »Knochen«.
Vereine, in denen aus irgendwelchen Gründen die Ausbildung zum Erliegen kommt, zeigen denn auch schnell Degenerationserscheinungen: Das Hauptaugenmerk richtet sich nicht mehr auf das eigentliche Ziel des Vereins, das Fliegen, sondern man übt mit wenigen guten Piloten nur noch Repräsentation. Die Organisation des Kantinenbetriebs wird wichtiger als die des Flugbetriebs. Das Mißverhältnis zwischen Bau- und Flugstunden nimmt unerträgliche Formen an. Die Aufnahmebedingungen für finanzschwache Jugendliche werden indiskutabel, wodurch sich der Zulauf an neuen Mitgliedern trotz, oder gerade wegen eines hochmodernen und damit teuren Flugzeugparks auf ein klägliches Minimum reduziert.
Geldschwere Förderer glauben, sich in alle Belange des Vereinslebens einmischen zu müssen und lassen den Ausbildern nicht das notwendige Maß an Mitsprache- und Entscheidungsrecht.
Die unweigerliche Folge ist, daß die bewährten Fluglehrer in die Nachbarvereine abwandern, wo sie mit Kußhand aufgenommen werden. Wie der Rattenfänger von Hameln zieht ein beliebter Lehrer seine Flugschüler hinter sich her, und aus den gelichteten Reihen eines dermaßen gerupften Vereins wird selten ein neuer Fluglehrer aufzutreiben sein, solange nicht ein Umdenkungsprozeß angelaufen ist, der wiederum von der Kritik aus jenen Reihen in Gang gesetzt werden müßte, die nun bereits fehlen. Der Teufelskreis hat sich geschlossen.
Der Rat an alle Vereine kann deshalb nur lauten: Haltet eure aktiven Lehrer so lange wie möglich, auch

wenn sie manchmal unbequem werden. Versucht, ihnen erträgliche Konditionen zu schaffen und ihnen damit die Freude an ihrer Tätigkeit zu erhalten.

Neue Fluglehrer heranzubilden ist nicht nur langwierig und teuer, sondern erfordert auch die Bereitschaft von qualifizierten Piloten. Viele Vereine suchen oft jahrelang vergebens nach einem geeigneten und willigen Mann. Und so mancher Vorsitzende oder Ausbildungsleiter mußte sich schon von befähigten Piloten auf die Frage, ob er denn nicht Fluglehrer werden wolle, unverblümt sagen lassen:

»Ich mach' doch nicht das Arschloch für den Verein.«

In der Tat bleibt außer Arbeit scheinbar nicht allzu viel übrig, was eine ehrenamtliche Lehrtätigkeit erstrebenswert machen könnte. Doch gerade in diesem Tun dürfte wohl auch die Befriedigung liegen, die sich einstellt, wenn der Schaffensraum in einer freundschaftlichen und kameradschaftlichen Atmosphäre liegt. Mit jungen, lern- und wißbegierigen Leuten umzugehen, deren Erfolge als die eigenen ansehen zu dürfen, kann oftmals mehr bieten als der Alltag des Hauptberufs oder die käuflichen Genüsse seichter Freizeitvergnügungen.

Wer jedoch glaubt, seinem Verein einen Gefallen erweisen zu müssen und sich als Fluglehrer zur Verfügung stellt, um von dorther Lob oder Dank gespendet zu bekommen, wird meist herbe Enttäuschungen erleben. Meist beschränkt sich die Anerkennung für die Ausbildung auf zwei oder drei Sätze im periodisch abgegebenen Rechenschaftsbericht des Vorstands. Die vielen Wochenenden, die vielstündige Arbeit schrumpfen auf ein paar nüchterne Zahlen zusammen. Ein Kalender oder ein Erinnerungsgeschenk, mehr ist nicht zu erwarten.

Enttäuschend ist auch die hohe Fluktuation in den Flugschülerzahlen. Von etwa zehn Leuten, die mit der Ausbildung beginnen, schließen nur zwei oder drei mit dem Luftfahrerschein ab, bleiben nur einer oder zwei auf Dauer in ihrem Stammverein. In nachdenklichen Stunden fragt sich das Lehrpersonal, ob sich der ganze Aufwand überhaupt noch lohnt.

Nahezu unzumutbar wird die Belastung für einen Fluglehrer, der als einziger im Verein den Flugschülerhaufen betreut. Will er seinen Club nicht im Stich lassen, so bleibt ihm nichts anderes übrig, als sich so lange abzurackern, bis sich aus den eigenen Reihen ein geeigneter Nachfolger oder Mitarbeiter herauskristallisiert oder bis der Zufall in Gestalt eines neuen Mitgliedes mit Lehrberechtigung hilft.

Es gehören schon gute Nerven dazu, wenn außerdem die Leistungsflieger mit mitleidigen Mienen auf ihn herabschauen und seine Sehnsüchte nach ungebundenem Segelfliegen – so wie er sich das eigentlich vorgestellt hat – mit billigem Gefrozzel abtun wie etwa »Was willst du denn, du fliegst doch genug«.

Mit zunehmender Erfahrung gewinnt das Wort des Fluglehrers schnell an Gewicht, so daß er zwangsläufig für die Führungsspitze des Vereins in Frage kommt. Sein Einfluß kann sogar so weit gehen, daß er alle Macht an sich reißt, wenn sich seine Tätigkeit als unentbehrlich erweist. Einer Tyrannei jedoch sind insoweit Grenzen gesetzt, als die Truppe, die hinter ihm steht – vor allem seine Flugschüler – nur solange loyal bleibt, wie sie selbst auch Nutzen, d.h. Flugmöglichkeiten und Spaß am Vereinsleben sieht.

Vorsichtshalber wird ein kluger Vorstand immer Sorge dafür tragen, daß in seinem Club mehrere Lehrer aktiv sind, die er gegebenenfalls gegeneinander ausspielen kann.

DER WEG ZUM SEGELFLUGLEHRER

Daß an einen Bewerber für die Lehrertätigkeit wesentlich höhere Anforderungen zu stellen sind als an den Durchschnittssegelflieger, ist eine Selbstverständlichkeit. Aber nicht allein das fliegerische Können ist ausschlaggebend, vielmehr müssen eine ganze Reihe anderer Aspekte berücksichtigt werden. Der Gesetzgeber stellt einige Minimalforderungen:

- Nachweis von mindestens 100 Flugstunden oder 250 Flügen als verantwortlicher Segelflugzeugführer
- Berechtigung zum Winden- und Flugzeugschleppstart
- ein Streckenflug von mindestens 100 km Länge im reinen Segelflug
- Mindestalter

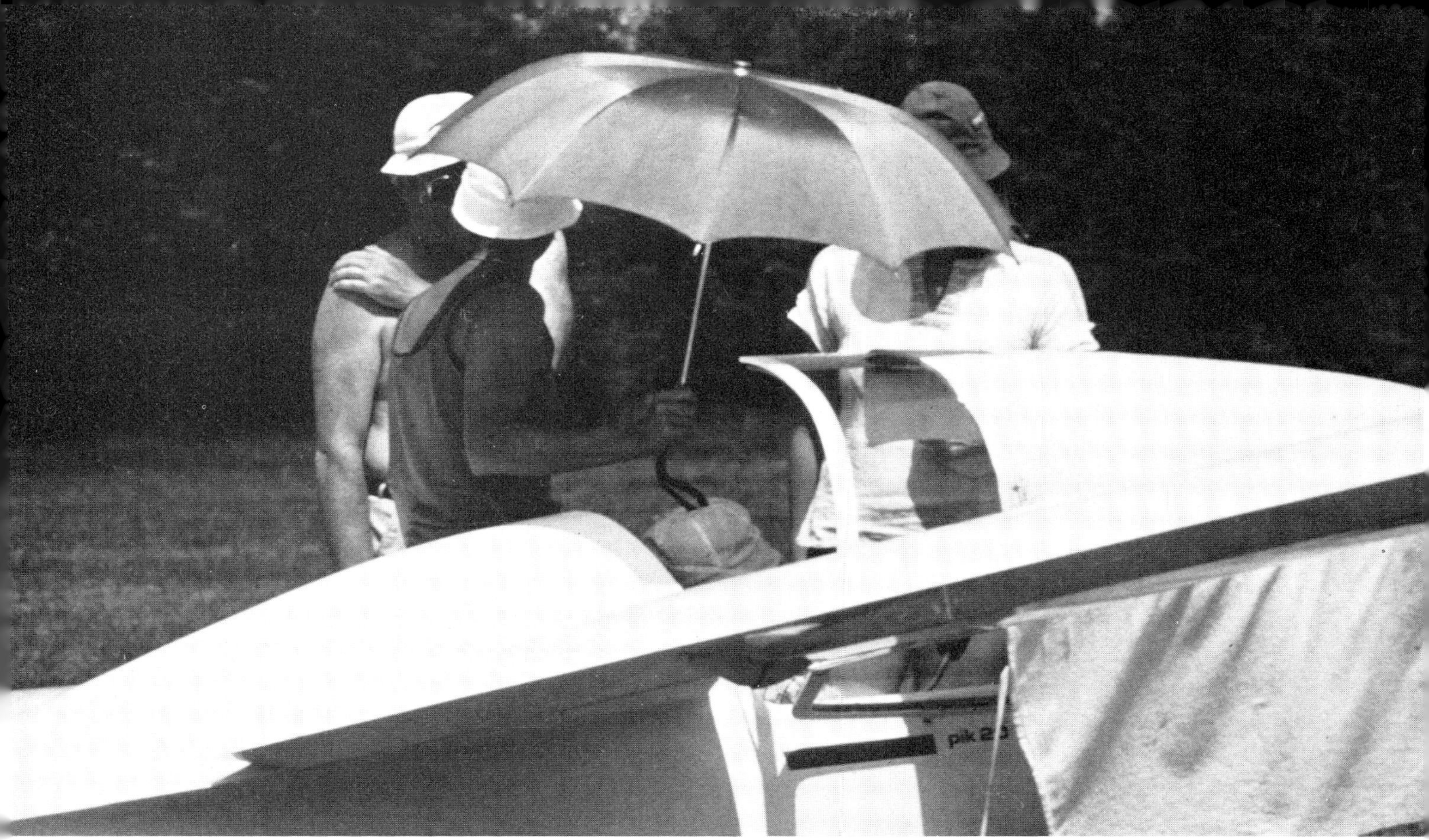

Eine gute Mannschaft betreut ihren Piloten bis zum letzten Moment vor dem Start

Gut instrumentiertes Segelflugzeug (»Speed Astir«)

Nach dem Wettkampf

»Wenn du diesmal Bayerischer Meister wirst, dann springe ich in den Marktbrunnen von Mühldorf, sagte 1981 Otto Schäfner zu seinem Piloten Erwin Müller. Versprochen ist versprochen...«

Fleischorgie auf brasilianische Art beim »Concours de Bailleau« 1982

In Höhe der Rotorbänder – im Hintergrund sieht man förmlich die wellenartige Luftbewegung

Wellenwolken – und keine Startmöglichkeit . .

»Fliegen wie Gott in Frankreich«

Extremes Flachland südlich Paris

Eigenartige Bergformen:
Mt. Ceus

Spärliche Landemöglichkeiten

Ideale Abreißkante in Kursrichtung, Südfrankreich

Barogramm zu einem 300km-Flug über französischem Flachland:
Flugdauer: ca. 6 Std., größte Höhe: 1000 m, tiefster Punkt 200 m, durchschnittliche Höhe 550 m

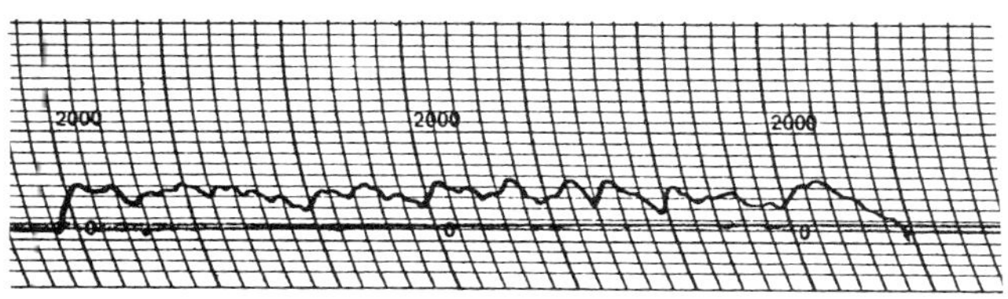

Alpenflüge

Windenstart mit »ASW 20«

Lädt zur Landung in 3300 m Höhe ein: Schneefeld in Gipfelhöhe

Gewaltige Abbrüche

Bizarre Eiswüsten

Diese trockenen Zahlen allein lassen noch keine Eignung zum Lehrer erkennen, fast jeder Segelflieger kann diese Daten nach relativ kurzer Zeit vorzeigen. Ausbildungsleiter und Vorstand eines Vereins werden sich vor allem über vier wichtige Punkte Gedanken machen müssen, bevor sie den Ausbildungsgang anlaufen lassen:

1. Genügen die flughandwerklichen Fertigkeiten des Piloten?

- Fliegt er beständig und sicher? (Draufgängertypen sind nicht gefragt, allzu zimperlich sollte er aber auch nicht sein.)
- Fliegt er auch nach längerer Pause, z.B. nach der Winterzwangspause stilrein und sicher?
- Beherrscht er Start und Landung auch unter erschwerten Bedingungen, z.B. bei starkem Seitenwind, Rückenwind, Gegenlicht usw.?
- Meistert er auch extreme Lagen wie z.B. Seilrisse in kritischer Höhe, Außenlandungen in schwierigem Gelände usw.?
- Findet er sich rasch auf neuen Flugzeugmustern zurecht?

usw.

2. Wie steht es mit der Theorie?

- Hat er in seiner Grundausbildung Interesse für theoretische Fragen gezeigt?
- Bildet er sich aus eigenem Antrieb durch Studium von Fachliteratur o.ä. fort?
- Beteiligt er sich an fachlichen Diskussionen?
- Besitzt er eine Allgemeinbildung, die es ihm erlaubt, Wissenslücken schnell zu schließen?
- Hat er etwas Sinn für die Verwaltungstätigkeit, die sich auch in diesem Bereich nicht vermeiden läßt?

usw.

3. Besitzt er Anlagen zur Entwicklung von pädagogischen Fähigkeiten?

- Kann er sich vor anderen, auch vor einem größeren Personenkreis, klar und verständlich ausdrücken?
- Weist er ausreichend Geduld auf?
- Ist er in der Lage, auch mit Leuten, die ihm unsympathisch sind, sachlich umzugehen?
- Kann er überzeugend auftreten?
- Bekommt er schnell Kontakt mit jungen Leuten?
- Führt er selbst Aufträge zuverlässig aus?
- Kann er selbst positive Vorbildwirkung ausstrahlen bezüglich Pünktlichkeit, Einhaltung von Vorschriften usw.?

4. Eignet er sich für den vorgesehenen Verein als Fluglehrer?

- Kann er unter Berücksichtigung seiner beruflichen, familiären und finanziellen Situation genügend Freizeit für den Verein aufbringen?
- Wohnt er in den nächsten Jahren in der Nähe des Vereinsflugplatzes?
- Wird er im Verein akzeptiert?

usw.

Sollte der überwiegende Teil dieser Fragen zu Gunsten eines interessierten Piloten ausfallen, so steht seiner Vor-Ausbildung nichts mehr im Weg.

Er wird seinem zuständigen Landesverband als Anwärter gemeldet und von erfahrenen Fluglehrern seines Vereins in die Grundbegriffe der Schulungslehre eingewiesen.

Mit einer Vor-Auswahlprüfung vor dem Gruppenfluglehrer seines Bezirks schließt er diesen ersten Abschnitt theoretisch und praktisch ab. Jetzt ist er berechtigt, an einem amtlich genehmigten Fluglehrer-Lehrgang teilzunehmen, der von einem Landesverband des Aeroclubs ausgerichtet wird.

Bereits an dieser Stelle kann er zeigen, ob er bereit ist, gewisse Opfer zu bringen; denn er muß dazu drei volle Wochen Urlaub opfern. In dieser Zeit prasseln in komprimierter Form praktische, theoretische und pädagogische Weisheiten auf ihn ein. Und je mehr er sich zuvor als »toller Pilot« gefühlt hat, um so größer wird die seelische Belastung, wenn man ihn wieder wie einen Flugschüler behandelt. Manche Ausbilder erscheinen ihm in dieser Zeit als bösartige, heimtückische Zuchtmeister, andere werden für ihn zum Vorbild.

Unbarmherzig jedoch rundet man die groben Ecken und Kanten seiner Persönlichkeit ab, und da die Zeit drängt, ist nicht jeder Strich feinfühlig angesetzt.

Das Ende der Strapazen kommt mit der amtlichen Abschlußprüfung, die aus einem theoretischen, etlichen praktischen und einem pädagogischen Teil besteht. Jetzt muß er den Nachweis führen, daß er uneingeschränkt für die Lehrertätigkeit geeignet ist.
Kehrt er erfolgreich in seinen Verein zurück, darf er als sog. Fluglehrer-Anwärter unter Aufsicht der etablierten Fluglehrer auf dem zweiten Sitz des Schulseglers tätig werden. Bescheinigt ihm sein Ausbildungsleiter, daß er alle Phasen des Flugschülerwerdegangs sicher und selbständig zu lehren versteht – das dürfte nach Ablauf einer vollen Flugsaison der Fall sein – dann bekommt er schließlich den amtlichen Stempel »Lehrberechtigung« in seinen Luftfahrerschein gedrückt. Jetzt erst darf er sich Fluglehrer nennen.
Ein weiter, aber interessanter Weg liegt hinter ihm, ein meist noch längerer, arbeits- und erfahrungsreicher vor ihm.

Fluggerät

SEGELFLUGZEUGE – KLASSEN – LEISTUNGEN

Um die Leistungen der Piloten auf Wettbewerben vergleichbar werden zu lassen, wurden von der FAI, der internationalen Luftsportvereinigung, drei Klassen geschaffen. Bei gegebenen Rahmenbedingungen versuchen die Segelflugzeughersteller selbstverständlich das Optimum aus ihren Produkten herauszuholen, um konkurrenzfähig zu bleiben. Denn Segelflugzeuge werden nicht zuletzt mit Blick auf ihr Abschneiden bei Wettkämpfen gekauft.
Zur Zeit gelten folgende Bestimmungen:
– In der *Standard*klasse ist die maximale Spannweite auf genau 15 Meter festgelegt. Die Abweichung darf dabei nicht mehr als einen Millimeter betragen.
Auftriebserhöhende Vorrichtungen wie z.B. Wölbklappen o.ä. sind verboten. Auch die Luftbremsen dürfen nicht so beschaffen sein, daß sie leistungsverbessernd eingesetzt werden können.
Bremsschirme sind ebenfalls verboten.
Das Fahrwerk darf einziehbar sein.
Wasserballast ist erlaubt.
Vertreter dieser Klasse sind u.a. »Astir«, »ASW 19«, »Hornet«, »LS 1«, »LS 4«, »Standard-Cirrus«.
Von der Konstruktion her bestimmen vor allem die Flügelform, die Masse und die Massenverteilung, die aerodynamische Sauberkeit und ganz besonders das Flügelprofil Flugverhalten und -leistungen.
Insgesamt sind alle Standard-Entwürfe so ausgelegt, daß ein vernünftiger Kompromiß zwischen guten Kreisflugleistungen (d.h. geringes Sinken bei mäßiger Geschwindigkeit) und guten Schnellflugleistungen geboten werden kann.
Die Flügelflächen liegen bei etwa 10 bis 12,5 Quadratmeter. Das Leergewicht schwankt je nach Muster zwischen etwa 210 und 270 kg, so daß die Flächenbelastungen je nach Zuladung zwischen 27 und 32 kg pro Quadratmeter ausmachen. Mit Wasserballast können sie bei Bedarf bis auf etwa 45 Punkte erhöht werden.

Die geringsten Sinkgeschwindigkeiten liegen bei etwa 60 Zentimeter pro Sekunde bei einer Fahrt von etwa 70 km/h und die besten Gleitzahlen bewegten sich lange unterhalb von 40, bis mit der »LS 4« dieser Wert überboten wurde. Alle diese Angaben verstehen sich immer unter Annahme von ruhiger Luft und optimalen Zustand der Geräte.
Am besten veranschaulicht werden diese Flugleistungen in einem Diagramm, welches das Sinken in Abhängigkeit von der Fahrt graphisch darstellt.
Welchen Fortschritt die Standardklasse in den letzten Jahren zu verzeichnen hat, erkennt man am besten, wenn man diese sog. Polaren zweier 15 m-Segler vergleicht, die jeweils als Weltmeisterschaftsgewinner hervortraten:
1960 (Köln) und 1963 (Argentinien): »Ka 6« von Schleicher
1981 (Paderborn): »LS 4« von Lembke/Schneider
– Die *FAI-15 m*-Klasse läßt den Konstrukteuren volle Freiheit für leistungsstarke Flughilfen. Einzige Beschränkung ist die Spannweite, die auf 15000 mm begrenzt ist. Diese 15 Meter sind historisch bedingt,

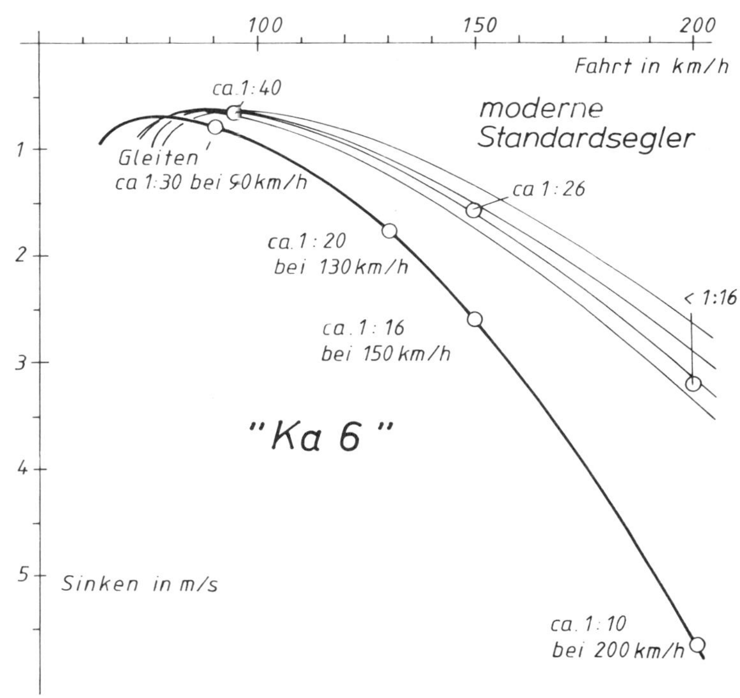

da sie von der Standardklasse übernommen wurden. Inzwischen neigt man eher dazu, 17 Meter als Ausgangsgröße für schöpferisch interessante Konstruktionen zu bevorzugen.

Aber so lange die FAI diese Regel nicht ändert, muß sich ein cleverer Hersteller mit dem Anbieten von Ansteckflügeln begnügen, damit die Wettbewerbsfähigkeit in dieser Klasse nicht verlorengeht.

Drei prinzipielle Möglichkeiten bieten sich an, gegenüber der Standardklasse Vorteile zu gewinnen.

1. Die variable Flügelgeometrie bietet für den Langsamflug beim Kreisen eine größere Flügelfläche, für den Schnellflug eine kleinere.

Das läßt sich dadurch verwirklichen, daß durch die Flügelhinterkante eine Klappe aus- bzw. eingeschoben werden kann, die sich in das Profil integriert. Das englische Projekt »Sigma« versuchte sich an dieser Technik, kam aber zu keinem entscheidenden Erfolg.

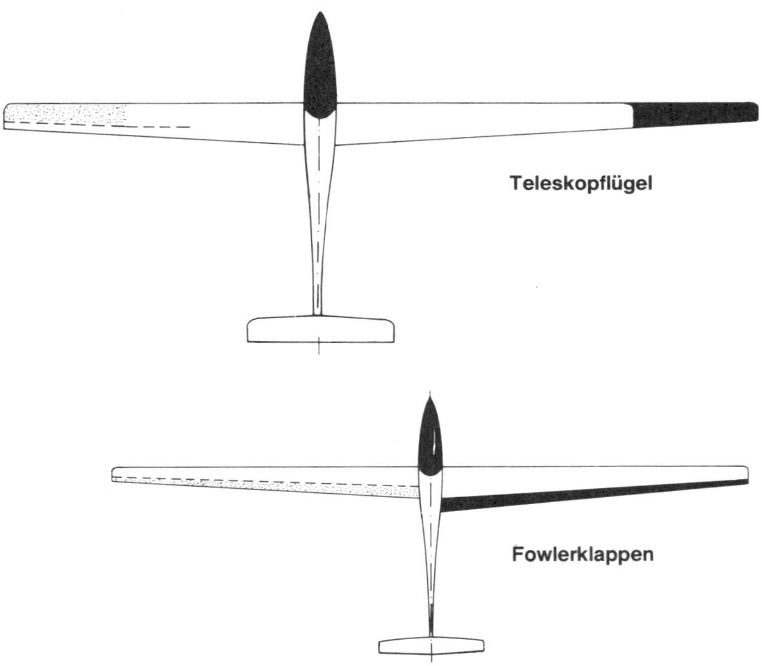

Flügel mit variabler Geometrie erlauben Veränderung der tragenden Fläche während des Fluges

2. Die Verwendung von Wölbklappen erlaubt eine Profilveränderung während des Flugs.

Für das Thermikkreisen werden die Wölbklappen nach unten ausgeschlagen, womit das Profil stärker gewölbt und damit auch auftriebskräftiger wird. Für den Schnellflug fährt man die Klappen mit zunehmender Geschwindigkeit weiter nach oben, um möglichst wenig Widerstand zu bieten.

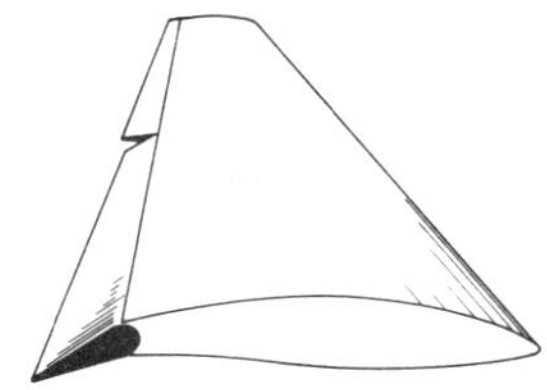

Flügel mit Wölbklappen erlauben Profilveränderungen während des Fluges

Zur Erhöhung der Wendigkeit können die Querruderausschläge auch noch auf die Wölbklappen überlagert werden.

Vollends ausschöpfen lassen sie sich, wenn sie in Landekonfiguration auf sehr große Ausschläge gebracht werden können, weil nun sehr steile Landeanflüge mit relativ geringer Fahrt angesetzt werden können. Das erhöht natürlich die Sicherheit besonders bei Außenlandungen beträchtlich.

3. Denkbar wäre auch ein schwenkbarer Flügel, der – wie bei den Vögeln – eine Verringerung der Spannweite für den Schnellflug erlaubt.

Der konstruktive Aufwand ist dabei jedoch so erheblich, daß es, wollte man ihn auch noch mit Wölbklappen und Flächenveränderung kombinieren, die Grenzen bezüglich Gewicht, Bedienungskomfort, Wartung usw. sprengen würde, die einem Segelflugzeug von »Natur aus« gesetzt sind.

Erster Vertreter der »Rennklasse«, wie die 15 m-Klasse auch genannt wird, war Eugen Hänles »Libelle H-301«, die ihrer Zeit um Jahre voraus war, weil bei ihrem Erscheinen im Jahre 1964 diese Wettbewerbsklasse noch gar nicht existierte.

Polaren von »301« und »Ventus«

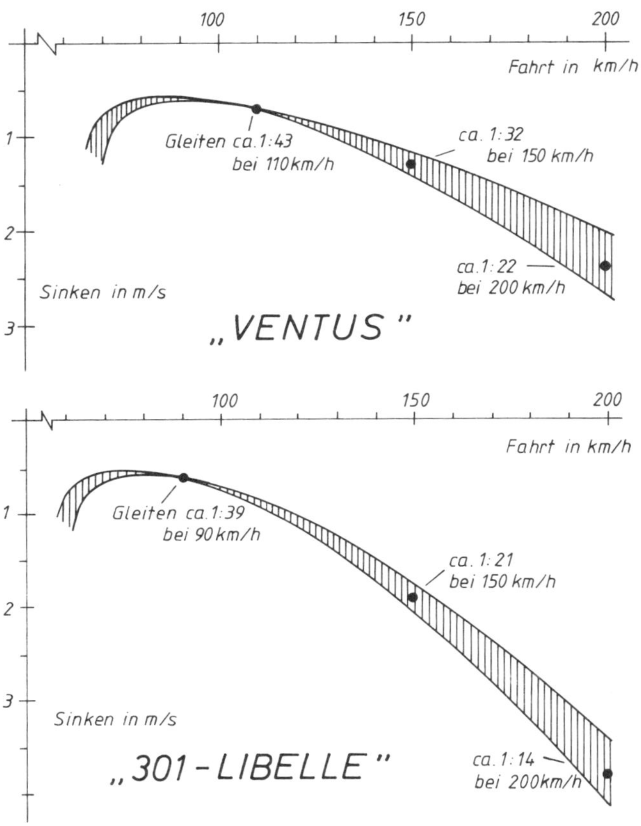

Polare der »Klappen-Libelle«, einer Konstruktion aus dem Jahre 1964 und die Leistungskurve des modernen »Ventus« der achtziger Jahre. Beide Segelflugzeuge gehören der FAI-15m-Klasse an

Bis heute haben die erfolgreichen »Renner« durchweg Wölbklappen. Die Typenliste ist beachtlich lang: »ASW 20«, »LS 3«, »Mosquito«, »304«, »Pik 20«, »Speed Astir«, »Ventus«.

Das Konzept der Braunschweiger »SB 11« mit flügelvergrößernden Klappen hat sich nicht durchgesetzt, obwohl Helmut Reichmann damit die Weltmeisterschaft in Frankreich 1978 gewann.

Die Flugleistungen liegen bei allen diesen Mustern etwa gleich: geringstes Sinken von knapp 60 cm pro Sekunde bei ca. 80 km/h, bestes Gleiten mit etwa 1:42 bei etwa 100 bis 110 km/h je nach Flächenbelastung. Entscheidend ist aber vor allem, welche Gleitzahlen in den oberen Geschwindigkeitsbereichen erbracht werden. Hier erst tritt der eigentliche Unterschied zwischen Standard- und Rennklasse zutage. So kann z.B. die »ASW 20« bei einer Fahrt von 190 km/h aus 1000 m Höhe immer noch 24 Kilometer weit gleiten, während die »ASW 19«, ihre ansonsten baugleiche, aber starrprofilige Schwester unter gleichen Verhältnissen »nur« ca. 17 Kilometer schafft.

Daß auch hier die Entwicklung Fortschritte gebracht hat, möge man aus den Polaren zweier erfolgreicher »Renner« ersehen (siehe Abbildungen linke Spalte).

– Die *Offene* Klasse war von vornherein als Experimentier- und Entwicklungszone des Segelflugs vorgesehen. Sie spiegelt das maximale Leistungsbild wider, das der Segelflugzeugbau jeweils zu bieten hat, da die Konstrukteure völlige Freiheit bezüglich ihrer leistungsfördernden Ideen haben. Selbstverständlich müssen ihre Produkte aber den strengen Bauvorschriften des Luftfahrtbundesamtes entsprechen.

Unter den Wettbewerbspiloten, die in dieser Klasse Ambitionen zeigen, gibt es in bestimmten Abständen immer wieder mal ein furchtbares Gezeter, wenn auf einer Meisterschaft plötzlich eine Neuentwicklung auftritt, die souverän allen Serienflugzeugen davonfliegt. Sofort fällt das (inzwischen sehr strapazierte) Wort von der Ungerechtigkeit.

Doch glücklicherweise wird dem Ruf nach Handicap- und Spannweitenfaktoren wenigstens in nationalem und internationalem Rahmen nicht nachgegeben, so daß der Spielraum nach oben offen bleibt. Eine Gleichschaltung in der Offenen Klasse wäre das Ende oder zumindest eine Verkrüppelung des Fortschritts im Segelflugzeugbau.

Allerdings müssen die Ergebnisse von Meisterschaften der »Langohren« immer unter dem Gesichtspunkt betrachtet werden, daß hier nicht nur die Pilotenleistung, sondern auch das Gerät am Erfolg oder Scheitern beteiligt waren.

Einer der entscheidenden Faktoren für die Steigerung von Segelflugleistungen ist – wie schon angedeutet – die Spannweite. Und so wurde, als die Werkstoffe es zuließen, folgerichtig mit immer größer werdenden

Maßen experimentiert. Bisheriger Höhepunkt ist die von der Akademischen Fliegergruppe Braunschweig entwickelte »SB 10«, ein Doppelsitzer mit bis zu 29 m Spannweite. Bewußt ging man bei diesem Einzelstück an die Grenze des Machbaren. Die Daten sind imponierend:

Abfluggewicht ca. 900 kg,
geringstes Sinken ca. 0,42 m
beste Gleitzahl ca. 1:53

Selbst bei 150 km/h hat die 26 m-Version der »SB 10« noch die Fähigkeit, 35 Kilometer aus 1000 m Höhe zurückzulegen.

Da aber die Entwicklungs- und Herstellungskosten für derartige Projekte gewaltig hoch sind, werden nur wenige Muster der Offenen Klasse in Serie gebaut. Lange Zeit waren Schleichers »ASW 17« und der Holighaus-»Nimbus« in verschiedenen Versionen dominierend. Und auch die Nachfolgetypen der beiden Konkurrenzfirmen, die »ASW 22« bzw. der »Nimbus 3«, versprechen sich wieder heiße Kopf-an-Kopf-Rennen zu liefern.

Es wird allerdings immer nur einem kleinen Kreis vorbehalten sein, diese »Super-Orchideen« fliegen zu können, da man für ihren Gegenwert drei oder vier Standardsegler erwerben kann. Sie finden sich deshalb fast ausnahmslos in Privatbesitz, weil sich kaum ein Verein solche Investitionen leisten kann.

Welcher riesige Fortschritt sich gerade in dieser Klasse vollzogen hat, mag ein Satz aus einem Kommentar zu den Weltmeisterschaften von 1958 veranschaulichen, wo sich die Piloten in der Standard- und der Offenen Klasse um die Titel stritten:

»... vergleicht man die Flugleistungen dieser beiden Klassen, so erkennt man, daß der Unterschied nur gering ist, d.h. daß die Flugzeuge der Standardklasse durchaus mit denen der ›Großen‹, also den meist wesentlich teureren Flugzeugen der Offenen Klasse mithalten können...«

Bestes Standardflugzeug war damals die »Ka 6« (siehe oben), Gewinner der Offenen Klasse war die ebenfalls deutsche Konstruktion »HKS 3«, ein Einzelstück der Entwicklungsgemeinschaft Haase–Kensche–Schmetz. Vergleichen wir daher die Diagramme einer »ASW 22« und der legendären »HKS 3«:

Polaren von »ASW 22« und »HKS 3«

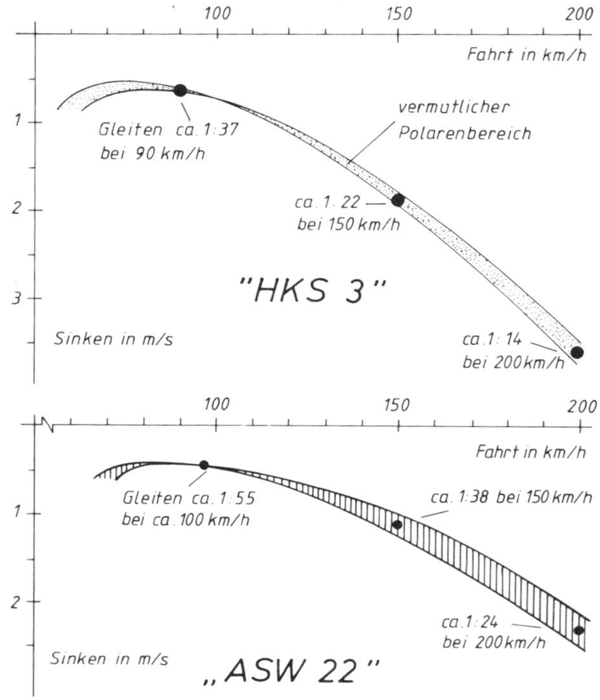

Vertreter der Offenen Klasse:
Weltmeisterschaftsflugzeug von 1958: »HKS 3« und modernes Höchstleistungsflugzeug von 1981: »ASW 22«
Anmerkung: Die Daten der »HKS 3« wurden aus Pilotenangaben ermittelt, die Kurve wurde daraus vom Computer ermittelt

Die *Clubklasse* wurde geschaffen, um auch den Piloten Zugang zur Wettbewerbsfliegerei zu verschaffen, die sich die immer aufwendiger werdenden Segelflugzeuge der FAI-Klassen nicht leisten können.

Auch die Hersteller sollten dazu angeregt werden, Typen zu bauen, die von ihren Leistungen und Eigenschaften her sowohl für die Vereine im Ausbildungsbetrieb als auch im Wettbewerb einsetzbar sind. Um diese Ziele zu erreichen, wurden den Flugzeugbauern u.a. folgende Kriterien vorgegeben:

- Spannweite höchstens 16 m
- festes Einzelradfahrwerk
- hohe Mindestzuladung
- geringe Flächenbelastung

– geräumiges Cockpit
Verboten wurden Bremsschirm, Wasserballast und alle Flughilfen, die während des Fluges leistungssteigernd eingesetzt werden können (z. B. Wölbklappen).
Eine Zeitlang war die Clubklasse reines Auffangbekken für ältere Segelflugzeugmuster, die in den Wettbewerben nicht mehr mithalten konnten. Seit aber immer wieder die Forderung nach der Produktion von eigenen Clubklassemodellen auftaucht, bieten die Hersteller »kastrierte« Standardflugzeuge an, bei denen einfach das Wasserballastsystem fehlt und das Einziehfahrwerk durch ein starres Rad ersetzt wurde. Typische Vertreter dieser Art sind z. B. der »Club-Astir« von Grob, die »ASW 19-Club« und die »DG 100-Club«. Nur der »Mistral« ist eigentlich als reines Clubflugzeug entworfen worden.
Vergleicht man die Polaren, so sieht man, daß die Leistungen von Club- und Standardversion erst im oberen Geschwindigkeitsbereich auseinanderlaufen:
Um die junge Clubklasse am Leben zu erhalten und ihr einen adäquaten Leistungszuwachs zu ermöglichen, wäre es denkbar, jeweils die Standardflugzeuge hier einzustufen, die von einem deutlich besseren Nachfolgemuster ersetzt worden sind.
Vielleicht bildet sich dann aus den überalterten Seglern eine eigene *Oldtimerklasse,* die in nostalgischem Schwelgen – aber nicht minder leistungsbewußt – ihre eigenen Wettkämpfe austrägt?
Jedenfalls passen z. B. »Ka 6« und »Club-Libelle« trotz Anwendung eines Handicapsystems (siehe nächster Abschnitt) nicht mehr zusammen.
Mag die Klassifizierung der Segelflugzeuge vom Standpunkt des reinen Wettbewerbspiloten auch notwendig erscheinen, einem nachdenklichen Segelflieger erzeugt sie dennoch Unbehagen. Geht nicht ein Teil konstruktiven Ideenreichtums verloren, wenn nur noch im Blick auf drei Klassen entwickelt wird? Wäre nicht ein Segelflugzeug, das zwischen den jetzigen Klassen läge, bei akzeptablem Aufwand leistungsfähiger? Gerade weil Konstrukteure wie Eugen Hänle fehlen, die auch mal einen Entwurf konkretisierten, der in keine Wettbewerbsklasse paßte, ist – wenigstens außerhalb der Offenen Klasse – ein Erstarren nicht zu vermeiden.
Die Forderung der kritischen Stimmen, denen eine flexible Entwicklung am Herzen liegt, kann daher nur lauten: Paßt doch endlich die Klassen den Flugzeugen an und nicht umgekehrt!

DAS HANDICAP-SYSTEM

Um die Streckenflugleistungen der unterschiedlichen Flugzeugtypen vergleichbar zu machen, wendet man eine sog. Indexliste an, die jedem der üblichen Muster einen sog. Handicap-Faktor zuordnet. Die leistungsstärksten Segler erhalten die höchsten, die weniger guten die niedrigsten Kennzahlen.
Superorchideen wie die »ASW 22« und der »Nimbus 3« führen das Feld an. »ASW 17« und »Nimbus 2« werden z. B. mit dem Faktor 116 bewertet. Die Rennklasse liegt z. Z. bei 108, die Standardklasse bei 100. Die weiteste Streuung weist naturgemäß die Clubklasse auf, die vom »L-Spatz« und der »Ka 8« mit 76 Punkten bis zur »ASW 19-Club« mit 98 Punkten reicht.
Je nach Bedarf und neuen Erkenntnissen wird diese Liste von der Segelflugkommission des Deutschen Aeroclubs überarbeitet und erweitert.
Trotzdem wäre es ein Unding, zentrale Wettbewerbe unter Anwendung des Handicapsystems durchzuführen oder auf unterschiedliche Aufgabenstellung zu verzichten. Denn während ein Segelflugzeug mit sehr guter Gleitzahl ein größeres aufwindloses Gebiet gerade noch überbrücken könnte, müßte auch ein steigstarkes Muster der Clubklasse vorzeitig »zu den Kühen« oder lange Umwege in Kauf nehmen. Andererseits könnte eine »Ka 8« bei schwachen Wetterlagen vielleicht gerade noch steigen, wo Flugzeuge mit besserer Gleitzahl sich nicht mehr oben halten können.
Kunststoffsegler wiederum wären an windstarken Tagen unschlagbar im Vorteil, weil sie den Gegenwindschenkel eines Dreiecks in angemessener Zeit schaffen könnten, während sich eine »Ka 6« mit Radfahrergeschwindigkeit zufrieden geben müßte und damit keine Chance zur Vollendung der Aufgabe hätte.
Vorwiegenden Einsatz findet das Handicap-System bei der Bewertung der Streckenflugleistungen in de-

zentralen Meisterschaften wie z.B. in der »Deutschen Meisterschaft im Streckensegelflug«. Jeder Teilnehmer kann hier beliebig viele Flüge auf beliebigen Flugzeugen melden. Die drei punkthöchsten werden gewertet.

Für freie Streckenflüge gibt es zunächst 1 Punkt (unkorrigiert), für Zielstreckenflüge 1,5 Punkte, für Zielrückkehrflüge 1,75 und für Dreiecke nach der FAI-Norm 2 Punkte pro Kilometer. Je nach Flugzeugmuster werden diese Grundpunkte nun auf- oder abgewertet.

Ein Beispiel:

Ein »Nimbus 2«, ein »Astir CS« und eine »Ka 6« fliegen je ein 300 km-Dreieck, das pro km 2 unreduzierte Punkte liefert. Nach dem Handicap-System ergeben sich folgende korrigierte Punktzahlen:

»Nimbus 2«: 600 Punkte: 1,16 = 517 Punkte
»Astir CS«: 600 Punkte: 1,00 = 600 Punkte
»Ka 6«: 600 Punkte: 0,86 = 697 Punkte

Oder umgekehrt: Um jeweils 600 Punkte zu erzielen, müssen folgende Dreieckstrecken bewältigt werden:

»Nimbus 2«: 348 km
»Astir CS«: 300 km
»Ka 6«: 258 km

Berücksichtigt werden kann allerdings nicht der Umstand, daß die Chance, die vorgenommene Strecke überhaupt zu schaffen, mit einem besseren Flugzeug immer größer ist, weil sich die unvermeidlichen Durststrecken eben besser überbrücken lassen. Kompensiert wird dieser Vorteil aber teilweise dadurch, daß sich auf längeren Distanzen auch mehr Absaufmöglichkeiten einstellen können, weil das Wettergeschehen weniger kalkulierbar wird.

CHRONOLOGISCHE ENTWICKLUNG DER SEGELFLUGZEUGKLASSEN

Die Wettbewerbsfliegerei begann wohl mit dem »Wettbewerb für Gleit- und Segelflüge« auf der Wasserkuppe im Jahre 1920. An Flugzeugklassen war damals aber noch nicht zu denken. Jeder Teilnehmer brachte das Gerät mit oder baute es an Ort und Stelle, von dem er meinte, es flöge. Eine fünfköpfige Technische Kommission hatte die Flugtauglichkeit abzusegnen.

1921 mußten sich für den 2. Rhönwettbewerb alle Fluggeräte einer Bauprüfung unterziehen und »einen Flug von 300 m Länge und 30 Sekunden Dauer nachweisen«.

Bis 1922 könnte man Hängegleiter und Gleitflugzeuge mit Steuerung unterscheiden.

1923 wurde ein Preis für Doppelsitzer auf dem Rhönwettbewerb vergeben.

Bis 1932 könnte man die Segelflugzeuge in Schulungs-, Übungs- und Leistungsflugzeuge einteilen.

Bis 1956 unterschied man in den internationalen Wettbewerben Einsitzer- und Doppelsitzerklasse.

1956: Definition einer *Standard*klasse mit 15 m Spannweite, festem Fahrwerk, ohne Wölbklappen, ohne abwerfbaren Ballast.

Von 1958 bis 1976 ermittelte man die Weltmeister in zwei Klassen: Offene und Standard.

1970: *Standard*klasse wird mit Einziehfahrwerk erlaubt.

1972: Unglückliche Neudefinition der *Standard*klasse, die eine auftriebserhöhende Bremsklappe gestattete. Gedacht war dabei an eine Hinterkantenklappe. Sie sollte leistungssteigernd wirken, brachte aber Probleme bei der Landung.

Gleichzeitig wurde abwerfbarer Wasserballast erlaubt.

1974: Helmut Reichmann gewinnt auf der »LS 2«, die nach der neuen Standardregel ausgelegt war, die Weltmeisterschaft in Australien. Gleichzeitig trat aber auch die Unsinnigkeit der Standardklassenregelung zutage.

1975: Rückkehr zur alten Standardformel (keine Profilveränderung während des Fluges, aber Wasserballast erlaubt).

Neuschaffung der *FAI-15 m*-Klasse nur mit Spannweitenbegrenzung, um den Fortschritt bei den Wölklappenkonstruktionen nicht zu behindern.

Definition einer internationalen *Clubklasse.*

Ab 1978 werden nationale und internationale Meisterschaften in drei Klassen durchgeführt: Offene, FAI-15 m- und Standardklasse.

DIE AUSRÜSTUNG DES SEGELFLIEGERS

Gleichgültig, ob man im Verein oder privat Segelflug betreiben möchte, eine sinnvolle Ausrüstung bringt Gelassenheit und vermittelt Sicherheit. Mangel- oder fehlerhafte Ausstattung dagegen führt zu meist wakkeligen Improvisationen und provoziert Hektik und damit Risiko.

Mit der Anschaffung der Geräte ist es allerdings noch lange nicht getan. Sie wollen und müssen ständig gepflegt und nachgeprüft, vor allem aber sinngemäß eingesetzt werden.

Die folgende Aufstellung erhebt weder Anspruch auf Vollständigkeit, noch soll sie den Eindruck erwecken, daß alle aufgeführten Teile obligatorisch sind. Ein guter Pilot kann aus einem Minimum mehr herausholen als ein Vollständigkeitsfanatiker aus einem überfüllten »Uhrenladen«. Auf der anderen Seite kann ein Flug wegen einer vergessenen Kleinigkeit (z.B. einer Plastiktüte) zum Scheitern verurteilt sein.

SEGELFLUGZEUG UND INSTRUMENTIERUNG

Gerät	erforderliche Papiere, Anforderungen, Bemerkung
Segelflugzeug	Eintrag beim Luftfahrtbundesamt, Nachweis der Lufttüchtigkeit durch jährliche Nachprüfung, obligatorische Haftpflichtversicherung
Fahrt- und Höhenmesser	Pflichtinstrumentierung
Kompaß	jährliche Kompensation
Variometer	elektrisch oder pneumatisch
Sollfahrtgeber	für optimales Fliegen
Bordcomputer	für exakte Werte für Fahrt und Steigen
Schleppkupplung	periodische Nachprüfung
Funkausrüstung	Genehmigung durch die Bundespost, monatliche Gebühr
Wendezeiger	für Wolkenflüge
künstl. Horizont	für ausgedehnte Wolkenflüge
Beschleunigungsmesser	für Kunstflüge
Sauerstoffanlage	für Höhenflüge über ca. 3600 m
Uhr, Stoppuhr	Navigation, Blindflug

Zusätzliche Ausstattung

Fallschirm	Zulassung, Nachprüfung, periodische Packintervalle alle zwei bis vier Monate
Barograph	registriert Höhe und Zeit, Beurkundung
Fotoapparat	Beurkundung von Wendepunkten, auf Wettbewerben wird meist ein zweiter Foto mitgeführt
spezielle Kleidung	z.B. Fliegerkombination, variable Kleidungsstücke, Wollwärmer, Handschuhe usw.
spezielle Sitzausstattung	Bleikissen, Kissen, Felle
geeignete Schuhe	Fellstiefel, Moonboots usw.
Sonnenhut	gegen Sonnenstich
gute Sonnenbrille	
Fettstift für die Lippen	bei langen, hohen Flügen
Verpflegung und Getränke	für lange Flüge Thermosflasche, Wasserbeutel o. ä.
Möglichkeit, Wasser zu lassen	Uriniertrichter, Plastiktüten
Schreibzeug	für Notizen zur späteren Auswertung
Notsender	für Flüge über dünnbesiedelten Gebieten

Unterbringung, Transport und Pflege

Transportanhänger	TÜV-Prüfung, Betriebserlaubnis erforderlich
Kupplung am PKW	TÜV-Prüfung mit Eintrag in Kfz.-Schein
Montagehilfen	zum raschen, bequemeren Auf- und Abrüsten mit möglichst wenig Personal
Wasserkanister mit Schläuchen usw.	für die Ballastaufnahme
Ladegerät	für Bordbatterie und Bodenstation
Bodenfunkgerät	für die Mannschaft
Staubbezüge	bei Unterbringung in der Halle oder im offenen Hänger
Eimer, Schwämme und Leder	tägliche Reinigung
Schleppseil	für Flugzeugschlepp
Schleppzeug	für Transport hinter dem PKW
Flügelstützrad	für Einmanntransport hinter PKW
Spornkuller	zur leichteren Handhabung am Boden
Hallenkuller	zum Rangieren in der Halle

Unterbringung, Transport und Pflege

Reparaturset	Glasgewebe, Harz, Härter, Schwabellack, Schleifpapiere usw. für die Beseitigung kleinerer Beschädigungen
Poliermittel usw.	für glatte Oberflächen
gut sortierte Werkzeugkiste	

Das ist eine lange Liste, die aber sorgfältig abgehakt werden sollte, wenn man sich für einen längeren Überlandflug, einen Urlaub mit dem Segelflugzeug oder für einen Wettbewerb vorbereitet. Viele dieser Punkte bedürfen deshalb noch individueller Ergänzung. So wird man sich Ersatz für abgerissene Fahrwerksklappen oder einen beschädigten Sporn mitnehmen, wenn man beabsichtigt, täglich Überlandflüge zu unternehmen; denn bei den Außenlandungen kann man sich nie ganz über die Bodenbeschaffenheit im klaren sein, auch wenn das Landefeld von oben noch so günstig aussieht.

Vereins- oder Privatflugzeug?

DAS BEWERTUNGSSYSTEM – EIN BEISPIEL

Peter G. hat sich für das kommende Wochenende vorgenommen, auf der Vereins-»ASW 19«, die er seit einem halben Jahr benützen darf, einen längeren Überlandflug anzusetzen. Wenn das Wetter mitspielt, will er mindestens ein 300 km-Dreieck versuchen.
Der Flugbetriebsleiter des Vereins führt wie jedes Jahr einen Kalender, in den sich Peter G. ordnungsgemäß einträgt. Für den gleichen Tag und dasselbe Flugzeug, so stellt er fest, hat sich auch schon Harald S. eingeschrieben.
Ein Blick in die Bewertungsliste zeigt zu Peters Erleichterung, daß Harald hinter ihm rangiert. Von den 1000 Punkten, die jedem Aktiven zu Beginn der Saison zur Verfügung stehen, hat sein Konkurrent schon 250 Punkte abgeflogen, während er selbst noch knapp 900 Punkte aufweisen kann.
Es ist ein recht kompliziertes System, das sich der Vereinsvorstand und sein Beirat da ausgedacht haben, um den Andrang auf den Flugzeugpark in geordnete und einigermaßen gerechte Bahnen zu lenken.
Ausgangspunkt ist die Jahresflugstundenzahl der Piloten, die mit 30 Stunden angenommen wird. Je nach Qualität des Flugzeugtyps wird eine Flugstunde mit einer bestimmten Punktzahl abgerechnet. Für die »Ka 6« schlagen dann 20 Punkte, für den Kunststoffrenner 50 Punkte zu Buch.
Sollte das Punktekonto während der Saison auf Null zusammengeschmolzen sein, so muß ein unersättlicher Vielflieger für jeden weiteren Punkt nachbezahlen. Nicht verbrauchtes Guthaben dagegen verfällt zum Ende des Jahres.
Um den Leistungsflug zu fördern und damit das Renommé des Vereins zu heben, werden beurkundete Streckenflüge mit einem Bonus belohnt. Je nach Flugzeugmuster, auf dem sie erflogen wurden, erhält der Pilot pro vollendete 100 Kilometer 20 bis 30 Punkte gutgeschrieben.

Zur Zeit sieht der Punkteschlüssel folgendermaßen aus:

Ka 6	Cl.-Astir	ASW 19	LS 3
(20/30)	(25/25)	(30/25)	(50/30)

Die erste Zahl steht für die abzubuchenden Stundenpunkte, die zweite für die Pluspunkte pro 100 km Streckenleistung.
Wenn Peter G. am Sonntag sein 300 km-Dreieck in fünf Stunden schaffen sollte, kostet ihn das zwar 150 Punkte, bringt ihm aber auch drei mal 25 gleich 75 Punkte ein, so daß sein Konto schließlich nur mit 75 Punkten belastet wird.
Wer also besser, sprich schneller fliegt, kommt günstiger weg, gibt sein Vorrecht auf ein Segelflugzeug weniger schnell auf.
Die Reservierung eines Seglers muß spätestens am Vorabend des Flugs notiert worden sein, damit sich jeder entsprechend einrichten kann. Spätestens bis um 9 Uhr morgens muß sich der eingetragene Punkthöchste entschieden haben, ob er den Flug antritt oder nicht. Verzichtet er, dann rückt der nächste nach usw. Es ist auch möglich, daß sich die Bewerber untereinander absprechen und den Tag aufteilen, wobei sich alle den Wünschen des Rangersten fügen müssen.
Um zu verhindern, daß sich die Flugbesessenen von vornherein an jedem Wochenende einschreiben, werden rigoros 100 Punkte gestrichen, wenn der gemeldete Pilot nicht erscheint. Mit der Zeit hat es sich eingespielt, daß man die Vormerkung erst einen oder höchstens zwei Tage vor dem beabsichtigten Flug schreibt, weil sich dann das Wetter einigermaßen abschätzen läßt.
Sollte eine Spalte der Liste zu Beginn des Flugbetriebs noch leer geblieben sein, so kann jeder über das entsprechende Flugzeug verfügen, der sich im Laufe des Tages als erster einträgt.
Um sich zu vergewissern, daß alles seine Ordnung

hat, wirft Peter G. am Sonntagmorgen noch einmal einen Blick auf den Aushang:

Ka 6	Cl.-Astir	ASW 19	LS 3
Bauer 750	Maier 820	Harald S. 750	Ziegler 810
Lippold 780	Reuter 760	Peter G. 895	Meir 800
Hart 750	Schmid 780		
	Fuchs 800		

Am Abend des gleichen Tages ergibt sich folgendes Bild: Das Wetter hatte sich tatsächlich als brauchbar erwiesen. Alle Flugzeuge waren im Einsatz.

Die »Ka 6« startete mit Lippold, der auch nach dem dritten Versuch nicht oben bleiben konnte und um 12 Uhr aufgab. Das belastete sein Konto mit etwa 20 Punkten, so daß er auch am nächsten Wochenende als erster seine drei Fehlversuche absolvieren wird.

Bauer und Hart warfen eine Münze. Bauer gewann, flog und mußte auf dem Nachbarplatz nach etwa zwei Stunden landen, weil er sich mit dem Wind verschätzt hatte. Nachdem er keinen Überlandflug angemeldet hatte, gilt dies als ungeplante Außenlandung, wofür er zusätzlich 50 Punkte Abzug in Kauf nehmen muß. Per Flugzeugschlepp kam er gegen 16 Uhr zurück. Hart übernahm den Holzvogel bis kurz vor Sonnenuntergang.

Der »Club-Astir« mußte am Platz bleiben, weil sich hier mehr als drei Piloten eingetragen hatten. Insgesamt war er an diesem Tag mehr als sechs Stunden in der Luft. Wer seinen Flug hinter sich hatte, wechselte den nächsten Anwärter auf der Winde ab.

Auch Harald S. wollte eigentlich noch einen Start auf dem »Club-Astir« ergattern und hatte sich schon dafür angemeldet, wurde aber gegen 15 Uhr von der Außenlandung Bauers informiert und holte als Schleppilot die »Ka 6« zurück.

Peter G. hatte mit der »ASW 19« seinen 320 km-Kurs wie vorbereitet angepackt. Bis zum ersten Wendepunkt lief alles wie geschmiert.

Auf dem zweiten Schenkel war er dem Landen meist näher als dem Fliegen, und auf dem letzten Teil erwischte es ihn schließlich. Auch er landete auf einem kleinen Fluggelände, etwa 100 Kilometer von seinem Start- und Zielpunkt entfernt. Harald S. holte auch ihn später mit dem Schleppflugzeug nach Hause.

In der Zwischenzeit hatte Peter G. Gelegenheit, sich mit dem Piloten seines unfreiwilligen Gastgebervereins zu unterhalten. Unter anderem kam die Sprache auf die Benutzungsordnung für die Vereinsflugzeuge.

»Benutzungsordnung? Kennen wir nicht.«

»Aber wer fliegt dann wann?«

»Wer zuerst kommt und sich vorbereitet hat, der nimmt eben eines von den Flugzeugen, die ihm zustehen.«

»Und welche stehen ihm zu?«

»Das legt der Vorstand zu Beginn der Saison fest. Punkte oder sowas gibt es bei uns nicht. Wer seinen Beitrag bezahlt hat, ist flugberechtigt.«

»Und wenn zwei Leute am selben Tag dasselbe Flugzeug benützen wollen?«

»... müssen sie sich eben einigen.«

»Gibt das keine Reibereien und Streitigkeiten?«

»Doch, genügend.«

»Warum erstellt ihr dann keine Benutzungsordnung?«

»Wir haben mal so etwas ähnliches gehabt. Das war alles recht kompliziert. Einige von uns haben kräftig abgesahnt, die anderen fühlten sich benachteiligt.«

»Das läßt sich doch regeln.«

»Nein. Es gab zu diesem Problem zu viele Meinungen. Ist eure Regelung denn unumstritten?«

»Absolut nicht. Bei uns gibt's ständig Auseinandersetzungen darüber.«

»Na, siehst du! Du kannst eben wählen zwischen einer Regelung, deren Erstellung und Durchführung viel Mühe macht, die dauernd verbessert werden muß, weil jeder daran herummeckert, oder zwischen dem freien Spiel der Kräfte. Vorteil der letzteren Möglichkeit: geringerer Arbeitsaufwand. Nachteil: Wer sich nicht durchsetzen kann, kommt wahrscheinlich zu kurz. Aber wer wirklich fliegen will, der läßt sich nicht so schnell ausbooten.«

»Und wie klappt eure liberale Lösung?«

»Zur Zeit recht gut, weil unser Vorsitzender psychologisch geschickt bei Auseinandersetzungen vorzugehen versteht. Wir sind nicht allzu viele aktive Mitglieder. Da läßt sich das meiste in persönlichen Gesprächen erledigen. Manchmal ist natürlich auch ein Machtwort fällig.«

»Wenn euer Verein aber größer wird oder wenn der Vorstand wechselt, was macht ihr dann?«
»Mhm, dann müssen wir uns wahrscheinlich was Neues einfallen lassen. – Gibst du mir mal deine Telefonnummer?«

DAS EIGENE SEGELFLUGZEUG – NOCH EIN STÜCKCHEN MEHR FREIHEIT?

Peter G. entschließt sich eines Tages, ein eigenes Segelflugzeug anzuschaffen, um dem ewigen Hin und Her mit der Startreihenfolge und der Auslastung der Vereinsflugzeuge zu entgehen. Er möchte fliegen, wann es ihm möglich ist und so lange es ihm Spaß macht. Außerdem ist er es leid, jedesmal darum betteln zu müssen, wenn er das Fluggerät mit in den Urlaub nehmen oder mal auf einem Wettbewerb einsetzen will.
Aus diversen Gesprächen mit den Vorstandsmitgliedern seines Clubs weiß er, daß sog. Privatflugzeuge nicht gerade gern gesehen sind, während in anderen Vereinen der Trend eindeutig in Richtung auf privates Gerät geht.
Er kennt Vereine, in denen utopisch anmutende Vorleistungen mit bis zu 1500 (in Worten eintausendfünfhundert) Arbeitsstunden erbracht werden müssen, um auf den dortigen Fluggeländen als Privatflieger überhaupt starten zu dürfen. Und wer außerdem beim Hallenbau nicht außergewöhnliche Sonderleistungen in Form von Geld oder Arbeit erbracht hat, wird bei der Hangarierung seines Seglers unbarmherzig zur Ader gelassen.
Zum Glück gilt er in seinem Verein als tatkräftiges Mitglied, was ihm jetzt hilft, sich mit der Vorstandschaft über akzeptable materielle Bedingungen zu einigen.
Eines Tages steht dann sein Standardsegler auf dem Vorfeld des Flugplatzes. Und obwohl er versucht, ihn so gut wie möglich zu verbergen, kann man ihm den Stolz darauf doch ansehen.
Nach den ersten ausgedehnten Flügen läßt Peter G. auch mal einen seiner Vereinskameraden auf seinem Kunststoffadler fliegen und bekommt prompt den ersten Ärger:
»Wir können es nicht dulden, daß andere zum Nulltarif dein Flugzeug benützen, während unsere Vereinsmaschinen am Boden stehen und kein Minutengeld einbringen.«
»Entschuldigung, aber eigentlich habe ich euch damit nur einen Gefallen erweisen wollen.«
»Wir werden eine Regelung ausarbeiten, nach der jeder, der deinen Vogel benützt, ebenfalls Fluggebühren an den Verein abführen muß.«
»Aber ihr verlangt doch schon genügend hohe Schleppgebühren. Außerdem bezahlt doch jeder sowieso seine Beiträge.«
»Wir wollen nicht, daß die Privatflugzeuge mehr genutzt werden als die Vereinsgeräte. Sei froh, daß du nicht auch noch mit Fluggeldern belastet wirst.«
»Ich bezahle doch für mein eigenes Flugzeug nicht auch noch zwanzig Pfennig pro Flugminute, oder was immer ihr für einen Tarif zur Zeit habt.«
»Warum eigentlich nicht? Wenn wir das beschließen ...?«
Peter G. wehrt sich mit allen Mitteln gegen weitere Auflagen und kann erreichen, daß bei der nächsten Versammlung der entsprechende Antrag abgelehnt wird. Abgelehnt, nicht weil er als unsinnig erkannt wurde, sondern weil man einsehen mußte, daß er rechtlich nicht haltbar gewesen wäre.
Eines ist Peter G. auf jeden Fall klar geworden: Es wird weitere Auseinandersetzungen geben. Seine Probleme im Verein sind nicht weniger geworden, sondern andere.
Eine weitere unangenehme Auswirkung seines Daseins als Privatflugzeugbesitzer bekommt er von einer bestimmten Gruppe seines Vereins zu spüren. Etliche Mitglieder gehen offensichtlich auf Distanz zu ihm. Sie ordnen ihn in eine Kategorie ein, der sie selbst nicht angehören können oder wollen und brechen nach und nach die Kontakte zu ihm ab. Er gewöhnt sich mit der Zeit auch an diese Erscheinung, doch schmerzt es ihn gelegentlich, wenn er sieht, wie sich auch Leute von ihm abwenden, für die er sich in den vorangegangenen Jahren tatkräftig eingesetzt hat.
Seine positiven Beiträge zum Vereinsleben werden von jener Gruppe plötzlich ignoriert. Wachsamen Auges sucht man jedoch nach negativen Punkten an

ihm, um sie sorgsam breitzutreten.
»Muß der denn immer als erster starten, wenn gutes Thermikwetter ist?« – Keiner nimmt Notiz davon, daß er schon seit zwei Stunden auf dem Flugplatz herumwerkelt, den Flugleiter verständigt und den Schleppilot abgeholt hat.
»Muß der denn immer als letzter landen, wenn wir schon fast mit dem Einräumen der Halle fertig sind?« – Man könnte doch schon längst beim kühlen Bierchen sitzen...
Es gibt jetzt ein paar Leute mehr, stellt Peter G. fest, denen man grundsätzlich nichts mehr recht machen kann.
Erzählt er von den Erlebnissen und Gedanken auf seinen Streckenflügen, so erfährt er drei Tage später, daß ihm das als Aufschneiderei ausgelegt wurde.
Berichtet er von nun an nichts mehr, so wird ihm das als Arroganz gewertet.
Gibt er eine Runde Bier aus, um sich damit für die Mithilfe zu bedanken, sagt man ihm nach, er wolle sich nur in den Mittelpunkt stellen. Spart er sich diese Unkosten daraufhin, so wird ihm Knickrigkeit und Geiz vorgeworfen: »... wenn man sich schon ein eigenes Segelflugzeug leisten kann...«
Piloten, die er früher zu seinem Freundeskreis zählen zu können glaubte, feinden ihn plötzlich aus Kleinigkeiten heraus an. Alte, längst vergessen gewähnte Auseinandersetzungen werden plötzlich wieder aufgewärmt.
Eines Abends kehrt Peter G. nach einem ausgedehnten Überlandflug müde, aber zufrieden auf seinen Heimatplatz zurück. Sein Lieblingsfeind sieht ihn landen, macht aber nicht die geringsten Anstalten, ihm beim Abrüsten oder Einräumen zu helfen, obwohl sonst niemand mehr auf dem Gelände zu sehen ist. Das freundliche »Hallo« Peters scheint er auch noch in die falsche Kehle zu bekommen; denn gruß- und wortlos dreht er sich um und geht weg, als ob er ihn gar nicht bemerkt hätte. Betroffen registriert Peter noch den neidvoll »gelben« Blick. – Fliegerkameradschaft mit negativem Vorzeichen.
Es vergeht eine lange Zeit, bis sich die Beziehungen zu den übrigen Vereinsmitgliedern konsolidiert haben. Doch ganz so wie früher wird das nicht mehr. Jedes Mal, wenn er seine Meinung deutlich sagt, kostet ihn das ein paar »Freunde«. Aber dafür rücken nun andere an ihn heran, und die seinerseits praktizierte Hilfsbereitschaft überbrückt manche Meinungsverschiedenheit und findet hier das an sich selbstverständliche Echo.
Auch die notorischen Meckerer unterliegen nach und nach den üblichen Abnützungserscheinungen. Im Untergrund grummelt es zwar nach wie vor, jedoch haben die aus dem Hinterhalt abgeschossenen Pfeile lange nicht mehr die Durchschlagskraft wie zuvor.
Vielleicht liegt das auch daran, daß dem Peter G. inzwischen ein etwas dickeres Fell gewachsen ist. Ganz sicher aber schöpft er aus seinen nun immer weiter werdenden, teils unbeschwerten, teils kräftezehrenden Flügen mit dem eigenen, frei zur Verfügung stehenden Segler, Energien, die er in dieser Fülle vorher nicht gekannt hat. Manchmal scheint es ihm, als ob es gerade die anstrengendsten Aufgaben sind, die ihm neuen Schwung verleihen, obwohl er sie oftmals gar nicht erfüllen kann und die ihn während des Flugs nicht selten an den Rand der Verzweiflung bringen. Die körperlichen Kräfte, die er dabei bis fast zur Erschöpfung verliert, bleiben – so kommt es ihm vor – seinem Wesen erhalten, wandeln sich um und fließen der Seele zu.

Kostenrechnungen

DAS EIGENE SEGELFLUGZEUG

An zwei Beispielen wird im folgenden gezeigt, welche Kosten auf den zukommen, der sich ein privates Segelflugzeug hält. Alle Beträge sind auf ein Jahr bezogen.
Die Zusammenstellung soll dabei exemplarisch, nicht jedoch repräsentativ verstanden werden.
1. Pilot A. fliegt gern und oft, jedoch mehr zur Erbauung als mit sportlichen Ambitionen. Ihm genügt ein gemütliches, gutmütiges Gerät, an dem er auch alle anfallenden Arbeiten selbst erledigen kann. Nach längerer Überlegung ersteht er auf dem Gebrauchtflugzeugmarkt eine guterhaltene »Ka 6«, die noch den Hauch des Urwüchsigen ausstrahlt, samt Hänger und Instrumentierung für DM 10000. Von nun an muß er in etwa mit folgenden Unkosten rechnen:

Haftpflichtversicherung	ca. DM 300
Hallenmiete	ca. DM 600
Wartung und Pflege	ca. DM 400
Jahreszulassung	ca. DM 200
Funkgebühren	ca. DM 100
realer Wertverlust	ca. DM 500
Zinsverlust (5 % aus DM 10000)	ca. DM 500
Vereinsbeiträge und -unkosten	ca. DM 400
Startgebühren für etwa 50 Flüge vorwiegend von der Winde aus	ca. DM 500
Summe	ca. DM 3500

Auf eine Kaskoversicherung verzichtet er, weil er das Flugzeug nur selbst benützt, keine Wettbewerbe mitfliegt und Außenlandungen so weit wie möglich meidet.
Rechnet er mit einer Jahresflugleistung von etwa 100 Stunden, dann kostet ihn die Flugstunde etwa DM 35. Fliegt er jedoch nur halb so viel, dann schnellt der Stundenpreis auf DM 70.
2. Pilot B. fliegt gern weite und schnelle Strecken, schlägt sich auch auf Wettbewerben recht tapfer und verbringt den größten Teil seines Urlaubs auf Flugplätzen. Die Zeit für Wartungs- und Reparaturarbeiten möchte er sich sparen und läßt sie deshalb von einem luftfahrttechnischen Betrieb durchführen. Er hat sich für ein modernes Rennklasseflugzeug entschieden und sieht bei neuwertiger Ausstattung folgende Ausgaben auf sich zukommen:

Haftpflichtversicherung	DM 300
Hallenmiete	DM 600
Wartung, Pflege, Reparaturen	DM 1000
Jahreszulassung	DM 400
Funk u. ä.	DM 100
realer Wertverlust	DM 2000
Zinsverlust (5 % aus DM 60000)	DM 3000
Vereinsbeiträge, -unkosten	DM 500
Startgebühren für ca. 60 Flüge (vorwiegend Flugzeugschlepp)	DM 1500
Kaskoversicherung (ca. 4 % aus DM 50000)	DM 2000
Summe:	ca. DM 11200

Um auf eine vernünftige Relation zu kommen, nimmt B. sich vor, mindestens 200 Stunden pro Jahr zu fliegen. Eine Flugstunde kostet ihn dann etwa 55 DM. Sollte er es nur (!) auf 100 Stunden bringen, muß er schon mit dem doppelten Stundenpreis rechnen, eine Summe, die bereits in etwa an die Kosten von kleinen Motorflugzeugen heranreicht.
Fliegt er also zuwenig, so müßte er sich überlegen, ob er nicht besser den Vereinsflugzeugpark beanspruchen sollte. Er hat natürlich auch die Möglichkeit, sich mit einem Partner die Kosten, aber auch das Benützungsrecht zu teilen. Genau an diesem Punkt sind jedoch schon viele Freundschaften gescheitert.

DAS VEREINSSEGELFLUGZEUG

Die Kosten, die wir oben errechnet haben, fallen in etwa gleicher Größenordnung auch für jedes Vereinsflugzeug an. Meistens liegen sie sogar noch etwas darüber, weil der Umgang mit dem Vereinsmaterial

eben doch nicht so sorgsam erfolgt wie mit privatem. Unachtsamkeiten und Schlampereien lassen sich im Clubbetrieb nie ganz ausrotten. Weil aber die gesamten Unkosten von allen zahlenden Mitgliedern getragen werden, ergeben sich für den einzelnen durchaus erträgliche Belastungen.
Hat z.B. ein kleinerer Verein mit vierzig Aktiven einen Flugzeugpark mit 5 Maschinen, so muß jeder im Durchschnitt nur ein Achtel bis ein Zehntel des Betrags aufbringen, mit dem ein Privateigner zu rechnen hat. Je nachdem, wie Unterstellung, Spenden, Förderungsmittel und sonstige Einnahmen mit ins Kalkül gezogen werden, ergeben sich für den einzelnen nach oben oder unten abweichende Unkosten.
Den Vereinsvorständen fällt nun die Aufgabe zu, die Faktoren Arbeitsleistung, Benützungszeiten, Mitgliederzahl, Beiträge, örtliche Besonderheiten usw. so zu kombinieren, daß eine Formel entsteht, die auf jedes der Mitglieder anwendbar ist.
Ein Vorsitzender, der Wert darauf legt, daß nicht von der Substanz herunter gewirtschaftet wird, muß die Preise so kalkulieren, daß sowohl die Kosten getragen, als auch Rücklagen für eventuelle Notlagen gebildet und außerdem die Initiativen für die Gestaltung des Vereinslebens gefördert werden können.
Aus den vielen Denkmodellen, die so zahlreich sind wie es Vereine gibt, seien hier nur zwei herausgestellt, die in mehr oder weniger abgewandelter Form heute von einem Großteil der Segelfliegergemeinschaften praktiziert werden.

a) Das Festkostenmodell

Die einfachste Form dieser Kalkulation besteht darin, alle festen Kosten eines Geschäftsjahres zu erfassen, die unabhängig davon entstehen, ob viel, wenig oder gar nicht geflogen werden sollte. Das sind vor allem Ausgaben für Geländepacht und -unterhaltung, Versicherungen, Abschreibungen, Zinsbelastungen, periodische Zulassungen usw.
Teilt man diese Fixkosten durch die zu erwartende Anzahl der Aktiven und versieht sie mit einem mehr oder weniger hohen Risikoaufschlag für Neuanschaffungen, Reserven o.ä., so ergibt sich für das einzelne Mitglied ein jährlicher Grundbetrag, der abhängig von der Ausstaffierung des Vereins in der Höhe von einigen hundert Mark liegt.
Jugendliche, die noch nicht voll verdienen, werden zumeist bevorzugt behandelt. Sie können in etwa zum halben Festkostenbeitrag aktiv sein. Als Gegenleistung erwarten aber die »Alten« eine beständige Einsatzbereitschaft. Die scheinbare finanzielle Großzügigkeit wirkt sich nämlich selbstverständlich auf ihre eigenen Beiträge aus. Ein Verein, der sich jedoch nicht um den Nachwuchs kümmert, ist auf die Dauer nicht lebensfähig, zumindest fehlt ihm ein lebenswichtiges Organ.
Die Betriebskosten für Winde, Rückholwagen, Startgerät usw. werden extra erfaßt und gliedern sich meist in Startgebühren (Winde oder Flugzeugschlepp) und Flugzeitgelder, weil derjenige, der länger fliegt, auch mehr bezahlen soll.
Schauen wir uns ein Beispiel an. Angenommen, ein Verein hat folgende einfache Gebührenordnung:

Jahresbeitrag für Vollverdiener	DM 400
Gebühr für einen Windenstart	DM 5
Gebühr für eine Segelflugstunde	DM 6

Wer wenig fliegt, bezahlt für sein Vergnügen relativ mehr als derjenige, der kräftiger zugreift. Andererseits liegt der Reiz dieses Systems eben darin, alle Mitglieder zur aktiven Teilnahme am Flugbetrieb zu animieren, um eine bessere Auslastung der Sitzplätze zu erzielen.
Nehmen wir an, Pilot A. fliegt im Jahr mit 30 Starts rund 50 Stunden, dann bezahlt er 400 DM + 150 DM + 300 DM = 850 DM oder umgerechnet 17 DM pro Stunde, vorausgesetzt er startet nur von der Winde aus.
Vergleichen wir ihn mit Pilot B., der mit 20 Flügen rund 10 Stunden oben bleibt, so macht das 400 DM + 100 DM + 60 DM. Das entspricht einem Stundenpreis von 56 DM.

b) Das Staffelprinzip

Die zweite Möglichkeit, die Vereinsfinanzen auf eine gesunde Grundlage zu stellen, besteht darin, die Kosten nicht pauschal, sondern gestaffelt zu erheben, nach dem Grundsatz: höherwertiges Gerät muß auch höhere Gebühren einspielen.

Drei Segelflugzeuggenerationen: oben: »Baby 2b« im Landeanflug
unten: »Ka6E« am Startplatz »DG 200« mit langen »Ohren« bei der Landung

Vor einer Staffel »Lo 100« vertiefen sich die Wettbewerbspiloten kurz vor dem Start noch einmal in ihr Programm (Deutsche Kunstflugmeisterschaft 1981 in Linkenheim)

Kommt der Motorsegleridee am nächsten: Segelflugzeug mit Klapptriebwerk. Hier die »PIK 20E«

Vorbereitungen für den Wettbewerbstag

Abzug einer Gewitterfront bei Sonnenuntergang

Typische südfranzösische Mittelgebirge

Neubaugebiete sind Hitzepunkte
Grelle Steinbrüche in dunkler Umgebung

Das kann z.B. folgendermaßen aussehen:
Als Flugschüler bezahlt man pro Jahr 150 DM, wenn man nur den Doppelsitzer in Anspruch nimmt.
Steigt man auf den Übungseinsitzer um (z.B. »Club-Astir« o.ä.), so erhöht sich der Betrag um 50 DM. Für die Benützung jedes weiteren Segelflugzeugs erfolgt jeweils ein Aufschlag um beispielsweise 100 DM.
Wer sich also das Recht auf die Benützung aller Flugzeuge sichern will, zahlt pro Jahr z.B. 450 DM, wenn vier »Vögel« zur Verfügung stehen. Das Überspringen eines Musters bzw. einer Klasse ist in der Regel nicht möglich.
Eine Variante dieses Systems besteht darin, daß vor dem Umsteigen auf das nächsthöhere Flugzeug eine einmalige Gebühr verlangt wird. Das sieht dann in etwa so aus:

allgemeine Pauschale (incl. Doppelsitzerbenützung)	300 DM
Umsteigegebühr auf den Übungseinsitzer	500 DM
dto. Leitungseinsitzer	800 DM
dto. auf das »Flaggschiff« des Vereins	1000 DM

Hierzu kommen jeweils noch die Flugbetriebsgelder, die um so höher angesetzt werden müssen, je geringer die durchschnittlichen Jahresbeiträge sind.
Man kann es drehen und wenden wie man will. Letztlich kostet eine Flugstunde auf einem Vereinssegelflugzeug zur Zeit etwa zwischen 20 und 100 DM. Nicht eingerechnet sind der Gegenwert der geleisteten Arbeitsstunden, die nach wie vor für jeden Segelflieger eine Selbstverständlichkeit sind (oder sein sollten), die Material- und Geldspenden, Fahrtkosten, Ausgaben bei Vereinsfesten oder Rechnungen aus der Vereinskantine usw.
Die wenigsten Segelflieger rechnen aber in der Weise, daß sie ständig Kosten und fliegerischen Gegenwert vergleichen. Sie betrachten eher das Vereinsleben als Teil ihres gesellschaftlichen Lebens, das eben mit finanziellen Unkosten belastet ist. Wer sich wohl fühlt in der Gemeinschaft, ist meist auch gern bereit, den geforderten Beitrag und auch etwas mehr zu leisten.
Übersteigt die jährliche Flugstundenzahl eines einzelnen Piloten erheblich den Durchschnitt, so muß er schon einem äußerst liberal gesinnten Verein angehören und außergewöhnlichen Einsatz zeigen, um dem Vorwurf seiner Vereinskameraden zu entgehen, er nütze sie schamlos aus. Ganz von der Hand zu weisen ist diese Anschuldigung nicht; denn wer achtzig oder gar hundert Segelflugstunden pro Jahr verbuchen kann, beansprucht praktisch zur Hälfte einen Vereinssegler für sich allein. Was das kostet, ist im vorhergehenden Abschnitt beschrieben worden. Irgendeine Kompensation wird von der Vereinsseite her erwartet oder gefordert. Geschieht dies nicht durch handwerkliche Arbeit oder großzügige Spenden, dann bleibt nur noch als Gegenleistung übrig, daß der Vielflieger seine gewonnenen Erfahrungen an den Nachwuchs weitergibt.
Aber auch das bringt Probleme mit sich. Die meisten Piloten eines Vereins sind teils aus finanziellen, teils aus zeitlichen Gründen, manchmal auch aus schlichtem Unvermögen heraus nicht in der Lage, die angebotene Streckenflug- oder Wettbewerbstheorie in die Praxis umzusetzen. So dauert es oft nicht lange, bis sie erkennen, daß sie keinen persönlichen Vorteil daraus ziehen können, wenn ein anderer überdurchschnittliche Flugleistungen aufweisen kann. Als Folge breiten sich dann Mißstimmungen, Neid und Eifersüchteleien aus, die sich auf beide, den Ausnützer und den scheinbar Ausgenützten negativ auswirken.
Der erste spürt den Futterneid und verzichtet vielleicht freiwillig auf den einen oder anderen längeren Flug, um hinterher feststellen zu müssen, daß das Fluggerät den ganzen Tag über so gut wie nicht genützt wurde.
Der andere kommt in Zugzwang, versucht sich an einer Aufgabe, die ihm fast noch eine Nummer zu groß ist, und scheitert zwangsläufig.
Beide sitzen sich am Abend unzufrieden gegenüber. Ein paar unbedachte Worte genügen, um eine der vielen Zankereien im Verein auszulösen.
Fazit: Wer sich nicht beherrschen kann und glaubt, bei jeder sich bietenden Gelegenheit fliegen zu müssen, wird um den Erwerb eines eigenen Segelflugzeuges wohl nicht herum kommen.

CHARTER

Trotz größter Begeisterung für den Segelflugsport brächte mancher vielleicht die finanziellen Mittel für ein eigenes Flugzeug auf, nicht aber die notwendige Zeit, um es über die ganze Saison hinweg einigermaßen befriedigend zu nützen.
Für solche Luftfahrer, die in ihrer Fliegerei nur punktuelle Schwerpunkte setzen können, bietet sich die Möglichkeit, ein Segelflugzeug von einem kommerziellen Verleiher zu besorgen.
Zunächst erscheint die Gebühr von 1500 oder 1800 DM für einen 14tägigen Urlaub recht hoch. Vergleicht man sie aber mit den Kosten für den eigenen Besitzer, so stellt man fest, daß man dafür zehn oder zwölf Wochen lang ein gut ausgerüstetes, modernes Gerät zur Verfügung haben kann. Wem dies genügt – zwölf Wochen sind in Mitteleuropa eine halbe Flugsaison – und wer seine Segelfliegerei termingerecht einplanen kann, der kommt sicher auf seine fliegerischen Kosten, ohne selbst für ein Luftfahrzeug verantwortlich sorgen zu müssen. Er braucht sich weder um Zulassung, Nachprüfungen, Versicherungen, noch um die Ausrüstung, Wartung und Unterstellung zu kümmern und geht außerdem den Querelen aus dem Weg, denen er als Vereinsmitglied mit oder ohne eigenem Material ausgesetzt ist. Er bezahlt – meist im voraus – seine Chartergebühr, läßt sich gegen Unterschrift Papiere, Flugzeug und Hänger aushändigen, hinterlegt noch einen Scheck in Höhe der Selbstbeteiligung im Falle eines Kaskoschadens und hat für die Dauer seines Urlaubs das volle Verfügungsrecht über »seine« Segelflugausrüstung. Findet er einen Partner, mit dem er sich versteht, so lassen sich die Kosten sogar noch halbieren.
Der Nachteil liegt darin, daß die Verleiher ihre »Ware« auch nicht gerade auf Halde liegen haben. In der Hauptsaison sind sie meist sehr schnell ausgebucht, und wer sich nicht rechtzeitig bemüht, verbringt seine Ferien besser dort, wo er nicht den startenden Kunststoffvögeln sehnsuchtsvoll nachblicken muß.
Aber manchmal gibt es auch noch einen Restposten, der von anderen verschmäht wurde. Findet man sich dann in einem »Astir« statt in der gewünschten »Mosquito« wieder, so stellt man wenigstens hinterher zufrieden fest, daß die Abrechnung um einige hundert Mark günstiger ausgefallen ist, als erwartet.
Im Urlaub gewöhnt man sich schnell an den angenehmen Zustand, immer dann fliegen zu dürfen, wenn es Gelegenheit dazu gibt und wann man dazu Lust hat. Hat man sein Charterflugzeug wieder abgegeben, so vermißt man diesen Komfort um so schmerzlicher, wenn am Wochenende bauschige Cumuli vor einem azurblauen Himmel zu erwarten sind und keine nennenswerten Verpflichtungen anliegen. Ein rascher Anruf beim Charterunternehmer erhärtet den Verdacht auf eine streckenträchtige Wetterlage: Der letzte verfügbare Segler wird jetzt nicht verliehen. Der Herr Vercharterer will endlich einmal selber fliegen.
Verflixt, sollte man nicht doch dem Verein beitreten? Oder sollte man sich nicht lieber doch gleich ein eigenes . . .?
Wo ist denn bloß der letzte »Aerokurier«?
Na, da haben wir ja die Anzeige, die uns vor kurzem ins Auge gefallen ist:

LS 3, Bj. 80
nur 36 Starts und 85 Stunden geflogen,
kompl. instr. m. Hänger u. umfr. Zub.
a. Priv. bes. preisg. zu verk. Tel...

Mannschaft

DIE SELBSTHILFE

Die beste Segelflugausrüstung ist nichts wert, wenn der Pilot an einem streckenträchtigen Tag mutterseelenallein mit seinen Flugutensilien auf dem Vorfeld seines Flugplatzes steht und auf Gleichgesinnte oder Wohlgesonnene wartet, die ihm helfen könnten, sich in die Lüfte zu erheben.

Den Rumpf hat er schon aus dem Transportanhänger herausgezogen, das Cockpit sauber auf- und eingeräumt, die Batterie eingebaut und den Fallschirm zurechtgelegt. Der Vollständigkeit halber hätte er ja auch gern die Flügel anmontiert. Aber um seine Schwingen auszubreiten und in die richtige Position zu bringen, braucht er mindestens eine, besser noch zwei Personen. Er selbst nimmt ja sowieso immer den schwereren Teil an der Wurzel. Doch an der Flügelspitze sind immerhin ca. 30 Kilogramm brusthoch zu halten und auf sein Kommando solange hin- und her-, auf- und abzubewegen, bis die Anschlüsse passen.

Trübselig blickt er in das Hängerinnere und denkt sich komplizierte Konstruktionen aus, die es ihm erlauben würden, mittels Kraft mal Hebelarm und einigen drehbaren Halterungen ganz allein Rumpf und Tragwerk zur konstrukteurgewollten Einheit zusammenzufügen.

Ihm fallen die Anzeigen in den Luftfahrtzeitschriften wieder ein, in denen für Hänger mit Einmann-Montage geworben wird. Wahrscheinlich, so denkt er, ist deren Erfinder noch öfter als ich in solche einsame Situationen geraten.

Allerdings hat er noch niemanden kennengelernt, der eine komplette Einmannmontage mit scharfem Blick beobachtet hätte, und so fehlen ihm die entscheidenden Hinweise für den Bau von verläßlichen Aufbauhilfen.

Alle aktiven Segelflieger, mit denen er sich darüber unterhalten hat, konnten es einfach nicht ansehen, wenn sich ein Pilot allein mit vielen Hebeln, Stützen und Wägelchen plagen wollte, seinen Vogel flugfertig zu machen. In solchen Fällen bietet jeder anständige Mensch sofort seine Hilfe an, und bis auf die seltenen Exemplare der Einmann-Montage-Fanatiker nimmt sie auch jeder sofort an. Innerhalb weniger Sekunden ist dann die Arbeit getan, zu der ein bedauernswerter Alleinmontierer ein Vielfaches an Schweiß und Zeit verbraucht. Leider kommt man dabei um den Genuß der Solovorführung, und deswegen sind die Praktiken der schnellen Do-it-yourself-Methode weitgehend unbekannt geblieben.

Es sind jedoch Gerüchte im Umlauf, nach denen sich ein oder zwei Segelflieger als reine Zuschauer an einem armen Teufel ergötzt haben sollen, der die angebotene Hilfe zunächst ausgeschlagen hatte, um zu beweisen, daß er wirklich auf niemanden als sich selbst angewiesen sei. Leider hatte im Angesicht der kritischen Beobachter doch nicht alles so perfekt geklappt, wie es vorgesehen war. Dies soll jedoch nach Aussage des Betroffenen mehr auf die wohlgemeinten, sprich spöttischen Ratschläge und das hämische Grinsen der Außenstehenden als auf die kunstvolle Mechanik der Hilfsgeräte zurückzuführen sein. Jedenfalls brachten die verschmähten Helfer durch stechende Blicke über die Schulter des Alleinunterhalters diesen zunächst in nervöse Verlegenheit und später – als sie mit einfachen Erklärungen für das Nichtgelingen des Zusammenbaus nicht mehr zufrieden waren, sondern immer detailliertere Verbesserungsvorschläge zur Diskussion stellten – in Zorn, was zwar die Zuschauerzahl proportional zur Lautstärke, nicht jedoch den Fortschritt der Montage anwachsen ließ.

Fluchend und schimpfend wünschte der einsame Kämpfer sein ständig anwachsendes Publikum zum Kuckuck, das eine oder andere »Laß-dir-doch-helfen« zunächst mit »Jetzt-erst-recht-nicht«, später überhaupt nicht mehr beantwortend. Irgendwann soll er es doch noch geschafft haben. Den Applaus der Menge vermochte er allerdings nicht mit einer Verbeugung zu quittieren. Ein plötzlicher Hexenschuß verhinderte jede weitere Krümmung der Wirbelsäule.

DIE HELFER

Das ganze Problem des Auf- und Abrüstens reduziert sich auf ein Minimum, wenn man auf eine sog. Mannschaft zurückgreifen kann. Wer jedes Mal ein Flugzeug auf- und abbauen muß, weiß deren Hilfe hoch genug einzuschätzen.
Selbstverständlich ist es möglich, auch mit fachfremden Helfern unter Anleitung des Piloten eine ordnungsgemäße Montage vorzunehmen. Man sollte aber darauf gefaßt sein, daß diese hilfsbereiten Mitmenschen Fachausdrücke wie »schwanzwärts« oder »flächenwärts« höchst eigenwillig interpretieren oder aber solche Anweisungen zum Teil sehr unkontrolliert ausführen.
Schimpfen oder Tadeln sollte auch bei fehlerhaftesten Hilfestellungen tunlichst unterlassen werden, weil sonst die Gefahr besteht, daß der gemaßregelte Mann an der Flügelspitze diese einfach losläßt und unter Ausrufen stehender Zitate oder selbsterfundener Redewendungen davonläuft, noch ehe der Montagebolzen »gelocht« hat.
Mancher Leute Hilfsbereitschaft ist jedoch nicht mehr so schnell zu bremsen, wenn man sie erst einmal an eine Sache herangelassen hat. Sie übernehmen, wehrt man nicht sofort den kleinsten Anfängen, selbst die Regie, durchwühlen einem die Werkzeugkiste nach Hammer und Schraubenzieher, stöbern im PKW nach Klebeband und Politur und ziehen die Staubbezüge von den Flügeln, ohne zu merken, daß sie mit den Querruderkanten meterlange Risse in den Stoff fabrizieren.
Das »Oh-Entschuldigung« kostet mindestens eine Stunde Arbeit und ein paar von den besten Nerven.
Seltener wird es vorkommen, daß – wie auf einem Militärflugplatz geschehen – der Pilot sich in Ermangelung einer deutschsprachigen Mannschaft an einen besonders kräftig aussehenden amerikanischen Soldaten mit der Bitte um Hilfe wendet. Alles geht gut bis zu dem Zeitpunkt, wo millimetergenaue Arbeit notwendig wird, um den Hauptbolzen durch die Holmstummel zu stecken.
Der Pilot, den Kopf im Cockpit, den Bolzen in der Hand, peilt durch die Bohrungen und gibt, weil er sieht, daß die Flügel eine zu große V-Stellung aufweisen, das Kommando: »Ab, ab!«
Dies unterstützt er durch eine Handbewegung mit der freien linken Hand in Richtung des Amerikaners. Der hebt daraufhin die Flügelspitze an. In der Meinung, daß er nicht deutlich genug gesprochen habe, wiederholt der »chef de montage« stark artikuliert »ab, ab«, muß aber gleich darauf beobachten, wie die Löcher in den Holmstummeln noch weiter auseinanderlaufen, so daß an eine baldige Passung nicht mehr zu denken ist.
Verzweifelt brüllt und winkt er jetzt nach außen: »Ab, Mann, ab!«, worauf sich sein Natopartner etwas breitbeiniger hinstellt und wie ein Gewichtheber das Flügelende mit vollem Körpereinsatz nach oben stemmt. Zu allem Unglück rutschen auch noch die Führungsbolzen aus den Gleitlagern. Es kracht häßlich.
Der Pilot besinnt sich auf ein skandierendes »Stop!« und knallt resignierend den Hauptbolzen ins Gras.
Jetzt merkt auch der Amerikaner, daß irgendetwas nicht in Ordnung ist. Radebrechend setzt ihm der Pilot, den Tränen der Enttäuschung nahe, auseinander, was er eigentlich wollte.
»Sorry«, sagt der andere, »I unterstood ›up‹.«
Up, zu deutsch ›aufwärts‹ – gesprochen ›ap‹!
»Sorry«, wiederholte er, »I just did what you told me. Let's try it again.«
Doch der nächste Aufbauversuch konnte erst nach etlichen Arbeitstagen in der Werkstatt unternommen werden.
Gewaltig ist des Helfers Kraft, wenn er sie über einen Hebel von mehr als sieben Metern wirken läßt.

MANNSCHAFTSFORMEN

Für den Segelflieger, der nur sporadisch auf Überlandstrecken geht – sei es mit eigenem oder mit dem Vereinsgerät – mögen die gelegentlichen Erlebnisse mit den Zufallsmannschaften recht erfrischend sein. Wettbewerbsaspiranten oder andere Vielflieger, die versuchen, auch im Training möglichst viele Streckenkilometer zu sammeln, bekommen aber damit Probleme.

Mit einer Gelegenheitsmannschaft, die den Piloten mit viel gutem Willen, aber wenig Sachkenntnissen für seinen individuellen Fall bereits vor dem Start zum Bibbern bringt, ist es nun nicht mehr getan. Jetzt müßte Stammpersonal her, das einerseits bereit ist, sich auf die Eigenarten bzw. den Eigensinn des Flugzeugführers einzustellen, andererseits aber auch die Fähigkeiten besitzt, mitdenkende Hilfe in allen vorkommenden Lagen zu leisten.

Vier grundsätzliche Möglichkeiten ergeben sich, an solche begehrten Dauerhelfer heranzukommen.

Am besten und wirkungsvollsten ist es, wenn der Pilot sich einen, besser aber zwei erfahrene Segelflieger sucht, ihnen einen Arbeitsplatz in seinem Betrieb anbietet und sie im Bedarfsfall bei vollen Bezügen plus zusätzlichen Spesen jederzeit abrufen kann.

Diese Lösung ist allen folgenden schon deswegen unschlagbar überlegen, weil solche Helfer statistisch gesehen am wenigsten oft behaupten, sie hätten keine Zeit. Bei gelegentlichen Sonderzuwendungen oder Sonntagszulagen sinkt der Prozentsatz der Ablehner gar auf Null. So zuverlässig dieses System auch funktioniert, die Sache hat doch für den einen oder anderen Piloten einen kleinen Haken...

Immer wieder wird die zweite Variante zur Aufstellung einer Mannschaft gewählt: die Anwerbung von geeigneten Mannen aus dem eigenen Verein. Als Gegenleistung wird mit finanziellen Angeboten gelockt oder aber mit dem Versprechen, das betreute Privatflugzeug gelegentlich mitbenützen zu dürfen.

Sollte man dabei an Segelflieger geraten, deren Leidenschaft für lange Flüge durch das ständige Zuschauen und Miterleben erst richtig geweckt wird, so läßt sich diese bald nicht mehr durch die wenigen Starts befriedigen, die den Helfern nach den ausgiebigen Ausflügen ihres Schützlings noch bleiben. Es wird nicht lange dauern und sie gehen selbst auf die Suche nach einer eigenen Mannschaft.

Ist dies nicht der Fall, dann bleiben immer noch genügend Probleme, z.B. bei der Abstimmung von Urlaubs- und Wettbewerbsterminen. Außerdem sehen es die wenigsten Vereinsvorsitzenden gern, wenn ihre Mitglieder sich mehr um einen Privatmann kümmern als um die Angelegenheiten des Gesamtvereins. Kurze Gastspiele von Schülern und Studenten werden daher die Regel bleiben. Wer in den Ferien nicht faulenzen, aber sich auch nicht überarbeiten will, bekommt neben einem ordentlichen Taschengeld auch Gelegenheit, z.B. im Trubel eines Wettbewerbs Erfahrungen zu sammeln oder seine Vorstellungen vom ›Großen Segelfliegen‹ zurechtzurücken.

Ergebnis: Aus den Vereinen heraus ist für den einzelnen kaum eine Dauerhilfe zu erwarten, auch wenn er sich in vergangenen Jahren noch so viele Verdienste erworben hat.

Akzeptable Bedingungen bietet die dritte der Mannschaftsformen, die partnerschaftliche. Sie läßt sich in einem gut geführten Verein ebenso realisieren wie in einer privaten Haltergemeinschaft.

Wenn alle Piloten, die dasselbe Segelflugzeug benützen, sich regelmäßig treffen, um Art und Umfang der Benützung zu vereinbaren, müßten eigentlich an jedem fliegbaren Tag ein Zugfahrzeug mit Anhängerkupplung, ein fahrbereiter Transportanhänger und mindestens ein Begleiter bereitstehen.

Spielen aber in einer solchen fünf- oder sechsköpfigen Gruppe ein oder zwei Leute nicht so richtig mit, sei es, weil ihnen die erforderliche Grundeinstellung fehlt oder weil sie der Meinung sind, daß sie von den anderen nur ausgenützt werden und selber zu kurz kommen, so wirkt sich das auch auf die anderen negativ aus.

Wenn erst einmal die Frage »Warum immer ich...?« die Runde macht, ist die kameradschaftliche Zusammenarbeit bald zum Erliegen gekommen. Diesen Zerfallserscheinungen kann eigentlich nur eine integrierende Persönlichkeit entgegenwirken, die für jeden einzelnen Nutzen und Aufwand in Relation bringt und Neidgefühlen entgegenwirken kann.

Ohne irgendwelche Gegenleistungen kann auf die Dauer aber niemand Hilfe von anderen erwarten. Zuverlässigkeit, Gründlichkeit und Pünktlichkeit sind wohl die Tugenden, die neben gegenseitigem Respekt feste Bindungen schaffen können. Doch wer wollte daran zweifeln, daß Segelflieger den Begriff Kameradschaft in dieser Weise auffassen? Oder hat man jemals davon gehört, daß der als Schleppilot vorgesehene Helfer verschlafen hat, daß der Fallschirm zwar gelüftet, nicht aber rechtzeitig gepackt war, daß der

Barograf zunächst gar nicht, am späten Nachmittag aber doch noch hinter dem Kühlschrank gefunden wurde, daß das Schleppseil sich erst nach einem halben Dutzend Telefonaten im Kofferraum eines Kameraden orten ließ oder daß der Pilot morgens doch allein auf dem Flugplatz stand, weil die anderen das Wetter zu schlecht eingeschätzt und deswegen ihren Familientag eingelegt hatten, oder...?

Die letzte der vier üblichen Mannschaftsformen trägt ihren Namen eigentlich zu unrecht, weil sie zumeist nur aus einem weiblichen Wesen besteht, zu dem der Pilot ein engeres Verhältnis unterhält: Freundin oder Ehefrau. In reiferem Alter kommen vielleicht noch Produkte aus eigener Aufzucht dazu: Söhne oder Töchter.

Selbstverständlich sind solche Konstellationen auch mit umgekehrten geschlechtlichen Vorzeichen möglich. Bis jetzt überwiegen aber die konventionellen Formen. Noch! Denn die Damen sind im Kommen.

Bleiben wir zunächst bei der Freundin. Sie ist meist nichtsahnend in Fliegerkreise hineingeraten oder hat sich von dem Flair, das die Fliegerei anscheinend umgibt, anziehen lassen.

Sie bewundert anfangs ihren Piloten, bis sich mit zunehmender Flugplatzerfahrung eine seelische Metamorphose mehr oder weniger schnell – je nach ihrem Typ – vollzieht.

Gehört sie zum Typ »A«, so wird aus der anfänglichen Bewunderung zunehmende Enttäuschung, weil es den Pilot-Freund gerade dann, wenn Kornfelder, Wiesen und Wälder einladend in voller Pracht stehen, auf ein weitaus prosaischeres Feld, den Flugplatz, zieht. Sie kann so hübsch sein oder aussehen wie sie will, er läßt sie erbarmungslos zurück.

Weiß die Alleingelassene nach dem Entschweben ihres Geliebten mit sich und der nicht immer piekfeinen Flugplatzgesellschaft nichts anzufangen, sondern verliert sie vor Langeweile oder Sehnsucht ihre gute Laune, so treten in der Segelflieger-Freundin-Beziehung die bekannten kritischen Phasen ein.

Sie verstärken sich zu allem Unglück noch, wenn auch der Flieger nicht gerade seinen besten Tag hatte und frustriert von einem Acker aufgelesen werden muß. Kommt dann noch eine abgerissene Fahrwerksklappe oder eine verpatzte Wertung beim Wettbewerb hinzu, so verträgt er die stillen Vorwürfe oder die halblauten Nörgeleien wegen des ›ewigen Alleinseins‹ nicht mehr, während sie ihn für abnormal erklärt, weil er den einfachen Himmel dem siebten vorzieht.

Nach längeren Wortwechselspielchen wird sie sich eines Tages weigern, mit ihm auf das Segelfluggelände zu kommen, was unweigerlich zur Folge hat, daß sie bald jemanden findet, der sich intensiver um sie kümmert. Und auch er nimmt das »Such-dir-doch-eine-andere-Dumme« wörtlich und findet tatsächlich eine. Eine neue Freund- und Mannschaftsbeziehung kann beginnen.

Gewitzt aus mehreren solchen Erfahrungen gestaltet er die Suche nach einer geeigneteren Auserwählten sorgfältiger. Er schaut sich in Fliegerkreisen um und wird vielleicht sogar in seinem eigenen Verein fündig.

Hat er das nötige Quentchen Glück, dann findet er eine nette Partnerin vom Typ »B«, die neben den allgemeinen Vorzügen auch den speziellen hat, sich vom Gedanken der Fliegerei mitreißen lassen zu können.

Geschickt nützt er diese Eigenschaft aus und läßt sie von nun an nicht nur mitarbeiten, sondern auch miterleben.

Das beginnt beim Erläutern der vielen technischen Probleme, beim Planen der Streckenflüge, beim Aussuchen einer optimalen Strecke für die eventuelle Rückholung, setzt sich im Funksprechverkehr, beim Akzeptieren von Verbesserungsvorschlägen fort und endet manchmal auf der Heimfahrt nach einer Außenlandung in einem gemütlichen Lokal beim gegenseitigen Erzählen von Flug- bzw. Fahrterlebnissen. Ein Mitfliegen hin und wieder läßt alles nicht nur Theorie bleiben.

Bei derartiger Behandlung besteht berechtigte Hoffnung, daß sie ihre Liebe nicht nur auf sein Mannes-, sondern auch auf sein Segelfliegerherz ausdehnt. Gleichzeitig schafft sie sich damit ein riesiges Aufgabenfeld: die Betreuung zweier sensibler Seelen, die in einer Brust konträren Lüsten ausgesetzt sind.

In manchen Fällen wird sich bei ihr der Eindruck verstärken, daß ein praxisbegleitendes Studium von Psychologie oder Psychiatrie nicht schaden könnte; denn bald treten die äußerlichen Tätigkeiten mehr und mehr

in den Hintergrund. Auf- und Abrüsten, Waschen und Polieren, Rückholen usw. werden zu Selbstverständlichkeiten, während die einfühlsame gegenseitige Beziehung in den Vordergrund rückt.
Alle Anzeichen deuten bald darauf hin, daß sich eine Aufwertung zum Typ »C«, zur Ehefrau, auf die Dauer nicht vermeiden lassen wird.
Sollte sich anschließend allerdings herausstellen, daß die gebotene Hilfe ihrerseits vorwiegend zum Zwecke des Einfangens eines Ehemannes mißbraucht wurde, so können superkritische Phasen die segelfliegerischen Aktivitäten parallel zu den gewöhnlichen Leidenschaften schnell dämpfen. Verkümmert geglaubte Reste des »A«-Typs brechen oft noch im fortgeschrittenen Ehealter auf und lassen die Gretchenfrage »Flugplatz – oder ich« laut werden.
Ob aus Überzeugung oder nicht, es haben daraufhin schon viele Segelflieger ihre Pilotenkarrieren aufgegeben. Warum auch nicht? Fliegen war schon immer nur das Zweitschönste.
Andere fangen nach etlichen Ehejahren erst richtig mit ihrem zugegebenermaßen zeitaufwendigen Hobby an, nachdem sich die Gelüste etwas verlagert haben. Doch suchen wir hier lieber nicht weiter nach Motiven...
Aber auch tragische Fälle sind aktenkundig, wo Flieger ihrer Passion wegen Frau und Kinder aufgegeben haben.
Ist also die vierte Mannschaftsform, die »Weibschaft«, auch nicht die ideale?
Sicher nicht. Als praktikable Form ist sie jedoch kein Zufallsprodukt, sondern aus Verständnis und Zugeständnis entstanden.
So mancher Spitzenpilot gibt zu: »Ohne meine Frau wäre ich nicht das geworden, was ich im Segelflug bin.«
Man denke hier nur an den mehrfachen Deutschen Meister Hans Glöckl oder den Rekordflieger Hans Werner Grosse und viele andere.
An der Ehrlichkeit solcher Aussagen ist sicher nicht zu zweifeln. Aber jeder zukunftsorientierte Pilot äußert sich in dieser Richtung immer wieder öffentlich und gern. Steckt doch neben der Dankesbezeigung darin auch die Bitte (oder der Hintergedanke), weiterhin »Mannschaft« zu spielen.

Teamflug

Morgens kurz nach 7 Uhr.
Erwin ist am Telefon.
»Hast du schon den Wetterbericht gehört?«
»Klingt recht gut, erster Tag der Rückseite.«
»Ab 13 Uhr hätte ich heute Zeit.«
»O. K. Bei mir klappt's auch. Treffen wir uns um 14.30 Uhr zwischen unseren Flugplätzen.«
Mittwoch ist der Wochentag, an dem wir beide uns gelegentlich freimachen können, um gemeinsam segelzufliegen. Vier oder fünfmal im Jahr klappt es. Heute auch.
Unsere Schleppiloten haben ein Herz für uns und opfern ihre Mittagspause, um uns an den Himmel zu hängen. Wir starten von zwei verschiedenen Geländen aus, die etwa 15 km weit auseinander liegen.
Um 14.15 komme ich bereits vom Boden weg, klinke 500 m höher aus und erkenne erfreut, daß sich ein Schleppzug unter mich schiebt.
Wackelnd begrüßen wir uns. So gut hat es noch nie geklappt. Auf der heute ungewöhnlich ruhigen Bord-Bord-Frequenz vereinbaren wir das Dreieck Eichstätt–Rothenburg mit etwas mehr als 300 Kilometer Länge, während wir uns auf Absprunghöhe hinauftragen lassen.
Die Thermik ist bereits voll entwickelt und scheinbar in jeder Richtung im Überfluß vorhanden.
In 1200 m Höhe lege ich eine Warteschleife ein und lasse den »Phoebus« parallel herankommen. Ein Fingerzeig in Richtung Norden:
»Ab geht's!«
Wir peilen zunächst die nahe Schwäbische Albkante an, über der kräftige Quellungen hängen. Der Sollfahrtring steht auf 1,5. Das heißt, wir rechnen mit mindestens 1,5 m Steigen pro Sekunde im nächsten Aufwind.
Gleichmütig zieht das Ulmer Münster vorbei, während wir auf gleicher Höhe stehenzubleiben scheinen.
In 900 m Höhe hebt es uns wieder an.
»Sollen wir?«
»Noch nicht, vorn muß es noch besser sein.«
Also Schnauze hoch, bis das Steigen abnimmt und wieder Fahrt gemacht.
Zwischen 100 und 140 km/h schwankt die Tachonadel hin und her und versucht sich den Luftmassenbewegungen anzupassen.
Die Autobahn München–Stuttgart läuft quer zu unserem Kurs durch.
Die dunkle Wolkenkante, auf die wir zuhalten, kommt näher und zerfasert zusehends.
Das Variometer geht auf Null. Noch lohnt es sich nicht zu kreisen. Also weiter. Aber nun wird die schwarze Kante zur grauen Fläche. Der Blick voraus verheißt wenig Gutes: Alles Grau in Grau, kein Stückchen blauen Himmels mehr. Auch auf dem Gelände unter uns ist bis zur Sichtgrenze von etwa 25 Kilometern kein heller Sonnenfleck mehr zu erkennen.
Weiterfliegen hieße also: mit größter Wahrscheinlichkeit demnächst landen. Offensichtlich ergibt sich mit dem Nordwestwind am Nordrand der Alb ein Staueffekt, der bis zu uns reicht. Die Rückseitenluft ist noch zu jung und zu feucht. Hier riecht es nach Regenschauern.
»Rothenburg können wir streichen.«
Verlassen liegt nun das Segelfluggelände Gerstetten unter uns.
Wochentags herrscht hier selten Betrieb. Längst haben wir die Hoffnung auf 1,5 m Steigen aufgegeben und die Ringeinstellung auf »Null« zurückgenommen; denn mehr als 500 m sind wir nicht mehr über dem Gelände. Jetzt heißt es sparen.
Zurück nach Hause reicht die Höhe nicht mehr. Unter uns liegt zwar mit dem Flugplatz eine ideale Landemöglichkeit, aber so schnell wollen wir auch nicht aufgeben.
Automatisch trennen wir uns, um die Chance, etwas Steigbares zu finden, zu verdoppeln. Doch wo vorhin wenigstens noch »Null« war, ist nun beachtliches Fallen. Schwenker nach rechts und links zeigen keine Wirkung.
Endlich wird der Dauerton des akustischen Variome-

ters unterbrochen. Zaghaft fängt es zu fiepen an.
»Komm her!«
»Das war auch höchste Zeit.«
Etwa 350 m über einem Mischwald zupfen wir uns gerade so viele Steigfasern aus der Luft, daß wir zwar obenbleiben, aber nicht steigen. Zehn Minuten vergehen in Schweigen. Wir sind gleich hoch und haben unsere Lage im Kreis so gewählt, daß jeder den anderen sehen kann. Ein Bussard drängt sich plötzlich in unseren ›Bart‹ und steigt mit kurzen, schnellen Flügelverwindungen zwischen uns hindurch: »Schaut her, so wird das gemacht«, scheint er uns zu signalisieren. Keine Chance für unsere Plastikvögel, ihm zu folgen.
Im Gegenteil. Der armselige »Nullschieber« vermag uns nicht mehr zu tragen. Es ist sinnlos, hier zu verweilen.
»Noch weiter nach Süden zurück!«
Im 50 m-Abstand fliege ich seitlich versetzt hinter dem T-Leitwerk des »Phoebus« her. Erwin hat offensichtlich eine frische Quellung im grauen Plafond entdeckt.
Gottseidank kein Sinken mehr. Mit der Variometernadel über der Null kommen wir mit konstanter Höhe immerhin mehr als einen Kilometer weit voran. Endlich legt sich der »Phoebus« nach links und wird sofort emporgehoben. Er hat bereits einen halben Kreis hinter sich, als ich unter ihm einkurve. Die Nadel des Steigzeigers hüpft auf die Zahl 2.
»Na also.«
Wir gehen wieder auf Kreisposition und zeigen uns die nach oben gestreckten Daumen. Die Anspannung weicht und wir legen uns gelöst in die Rückenfallschirme zurück. Unsere linken Flügel zielen auf einen gemeinsamen Mittelpunkt, um den herum wir uns wie auf einer riesen Spirale bewegen. Stumm geben wir uns dem aufsteigenden Luftstrom hin. 1300 m Höhe erfordern eine Entscheidung.
»Wohin?«
Der erste Schritt ist klar: Zurück in den Sonnenschein, der den Boden mit Energie auflädt. Die ursprüngliche Aufgabe lassen wir fallen. »Nach Westen.«
In 1000 m Höhe bekommen wir die ersehnten Sonnenstrahlen direkt ins Gesicht. Kurz darauf steigen wir bis 1400 m.
Nach Westen hin zeigt der helle Erdboden dunkle Flecken, die im Süden immer spärlicher gesät sind: Wolkenschatten, die in der Ferne von den vielen Waldstücken nicht mehr zu unterscheiden sind.
15 Uhr. Kurs 250 Grad.
Wir können uns heute das Wetter selbst auswählen. Im Norden stehen dicke Wolkenformationen, die einen Durchflug wenig ratsam erscheinen lassen. Links von uns geht die Bedeckung bis auf etwa ein Achtel zurück. Dazwischen suchen wir nun die Ideallinie, die uns ohne einen einzigen Kreis und ohne Höhenverlust mehr als 35 Kilometer weit bringt.
Wir pendeln nebeneinander her. Wer zuerst Steigen verspürt, nimmt als erster die Schnauze hoch. Wer stärker sinkt, nähert sich dem anderen an. Manchmal trennen keine 10 Meter unsere Flügelspitzen. Wird das Fallen stärker, vergrößern wir unseren Abstand. In der Summe heben sich die Unterschiede auf.
Geislingen an der Steige duckt sich rechts unten in den dunklen Albkessel. Zwischen den Beschränkungsgebieten von Stuttgart und Münsingen hindurch geht es in weitem Slalom ohne Halt bis in die Nähe des Farrenberger Flugplatzes. Ein blaues Loch tut sich über uns auf.
»Nochmal kreisen oder weiter?«
»Weiter, wir sind noch hoch genug!«
Voraus, zwischen Thailfingen und Balingen verheißt die Wetteroptik nur Gutes. Aber eine Warmluftzunge stabilisiert die Zone davor. Rechts vor uns ist aus 1000 m über Grund die Hohenzollernburg zu erkennen. Der berühmte Bogenschütze zielt ganz sicher auch auf uns. »Sparen, sonst kommen wir zu tief an.«
Wir reduzieren die Fahrt und fliegen mit bestem Gleitwinkel. Schneller durch die stärkeren, langsamer durch die schwächeren Abwindzonen. Selten zeigt das Variometer gleichbleibende Werte an.
Das stärkere Fallen überwiegt. 600 m Höhe haben wir für die 15 Kilometer verbraucht. Das entspricht einer Gleitzahl von 1:25. Unsere Flugzeuge sind nicht so schlecht. Aber es kann nicht nur überall Steigen geben. Irgendwo findet der Ausgleich statt.
»Du rechts, ich links.«
Wir trennen uns im spitzen Winkel. 400 m über den

Wäldern östlich von Balingen versuchen wir, die Quelle aufzuspüren, aus der die leuchtenden Wolkenformen weit über uns gespeist werden. Sie muß in den südwestlich exponierten Hangzonen liegen, deren vom Baumbestand vernachlässigte Flanken der prallen Strahlung ausgesetzt sind.
»Komm her, 3 Meter!«
Aus Erfahrung gewitzt, bleibe ich zunächst im sicheren halben Steigmeter, der mir gerade unter die Flügel gefahren ist. Oft genug schon wollte ich den mageren Spatzen in der Hand gegen die vermeintlich fette Taube eintauschen, nur um hinterher festzustellen, daß der Wunsch nach einem stärkeren ›Bart‹ diesen noch lange nicht erzeugt. Doch als der »Phoebus« wieder ins Blickfeld gleitet, hängt er schon mindestens 50 Meter höher.
Diesmal stimmt die Angabe. Das ist schon keine Taube mehr, sondern eine knusprige Gans, die uns da angeboten wird. Bis ich meinen Haken in ihre Richtung geschlagen habe und in ihren Genuß komme, hat sich der »Phoebus« bereits weitere 100 m genommen. Kräftiger Sitzdruck zeigt aber kurz darauf auch bei mir den erfolgreichen Anschnitt an. Noch eine kleine Korrektur und der »Astir« sitzt im Steigkern. Gemeinsam knabbern wir uns die besten Stücke heraus.
Aus dem Vario-Lautsprecher kommt ein wahrer Jodler.
»Spitze.«
Zwischen 3 und 4,5 m/s schwankt die optische Anzeige. Der Integrator meldet schließlich 3,2.
Etwa 6 Minuten lang steigen wir wortlos. Erwin fliegt konzentriert. Ich weiß, daß ich ihn nicht einholen kann, wenn er mich nicht aufschließen lassen will. Noch nie habe ich ihm 150 Meter in einem Aufwindschlauch abnehmen können.
2100 m über NN.
Die Wolkenuntergrenze wird amorph, der Abstand ist aber noch beträchtlich.
»Ich fliege mal in Richtung Klippeneck ab. Höhe 2300.«
Unser altes Spiel beginnt.
Erwin weiß, daß ich den »Phoebus« nun nicht mehr aus den Augen lassen darf.
»Kurs 220 Grad«, meldet er mir.
Bis auf seine Abflughöhe steige ich ihm nach und setze im letzten Halbkreis das Steigen in Fahrt um. Der Kompaß pendelt auf 2-2 ein. Weit voraus blinkt ein Flügel. Im Kilometerabstand kommen wir über dem Segelflugzentrum Klippeneck bei Spaichingen an.
Mir fallen meine vergeblichen 5-Stunden-Versuche vor fast 20 Jahren ein, die ich im »Grunau Baby« an dem langen Hang bis zur Dreifaltigkeitskirche unternommen habe. Welche großen Erwartungen knüpften sich damals an diese Tage. Eine Strecke von 300 Kilometern im Segelflugzeug kam für uns Buben einer Weltumseglung gleich.
Heute herrscht hier voller Betrieb. Von Hangflug ist kaum mehr die Rede. In allen Höhen rund um den traditionsreichen Flugplatz herum hängen die Segler in der Luft. Etliche stehen noch am Start, andere scheinen schon zum Hangarieren bereit.
Um der größten Verkehrsdichte zu entgehen, weichen wir noch etwas nach Westen aus.
16.30 Uhr.
»Zeit für den Rückweg.«
»Einverstanden.«
In weitem Bogen erreichen wir Tuttlingen. Unsere Höhe ist auf etwas mehr als 1000 Meter über Grund zusammengeschmolzen. Erwin bemüht sich um Anschluß an einen neuen Steigschlauch. Offensichtlich ist er ihm aber nicht gut genug, denn er verläßt ihn bereits nach einem Kreis. Ich merke mir die Stelle und kann im Vorbeiflug 50 Meter gutmachen. Der vertikale Abstand hat sich damit auf die Hälfte verringert.
Beim nächsten Versuch sind wir wieder ortsgleich, aber der alte Fuchs hat das Steigzentrum schon beim ersten Anlauf voll erwischt, so daß für mich nichts mehr herauszuholen ist.
Mit 50 m Höhendistanz steigen wir mit mäßigen Werten auf etwa 1700 m über dem Meer.
»Weiter.«
Etwa 90 Kilometer liegen noch vor uns. Davon sind uns 40 so gut wie sicher, wenn wir sorgfältig mit unserer Höhe haushalten. Aber der schnelle Verlauf der letzten zwei Stunden macht uns leichtsinnig. Nach zehnminütigem Gleitflug mit mehr Ab als Auf, haben wir zwar 20 Kilometer zurückgelegt, doch der Höhenmesser zeigt nur noch 500 m über Grund.

Südlich von uns liegt zwar der Flugplatz von Leibertingen, aber wenn wir dorthin zielen, ist uns in der stabilen Luft die vorzeitige Landung sicher.
»Wären wir nur weiter nördlich geblieben.«
Alles Jammern hilft nichts, und der Anblick der noch kräftigen Quellungen zwanzig Kilometer links von unserem Kurs bringt uns auch kein Steigen. Höhesparend grasen wir mit dem gewohnten seitlichen Abstand die wahrscheinlichsten Aufwindspender ab: Hangkanten, Waldränder, Kahlschläge. – Nichts.
Ab und zu hebt es den rechten oder linken Flügel an, aber nach jedem seitlichen Schwenk sackt der Vario-Ton in die Tenorlage ab.
»Das haben wir doch heute schon einmal gehabt.«
Weitere 100 Meter werden verbraucht.
Unerwarteterweise wird der »Astir« unruhig.
Noch ehe das Variometer reagiert, weiß ich, daß hier Höhe zu holen ist. »Hierher!«
In steiler Lage taucht der »Phoebus« unter mir ein und nimmt wie schnuppernd die Schnauze hoch. Westlich von Sigmaringen, dort wo das Flüßchen Schmeie in die Donau mündet, ist das Gelände unruhig und kantig. Eine Warmluftqualle hat sich irgendwo in einer Kuhle versteckt gehalten und auf unser Erscheinen gewartet. Sie umschließt uns und hebt uns 300 m hoch, um uns dann nach unten durchrutschen zu lassen. »Bleib mal hier.«
Erwin unternimmt einen Erkundungsvorstoß, während ich mich mit der schwachen Westströmung in weiten Kreisen nach Osten spülen lasse. So käme man auch heim, wenn man noch vier oder fünf Stunden Zeit hätte.
Schließlich findet der »Phoebus« schwaches Steigen, das sich nicht zentrieren läßt. Mehrfache Verlagerungen bringen keine Erfolge. Also sind wir zufrieden, wenn es in der einen Hälfte nicht fällt und in der anderen mit einem halben Meter steigt.
Mit langsam zunehmender Höhe schließen sich die Lücken im Steigkreis. Stolz klettern wir mit zunächst 1, dann mit 1,5 m/s.
Über uns entwickelt sich sogar ein flacher Cumulus, dessen Basis aber unerreichbar bleibt. 1400 m meldet unser Höhenmesser, als das Vario wieder auf Null zurückgeht.
Ohne Reserve und ohne Windunterstützung kämen wir damit rund 50 Kilometer weit.
Wir biegen etwas nach Nordosten aus, um dem Riedlinger Loch zu entgehen und bleiben über den Rändern der Alb. Von Zwiefalten strecken sich uns die zwei weißen Turmfinger des ehrwürdigen Klosters entgegen. Mit der Sonne im Rücken fallen die Farben satt ins Auge. Das harte Grün der Wälder steht im Kontrast zu den löwenzahngelben Wiesen und den gedeckten Tönen der reifenden Felder.
Die Sicht erlaubt einen Flug ohne Kompaß. Voraus reflektieren schon die Steinbrüche von Allmendingen und Schelklingen das Licht der Spätnachmittagssonne. Doch die flachen Strahlen liefern nur noch spärliche Thermikquellen. Der Einfluß der Südwestluft macht sich immer stärker bemerkbar. Unerreichbar weit in den Norden ist die Cumuluskette zurückgewichen. Aber das Donautal hat noch Wärme gespeichert und an den Albhängen muß sich die unwillige Luft nach oben bemühen.
Karte und Höhenmesser geben neue Hoffnung, doch noch ohne Außenlandung auszukommen: 40 Kilometer wären es noch und 900 m Höhe stehen uns bei leichtem Schiebewind zur Verfügung.
Wir finden die richtige Fluglinie durch gegenseitiges Beobachten: nicht zu weit südlich im stabilen Donautal und nicht zu weit nördlich auf der flachen Hochfläche.
Flügel an Flügel tasten wir uns durch höhengünstige Zonen. Wo immer sich ein Luftteilchen nach oben bewegt, wird es unter die Flügel genommen.
Der Integrator mißt einen halben Fallmeter. Bei einer Fahrt von etwa 80 km/h und 10 km/h Rückenwind ergibt sich ein momentaner Gleiteffekt von 1:50.
In langen, ruhigen zwanzig Minuten sanften Dahingleitens kann ich den »Phoebus« bewundern. Achtzehn Jahre hat er bereits auf dem glatten Rücken und fliegt wie ein »Moderner«. Der »Astir CS«, den ich reite, hat nahezu die gleichen Flugleistungen, obschon er 15 Jahre jünger ist. Allzu viel hat sich da nicht getan. Nur mit Wasser gefüllt ist er dem Veteran an Geschwindigkeit deutlich überlegen.
Mit 400 Metern überfliegen wir Erbach, kurz darauf den gleichnamigen Flugplatz. Neu-Ulm ist in greifbarer

Nähe. Erwin müßte noch 10 Kilometer weiter. Er riskiert nichts, zumal hier im Donau-Iller-Eck das Fallen wieder zugenommen hat.
»Ich komme mit dir nach Neu-Ulm.«
Dort ist zur Zeit kein Betrieb. Gemeinsam drücken wir die noch verbliebene Höhe in Fahrt um. Es reicht gerade bis vor den roten Strich. In weiter Steigkurve kehren wir hintereinander zur Landung ein.
18.10 Uhr. Ein Erlebnis voll Spannung, freundschaftlicher Zusammenarbeit und einem Schuß Gefühl von Freiheit findet sein Ende.

TEAMFLUG-BEDINGUNGEN

Unter Teamflug versteht man nicht das gelegentliche Miteinander beim Kreisen oder Geradeausfliegen, wenn man sich unterwegs zufällig trifft. Auch die üblichen Versuche, sich gegenseitig auszukurbeln, fallen nicht unter diese Rubrik.
Nicht das Besser-sein-wollen-als-der-andere ist das Kriterium, sondern das gegenseitige Hinweisen auf die besseren Möglichkeiten während des gesamten Fluges vom Start bis zur Landung.
Die Ziele eines sinnvollen Teamfliegens wären u.a.:
- schnelleres Finden von Steigkernen bei guten Thermiklagen
- größere Chancen bei der Suche nach Aufwindfeldern bei schwachen Wetterlagen
- gegenseitige Überwachung und Optimierung der Navigation
- Gleitwegoptimierungen

Nebenbei machen sich noch einige weitere positive Effekte bemerkbar, deren Einfluß auf den sportlichen Segelflug von vielen unterschätzt oder z.T. gar nicht beachtet wird:
- Objektivierung des eigenen Könnens
- Lernen durch Beobachten
- verzögertes Auftreten von Isolationsgefühlen während langer Flüge und damit verbundene geringere psychische Belastung
- erhöhter Erlebniswert gegenüber Soloflügen

Um einige dieser Ziele zu verwirklichen, ist es Voraussetzung, daß die Partner auf etwa leistungsgleichen Segelflugzeugen trainieren. Nichts ist entnervender für den Piloten einer Standardmaschine, als wenn er beim Kreisen ständig einen ungeduldigen »Offenen« über sich hat, der ihm beim Abfliegen davonflitzt und sich wundert, daß der andere im nächsten Bart nicht schnell genug hochkommt. Der eine langweilt sich, während sich der andere gestreßt fühlt.
Ungleiche Flugerfahrungen sind dagegen meist weit besser zu kompensieren. Der Erfahrenere übernimmt in der Regel die Führung. Im Hinterherfliegen wird der begabte Segelflieger auch ohne langatmige Erklärungen Technik und Taktik des Besseren rasch erkennen und zumindest teilweise übernehmen können.
Aber auch umgekehrt kann sich der Vordermann vom nachfolgenden Lehrer über Funk »steuern« lassen.
Bei stark unterschiedlichen Fähigkeiten der Piloten bleibt die Hilfestellung jedoch eine einseitige Angelegenheit.
Ideale Partnerschaft findet sich erst bei etwa gleichartigen Fluggeräten und gleichwertigen Piloten ein.
Was den meisten Segelfliegern – vor allem auf Wettkämpfen – jedoch am schwersten fällt, ist die Aufgabe eines Teils ihres Individualismus. Mancher mit gutem Willen begonnene Teamflugversuch scheitert oft schon in der Anfangsphase, wenn derjenige, der seine Operationshöhe als erster erreicht hat, nicht wenigstens so lange wartet, bis der Langsamere so hoch gestiegen ist, daß er seinem Partner folgen kann, ohne ihn zu verlieren.
Ähnliches gilt für die Kurswahl. Lange Diskussionen über Funk, ob man nun die Wolken links oder rechts der Kurslinie anfliegen sollte, sind erstens unergiebig und zweitens ein Ärgernis für alle anderen, die sich auf dieser Frequenz das sinnlose Gerede mitanhören müssen. Dabei geht das auch anders: Ohne auch nur mit einem Wort den überfüllten Äther zu belasten, übernimmt derjenige, der als erster auf Kurs geht, die Führungsrolle. Der andere folgt ohne Widerspruch. Seine abfälligen Äußerungen über die vermeintlich falsche Entscheidung kann er voller Zorn ins Cockpit sprechen oder brüllen. Wenn er dabei den Mikrofonknopf nicht drückt, stört das niemanden. Bei nächster Gelegenheit bleibt es ihm dann unbenommen, sich zu revanchieren, indem er dem anderen seine Route auf-

zwängt. Ein guter Partner wird ihm kommentarlos folgen; denn das Gezeter im Lautsprecher würde nur verraten, daß sich hier Anfänger streiten.

Teamflug-Varianten

Aus der Vielzahl der Möglichkeiten seien hier nur zwei herausgegriffen. Sie mögen als Anregung für die aktiven Piloten dienen, die sowieso ihren eigenen Stil entwickeln. Auf Zahlenbeispiele sei deshalb verzichtet, erst recht auf die mathematische Durchdringung.

Für geschwindigkeitsoptimales Fliegen ist es wichtig, daß durch das Teamfliegen keine Wartezeiten oder Leerläufe entstehen. Im Laufe eines längeren Fluges passiert es jedoch immer wieder einmal, daß einer der Partner ein Stück voraus oder etliche Dutzend Meter höher ist. Dies ist unter anderem schon dadurch bedingt, daß selten gleiche Muster geflogen werden und daß sich die Flächenbelastung fast immer unterscheidet. In diesen Fällen bietet sich eine Aufhol- oder Überholtaktik an, die sich auch für schwache Wetterlagen eignet.

Derjenige, der die größte Höhe besitzt, geht auf die Suche nach einem brauchbaren Aufwindfeld. Der Tiefere kurbelt weiter bis zum Erreichen der maximalen bzw. optimalen Höhe.

Der Vordermann wird bei unsicheren Lagen etliche Schwenker und Schleifen fliegen müssen, vielleicht kreist er auch hin und wieder vergebens ein, bis er lohnendes Steigen gefunden hat. Er zentriert so gut wie möglich und gibt sodann das tatsächliche mittlere Steigen an seinen ›Verfolger‹ durch, der nun auf direktem Weg und mit der optimalen Sollfahrt zu ihm eilt oder aber seinen momentanen Bart beibehält, falls dies mehr Vorteile verspricht.

Kommt er unterhalb seines Teamkameraden an, so wird sich der Höhenunterschied bereits verringert haben. Das Spiel kann sich nun solange wiederholen, bis der Nachfliegende schließlich über seinem Partner ankommt. Nun vertauschen sich eventuell die Rollen.

Das liest sich leicht, ist aber in der Praxis anfangs gar nicht so problemlos durchführbar. Fehlen präzise Ortsangaben, mangelt es an exakter Navigation oder herrscht schlechte Sicht, so gehen die herausgearbeiteten Vorteile schnell verloren.

Besteht z.B. kein Sichtkontakt mehr, so kommt es immer wieder vor, daß man den angekündigten Bart nicht trifft. Ist der räumliche Abstand zu groß geworden, wächst auch die zeitliche Verzögerung, mit der man ein Aufwindfeld erreicht. Die Folge ist, daß der angegebene Steigwert nicht mehr stimmt und deshalb der Gleitflug nicht optimal gewesen sein kann. Sollte der Partner inzwischen auch noch weitergeflogen sein, so ist ein rasches Zentrieren auch nicht mehr gewährleistet.

Mehrere dieser Umstände können dazu führen, daß an ein Aufholen so schnell nicht mehr zu denken ist. Auch hier lautet trotz anfänglicher Mißerfolge die Devise: Immer wieder trainieren, bis Präzision eine Selbstverständlichkeit ist.

Die anschließende Diskussion der Flüge kann u.U. schnell die Frage klären, warum der eine seinen Kollegen schon beim ersten Versuch eingeholt hat, während es im umgekehrten Fall fünf oder sechs solcher Anläufe bedurfte oder überhaupt nicht möglich war.

Das gegenseitige Vertrauen wird natürlich stark strapaziert, wenn die angesagten Werte nicht eintreffen. Das kann seine Ursache darin haben, daß die Abstände zu groß geworden sind, daß die Thermikblasen nur kurzlebig waren oder beides auftrat. Damit sich der Hintermann nicht an der Nase herumgeführt fühlt, wenn keine Angabe mehr stimmt, sollte er den anderen nicht weiter vorauseilen lassen als höchstens zwei Minuten, also eine Zeit, in der man etwa fünf bis sechs Kreise bzw. zwei bis vier Kilometer schafft.

Böse für die Teamfliegerei wird es natürlich enden, wenn einer von beiden den anderen bewußt täuscht, um sich selbst Vorteile zu verschaffen. Dies geschieht nahezu auf jedem Wettbewerb. Dort wundert man sich gelegentlich, wenn Piloten, die vorher einträchtig miteinander geflogen sind, plötzlich wort- und grußlos aneinander vorbeigehen.

Die zweite Form des Teamfliegens ist eher für mittlere bis gute Thermiktage geeignet, wenn abschätzbare Steigwerte erwartet werden können. Während im oben geschilderten Fall Steigen und Gleitflug optimiert werden können, bietet sich auch eine Höhenoptimierung an: Die beiden Piloten fliegen im Normalfall mit gegenseitigem Sichtkontakt in etwa gleicher Höhe auf

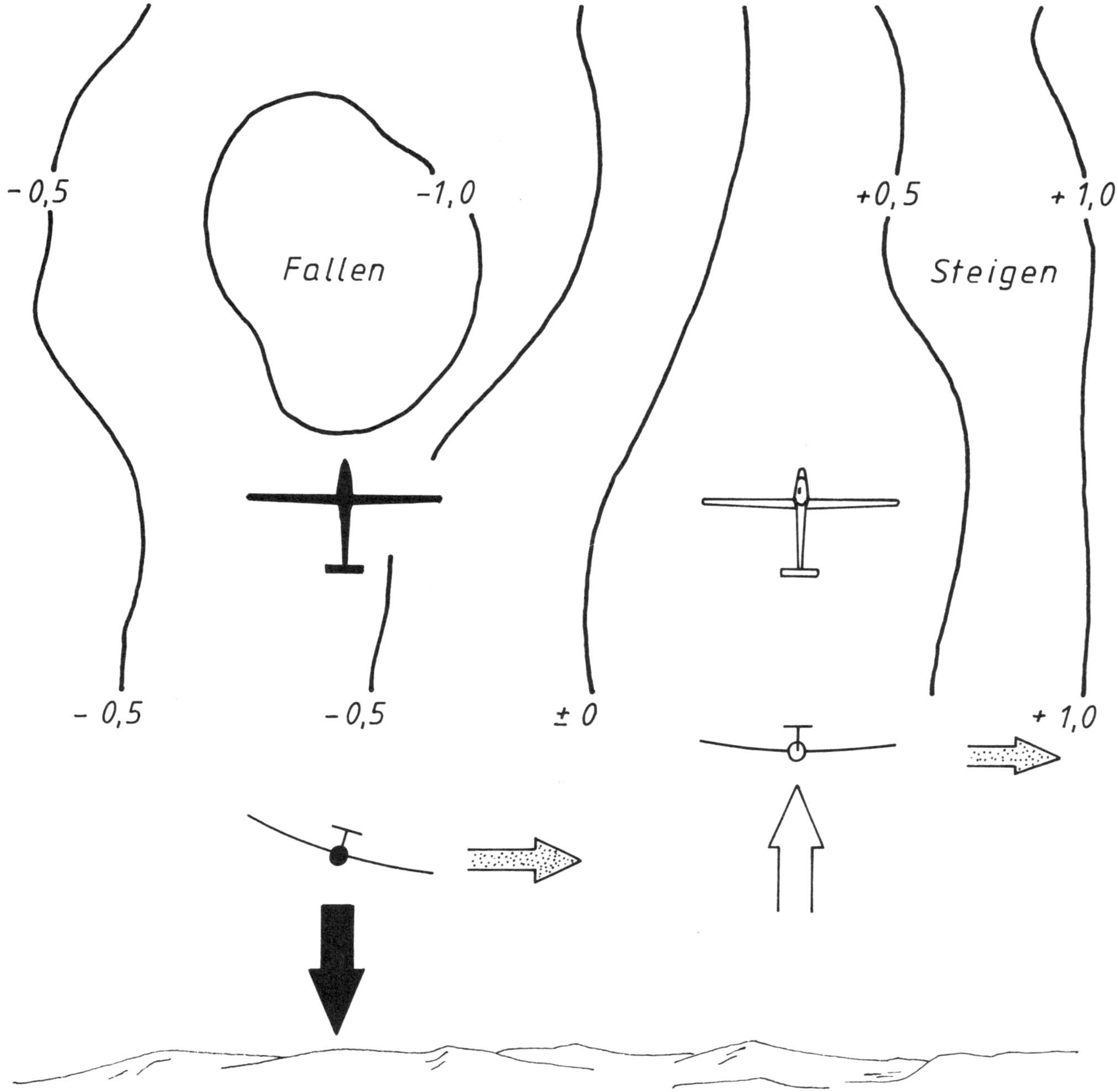

Modellvorstellung zum Teamflug:
Aufwindverteilung dargestellt durch Linien gleicher Vertikalgeschwindigkeiten. Darunter: Der linke Pilot erkennt den günstigeren Flugweg des rechten, eventuell können beide in aufwindstärkere Zonen korrigieren

parallelen Bahnen. Sie durchqueren ein Gebiet unterschiedlicher Steig- bzw. Sinkwerte, die man sich anschaulich mit Hilfe von Linien gleicher Luftmassenbewegungen in vertikaler Richtung vorstellen kann (analog zur Wetterkarte mit ihren Isobaren).
Beim Parallelflug mit entsprechendem seitlichen Abstand wird einer der Piloten zwangsläufig z.B. weniger Sinken antreffen, was sich dadurch äußert, daß er gegenüber seinem Partner zu steigen scheint. Die Flugtechnik ergibt sich als einfaches Annähern an den, der höher erscheint. Weicht der ›Angegriffene‹ nach der Seite aus, so besteht mit relativ hoher Wahrscheinlichkeit die Chance, daß er sich in ein günstigeres Gebiet abdrängen lassen kann, wenn er nicht vorher schon zufällig in einer optimalen Zone flog. Wo die Grenze liegt, erkennen beide an der Umkehrung der relativen Höhenveränderung.
Voraussetzung für diese Technik ist, daß beide mit gleicher Fahrt fliegen, was aber mit wenig Übung schnell zu erreichen ist.
Dauern gleiche Fallwerte längere Zeit an, vergrößert man den seitlichen Abstand, während man mit zunehmender Verbesserung immer näher zusammenrückt, um schließlich in einem lohnenden Steigen gemeinsam zu kreisen.
Nehmen dagegen die Höhenunterschiede stark zu, so muß sich der Tiefere etwas zurückfallen lassen, um den Vordermann besser beobachten zu können. Dadurch kann er Steigzonen frühzeitig erkennen und Fallgebieten rechtzeitig ausweichen.
Auf diese Weise versuchen die technisch und taktisch weniger versierten Piloten auf den Wettbewerben den Cracks zu folgen und hängen manchmal stundenlang wie Kletten hinter ihnen, vermeiden damit die »Schlaglöcher« und erwarten bereits vorzentrierte Steigspiralen. Mit Teamflug hat das allerdings nichts mehr zu tun, sondern fällt unter die Kategorie »Abstauben«, solange die schmarotzenden Mitflieger nicht bereit sind, auch einmal als erste aus dem Steigen abzufliegen.
Die alten Wettbewerbsfüchse scheren sich jedoch meist wenig um ihre »Anhängerschaft«. Sie wissen, daß sie auf Dauer mit ausgefeilter Kreisflugtechnik und systematischer Taktik ihre Verfolger meist weit vor Erreichen des Ziels hinter sich lassen werden.
Echtes Teamfliegen wird auf Wettbewerben selten beobachtet. Es ist eigentlich auch nur in solchen Fällen sinnvoll, wenn die Piloten bestrebt sind, ein gutes Mannschaftsergebnis zu erzielen. Da aber in der Regel nur die Einzelleistungen zählen, muß jeder Teilnehmer ohne Rücksicht auf seine Partner versuchen, alle nur möglichen Vorteile für sich selbst auszunützen; denn am Schluß kann nur einer auf dem höchsten Treppchen stehen.
So bleibt der Teamflug vor allem den Trainingsflügen vorbehalten. Ob in einer der vorgestellten Grobformen oder in einer selbsterdachten Spielart ausgeübt, steigert er das Flugerlebnis, macht eigene Fehler schneller sichtbar und beschleunigt den Lernprozeß im Hinblick auf die olympische Idee des Schneller-Weiter-Höher.
In ausgefeilten Hochformen bedarf es keiner langen Erklärungen oder Anweisungen über Funk mehr. Vorher vereinbarte kurze Stichworte wechseln mit langen Phasen schweigenden Beobachtens und Erkennens. Es kann deshalb eigentlich nur Dummheit oder Bosheit dahinterstecken, wenn man den Funkverkehr mit schnatternden Sätzen überschüttet und damit für alle anderen blockiert:
»Hermann, hörst du mich? Ich bin nach Südwesten so in Richtung der Sonne abgehauen. Hier unter der dikken weißen Wolke – na ja, so richtig reinweiß ist sie ja gerade nicht, aber schön cumulig, hahaha – habe ich einen traumhaften 3 m-Bart aufgemacht. Bei dir war das vorhin nicht so gut. Vielleicht ist es besser, du kommst hier herüber. Wenn du gleich abfliegst, warte ich noch etwas. Ha, ich sehe dich ja schon. Du hältst direkt auf mich zu. Jetzt etwas mehr nach rechts, das heißt von dir aus gesehen nach links...«
Teamflug hört sich – falls überhaupt – etwas anders an:
»7-2. 3 Meter. 250 Grad!«

Wettbewerbe, Meisterschaften

Es liegt offenbar in der Natur des Menschen, daß er sich in den Tätigkeitsbereichen, die er besonders schätzt, immer für den Besten seiner Zunft hält und dies teils oft und lautstark, teils dezent und hintergründig zu erkennen gibt.
Was im Knabenalter nach wechselseitigem »Ich bin stärker als du« mit grünen Flecken in der Hose und blauen am Körper beginnt, wird im Erwachsenenstadium mit markigen Sprüchen oder psychologisch ausgeklügelter Werbung im Berufs- oder Liebesleben fortgesetzt und macht natürlich auch nicht vor der Segelfliegerei halt.
Hier hört sich das dann etwa so an:
»Ich war heute höher als du... weiter weg... am längsten oben... bin am besten gestiegen...«
Wird vierzehn Tage später in einer etwas anders zusammengesetzten Runde von demselben Tag gesprochen, so fällt einem neutralen Beobachter auf, daß nun die Höhen höher, die Strecken länger und das Steigen kräftiger geworden sind. Kurz, jeder war noch besser.
Insidern ist diese Abhängigkeit der Flugleistungen vom zeitlichen Abstand selbstverständlich bekannt. Man weiß, daß fast jeder ein paar Prozent auf seine Taten zugibt, um sich ein bißchen mehr ins hellere Licht zu rücken.
Wer allerdings nicht geschickt genug vorgeht und bei seinen Übertreibungen ertappt und überführt wird, muß damit rechnen, daß ihm in Extremfällen nur noch 50 Prozent geglaubt werden. Fortan ist er gezwungen, bei seinen Schilderungen bis zu 100 Prozent aufzuschlagen, um wenigstens seine tatsächlichen Leistungen honoriert zu wissen.
Irgend jemandem – wahrscheinlich im alten Griechenland – muß diese Sprücheklopferei auch in den anderen Sportarten zu bunt geworden sein, und er hat den Wettbewerb erfunden. So stehen sich denn auch heute im Segelflug die Konkurrenten, die es genau wissen wollen, wem der Lorbeer gebührt, mit dem Knüppel in der Faust je nach Mentalität zähnefletschend oder grinsend gegenüber.
Das heißt noch lange nicht, daß das Fliegerlatein damit ausgerottet ist. Der Großteil der Segelflieger zieht es nämlich vor, sich nicht mit anderen offiziell zu messen. Denn für eine Nichtteilnahme an Meisterschaften gibt es viele akzeptable und ehrenwerte Gründe, für eine Blamage jedoch nur Ausreden. Bleibt man da nicht lieber zuhause und diskutiert in gemütlicher Runde die neuesten Flugerlebnisse oder ein paar ältere? Und was wäre ein Stammtisch ohne die verbalen Zutaten?

SO WIRD MAN WELTMEISTER!

Um den höchsten Titel, den der Segelflug zu bieten hat, zu erringen, muß man einen Weg gehen, der ganz klar vorgezeichnet ist. Er scheint ein paar kleine Hindernisse aufzuweisen, die jedoch, einmal als solche erkannt, leicht zu umgehen sind. Das beweist die Tatsache, daß die Piloten, die schon einmal Weltmeister waren, es jederzeit wieder werden können, wenn sie es nur wollen. Männer wie Heinz Huth (zweimal), Helmut Reichmann (dreimal) und George Lee (dreimal hintereinander) sind die besten Beispiele dafür.
Wie man dabei genau vorgeht?

1. Schritt: Man sammle etwas Überlandflugerfahrung in heimatlichen Gefilden und melde sich zur nächsten Bezirksmeisterschaft, die für alle Piloten offen ist und im Zweijahresrhythmus ausgetragen wird. Gehen wir vom Land Bayern aus, so genügt in der Regel ein 5. Platz in der Siegerliste von Schwaben oder Oberbayern, um für die Landesmeisterschaften zugelassen zu werden. Verzichtet der eine oder andere Qualifizierte auf seinen Platz, so reicht vielleicht auch ein 6. oder 7. Rang.
Beispiel:
1981 Luftfahrerschein- und Silber-C-Erwerb
1982 Teilnahme an den Schwäbischen Meisterschaften

Funktionieren auch bei stabiler Luft: Strohfeuer in Frankreich
Wendepunkte und Thermikspender zugleich: (möglichst aktive) Kernkraftwerke

Gipfel noch in Wolken: Warten
Höhengewinn in Hangnähe

Über den Graten stehen zuverlässige Aufwindbänder

Gemeinschaftliches Erlebnis im Teamflug: Über dem Berninapaß

... vorbei an spitzen Gipfeln

Zu dritt über der geschlossenen
Wolkendecke im Bergell

An der Basis in 4000 m Höhe

2. Schritt: Man nehme im nächsten Jahr in einer der drei FAI-Klassen an der entsprechenden Landesmeisterschaft teil.
Gelangt man unter die ersten 15 der Gesamtplazierung, so wird man in die Landesmannschaft aufgenommen und braucht sich das nächste Mal nicht mehr über die Bezirksmeisterschaft zu qualifizieren.
Um sich im nächsten Jahr bundesweit messen zu können, braucht man schon einen der vorderen Plätze in der Landesliste. Hierin sind alle Klassen vertreten. Die direkte Vergleichsmöglichkeit wird dadurch geschaffen, daß die Sieger jeder Klasse mit je 10000 Punkten Maßstab sind für die nachfolgenden Ränge; denn alle anderen Piloten werden auf dieses Maximum ihres Klassensiegers hochgerechnet.
Ein Beispiel: Der Sieger der Standardklasse erringt 5000 Wettbewerbspunkte und erhält in der Landesliste 10000 Punkte.
Wenn der Pilot auf dem sechsten Platz 4000 Punkte aus dem Wettkampf erstreitet, so bringt ihm das genau 8000 »Landespunkte« ein.
Aber überlassen wir die Rechnerei dem Computer. Wichtig ist nur, daß wir eine Stufe höher geklettert sind.
Beispiel: 1983 Teilnahme an den Bayerischen Meisterschaften

3. Schritt: Man lasse sich von seinem Bundesland für die Deutschen Meisterschaften nominieren.
Wer dort unter den ersten »hochgerechneten« 15 landet, gehört der Nationalmannschaft an und braucht sich nicht mehr hochzudienen, falls es diesmal noch nicht zur Qualifikation für die Weltmeisterschaft gereicht haben sollte.
Beispiel: 1984 Teilnahme an den »Deutschen«

4. Schritt: Man lasse sich als einer der vier Besten seiner Zunft vom Deutschen Aeroclub für die Weltmeisterschaften nominieren.
Jetzt wird aber auch von den Funktionären als Gegenleistung mindestens ein Vize-Titel erwartet.
Beispiel: 1985 Teilnahme an der WM – Weltmeister!
Dieser glatte Durchlauf der Treppchen zum Siegerpodest, der, wie im Beispiel gezeigt wurde, in fünf oder sechs Jahren ohne weiteres zu schaffen ist, kann nur dadurch geringfügig – nämlich um zwei oder vier Jahre – verzögert werden, wenn der Landesverband bzw. der Aeroclub als Dachverband vorschreibt, daß der Titelanwärter mindestens zwei Landes- bzw. Nationalmeisterschaften absolviert haben muß, um sich für die nächsthöhere Ebene zu qualifizieren. Denn schließlich will man nur erfahrene Wettbewerbsfüchse in die internationale Arena schicken.
Um diese Auslese gerecht zu treffen, verfährt man nach der sog. 80:20-Regel. Dabei werden 80 Prozent der Punktzahl aus der jüngsten und 20 Prozent aus der vorangegangenen Meisterschaft in die Wertungsliste eingebracht
Heiß befürwortet wird diese Regelung natürlich von denjenigen, deren Wettbewerbskarriere langsam zu Ende geht, die aber den vom Nachwuchs heißbegehrten Platz noch nicht so schnell freimachen wollen.
Ein Beispiel:
Pilot A. lag nach der vorletzten Meisterschaft auf Platz zwei mit 9500 Punkten und errang Platz 15 beim letzten Mal mit 7800 Punkten. In der Qualifikationsliste erhält er

20 % aus 9500 Punkten	= 1900 Punkte
+ 80 % aus 7800 Punkten	= 6240 Punkte
Summe	= 8140 Punkte

Pilot B. gewinnt in seiner Klasse als begabtes Talent souverän die letzte Meisterschaft, kann aber keine Punkte aus den Vorjahren einbringen, weil er da noch auf der unteren Ebene kämpfen mußte.
Er erhält

80 % aus 10000 Punkten	= 8000 Punkte

und muß bei konsequenter Anwendung dieses Verfahrens Pilot A. zähneknirschend den Vorzug lassen.
Inzwischen hat man dieses Handicap zum Teil erkannt und gibt mit Sonderplätzen auch ein oder zwei Nachwuchsstars eine Chance.

EIN ENTSCHEIDENDER TAG

Die letzten, schon zur Routine gewordenen Handgriffe erledigen wir gemeinsam: Schleppseil im Zickzack vor der Rumpfnase auslegen, einklinken, Foto vom Kenn-

zeichen aufnehmen, Kamera befestigen, auf Unendlich stellen, Barograf einspannen, Vesperbrote, Tee- und Wasserflasche griffbereit verstauen, Ruderkontrolle.
Warten.
Wir sind heute eher nachdenklich als gesprächig und keiner läßt sich von der sonst üblichen Hektik anstekken. Mir scheint aber, als beobachten mich meine Frau und meine beiden Söhne heute intensiver als sonst. Sie fragen sich bestimmt: »Wie benimmt er sich wohl diesmal?«
Denn gestern habe ich etwas getan, was ich mir streng vorgenommen hatte, nicht zu tun: Ich habe mich maßlos geärgert.
Von vornherein war mir klar, daß ich bei diesen Landesmeisterschaften hier in Mühldorf keinen Blumentopf gewinnen würde. Die zum Teil weltmeisterschaftserfahrenen Konkurrenten waren übermächtig, wohingegen meine eigene Wettbewerbstechnik und -taktik noch in den Kinderschuhen steckte. Also war ich zum Lernen hergekommen.
Tatsächlich gelang es mir bisher erst zweimal, vorzeitig abzusaufen. An diesen Tagen war das Wetter recht schwach, so daß nur die Spitzenflieger die Aufgaben lösen konnten und ich mir und meinem Segler keinen Vorwurf zu machen brauchte. Was ich jedoch nicht von mir gewöhnt bin, ist mein gestriges Versagen, dessen ich mich wirklich schämen muß: Auf dem zweiten Schenkel des 300 km-Dreiecks verließ mich mein Instinkt so total, daß mir aus einer Höhe von mehr als 1400 Metern ganze 25 Kilometer Strecke gelangen und ich mich fünfzehn Minuten später von einem Landwirt fragen lassen mußte, warum ich ausgerechnet auf seiner Wiese gelandet sei.
Gerade als sich das deprimierende Gefühl über den vermurksten Tag legen wollte, löste sich die abschirmende Wolkendecke über mir auf, und als ich vom Telefonieren aus der nahen Ortschaft zu meiner Landewiese zurückmarschierte, erreichte meine Stimmung beim Anblick der reizenden Quellwölkchen direkt über mir neue Tiefen. Kurz darauf erschien ein Pulk von acht oder zehn Segelfliegern und zog scheinbar absichtlich über meinem gestrandeten Luftboot schadenfrohe Kreise. Meine Seele fiel in ein schwarzes Loch.
Auch das empfangsbereite Funkgerät brachte mir keine wohltuenden Meldungen von bevorstehenden Landungen meiner Mitstreiter. Vielmehr hörte sich Diether Memmerts obligatorisches »Wagen vier-fünnef, alles okay« einwandfrei höhnisch an. Ein weiteres halbes Dutzend ähnlich fröhlicher Ausrufe führte beinahe dazu, daß ich beim Abschalten des Lautsprechers den Drehknopf aus dem unschuldigen Funkgerät riß. (Obwohl ich anfangs dagegen war, bin ich seither für Funkstille bei Wertungsflügen.)
Der Anblick des nun auf Kurs gehenden Rudels über mir machte das Maß des Erträglichen voll und versetzte mich in einen Zustand, den man in etwa mit einer Mischung aus Heimweh und Liebeskummer vergleichen kann.
Mir fiel nichts anderes ein, als Fallschirm, Rückenkissen und Anorak unter einen Flügel zu schmeißen und mich selbst mit geschlossenen Augen dazu zu legen. Sollten doch die Kinder auf der polierten Flügelnase herumrutschen und die zwei Halbwüchsigen die gepflegte Plexiglashaube mit ihren ölverschmierten Fingern betätscheln. Ich wollte nichts sehen und nichts hören.
Um auch noch den dritten der drei philosophischen Affen in mir zu vereinigen, verweigerte ich die Antworten auf die üblichen, mir heute besonders dumm erscheinenden Fragen meines Publikums, indem ich so tat, als ob ich schliefe. Nach zehn Minuten zeigte mein wenig werbeträchtiges Verhalten gegenüber dem Segelflug Wirkung: Ich war allein.
Eineinhalb Stunden hatte ich nun Zeit, über die Ursachen meines Unvermögens nachzudenken. Die meteorologischen Zusammenhänge waren mir schnell klar, weil schon oft erlebt: Auf der Rückseite eines Tiefausläufers war ich unter ein zwar aufgelockertes, aber noch nicht aufgelöstes Feld mittelhoher Wolken geraten. Nachdem ich anfangs unter der Restbewölkung relativ rasch vorangekommen war, hatte ich geglaubt, es müßte auf Kurs immer so weiter gehen. Es konnte also gar nicht allzu lange dauern, bis ich die abziehende Störung fast eingeholt hatte. Die Wettkampfsituation erzeugte den Befehl »Weiterfliegen« und verdrängte die sehr wohl optisch erkannten Anzeichen der Wetterverschlechterung, die sich in der

Häufung von Schichtwolken und in der Abnahme der sonnenbeschienenen Flecken voraus bemerkbar machten.
Wie immer in solchen Lagen fand sich von den anderen Piloten keiner mehr in meiner Nähe ein, der mir einen anständigen Bart markiert hätte, eben weil niemand so dumm ist, sich einem Absäufer anzuschließen. Auch dieses Zeichen, vollkommen falsch zu liegen, war von mir mißachtet worden. Spätestens nach fünf Minuten hätte ich – mit immerhin noch 800 oder 900 Metern Höhenreserve – umkehren, dem guten Wetter und dem darin mitschwimmenden Pulk entgegenfliegen, warten oder zumindest ausweichen müssen.
Mit jedem erneuten Durchgang dieser Gedankenkette voller »wenn« und »hätte« kam mir mein ungeschicktes Verhalten immer schmerzlicher zu Bewußtsein. Mit stillen, aber umso wüsteren Flüchen beschimpfte ich den Segelflieger in mir, der sich wie ein blutiger Anfänger angestellt hatte. Er nahm es ohne Gegenwehr demütig hin.
Meine Familienmannschaft fand mich schneller, als ich mir das ausgerechnet hatte. Mühsam gefaßt kroch ich unter meinem Flügel hervor, nachdem ich das Signalhorn meines Fahrzeugs erkannt hatte, und ging dem Transportgespann entgegen. Betont fröhlich sollte mein »Hallo« klingen: Was macht es uns schon aus, wieder einmal abgesoffen zu sein. Das sollte es wohl ausdrücken. Und ich war mir sicher, meine Frau und meine Söhne hatten für meine Außenlandung auch diesmal Verständnis. Sie würden mich schon wieder aufmuntern. Außerdem könnten wir, nachdem der Tag noch nicht so alt war, heute mal zu Mittag ausgehen und anschließend gemeinsam schwimmen oder so ... Tun wir also, als hätte es diesen Wettbewerbstag gar nicht gegeben.
Doch die sonst fröhlichen Gesichter waren diesmal verschlossen. Und fast schockiert nahm ich statt einer Begrüßung einen Anpfiff von allen Seiten zur Kenntnis, wie ich ihn noch nie erlebt hatte: »Bei so einem Bilderbuchwetter kann doch nur ein Dilettant absaufen.«
»Langsam haben wir den Eindruck, du fliegst hier als Clown mit.«
Und dann der Satz, der mir wohl für immer haften bleibt: »Meinst du, es macht uns Spaß, dauernd deine schlechten Wertungen zu lesen?«
Erst später – nachdem die alte Ruhe sich wieder eingestellt hatte – wurde mir seine Bedeutung richtig klar: Nicht nur der Pilot muß Erfolg und Versagen auskosten. Auch seine Helfer haben innerlich teil an Höhen und Tiefen. Sinkt sein Name in die unteren Regionen der Wertungsliste, bekommen auch sie zu spüren, daß man die Einheit Flugzeug-Pilot-Mannschaft in Meisterschaftskreisen nicht so richtig für voll nimmt. Milde, scheinheilig tröstend erscheinende Worte von denen, die sich auf den oberen Plätzen etabliert haben, können verletzend wirken. Und die meisten der Segelflieger einschließlich ihrer Mannschaften haben höchst sensible Gemüter, auch wenn ihre äußeren Erscheinungen noch so markig wirken.
Jedenfalls fiel mir damals auf die berechtigten Anschuldigungen keine passende Antwort ein, und die überwunden geglaubte Enttäuschung stieg heftig wieder auf. Wortlos bauten wir das Medium des heutigen Übels auseinander und schlichen uns von dannen. Auf der Fahrt zum Lager suchte ich nach Entschuldigungen, Ausreden oder Begründungen. Es war nichts zu machen. Die Stimmung blieb eisig. Mein Unglück war komplett, ich war allein.
Auf der Parkfläche des Flugplatzes ließ ich alles stehen und liegen, holte mir das Fahrrad aus dem Zelt und strampelte in einem Anfall von Zorn auf mich selbst in die glühende Nachmittagssonne hinein. Die steilste Anhöhe suchte ich mir aus und tobte mich hinauf. Harmlose Radfahrer, die ihr Gefährt den Weg hinaufschoben, blickten weniger wegen meiner Fahrkünste als wegen meiner unflätigen lauten Bemerkungen um, wenn ich zum Überholen ansetzte.
»... zu blöd zum Fliegen ... lieber Radieschen züchten ... gottverdammte Sch ...«
Mehr als eine Stunde lang dauerte das körperliche und seelische Befreien. Schweißüberströmt und zwangsläufig ruhiger geworden, orientierte ich mich und versuchte, mich auf dem Rückweg zu entspannen.
Müde, hungrig und halb verdurstet traf ich wieder am Campingplatz ein, wo man beschlossen hatte, eine

mannschaftsinterne Besprechung abzuhalten, zu der ich nun gerne bereit war.
Heute stehe ich wieder am Start, neste mich im engen Cockpit zurecht und lege die Gurte an.
Die Schleppflugzeuge stehen mit laufenden Propellern bereit.
Eine neue Aufgabe hängt in Kurzfassung auf meinem Instrumentenbrett.
Nach nunmehr drei mißglückten Wertungsflügen bin ich hoffnungslos ans Ende der Tabelle gefallen, ich kann nicht mehr viel verlieren. Aber ich habe mir vorgenommen, vom Ausklinken bis zur Landung konzentriert zu arbeiten, alles zu beobachten, was sich auf meinen Flug auswirken könnte. Vor allem gilt es, nicht klüger sein zu wollen als die anderen.
Erwin Müller, Meisterpilot und Rekordjäger, mit dem ich mich über derartige Situationen unterhalten habe, hat schon recht, wenn er behauptet: »Die Wettbewerbsfliegerei unterliegt ganz anderen Gesetzen als die normale Überlandseglerei.«
Die Verstöße dagegen werden unmittelbar und unerbittlich bestraft.
Startfreigabe.
Vor mir heben die ersten vom warmen Asphalt ab.
In vierzig Minuten wird es hier in der Luft von Segelflugzeugen nur so wimmeln. Etwa fünfzig Kunststoffpfeile werden sich auf fünf bis zehns Pulks verteilen. Da heißt es höllisch aufpassen. Besonders auf die, die heute mit allen Mitteln besser sein wollen als der Durchschnitt. Der Kurvenkampf im Pulk ist nicht immer fair und nicht immer ungefährlich. Mancher noch wenig reife Mitstreiter riskiert gedankenlos die Gesundheit, vielleicht auch das Leben eines anderen, um des eigenen Vorteils willen.
Ich brauche jetzt einen klaren Kopf. Der gestrige Tag muß endlich aus meinen Gedanken gelöscht werden.
Konzentration!
Nein, der gestrige Tag darf nicht ganz vergessen werden! Erinnere dich an jene Situation, wenn es wieder einmal so weit ist!
Doch heute sieht die Wetterlage wieder ganz anders aus. Neue Fehlerquellen werden sich auftun.
Hoffentlich ist mein Geist, der die jüngsten Erfahrungen speichern und verarbeiten muß, heute stärker als meine Seele, die immer noch jammert, weil aus dem heimlich angestrebten Platz im Mittelfeld nichts mehr werden kann.
Über mir kreisen die ersten. Die Thermik ist schon stark genug, um auch den Wasserballast zu verkraften. Noch zwei Schleppzüge, dann bin ich dran.
Letzter Check:
- Flugzeug in Ordnung
- körperliche Verfassung des Piloten: gut
- geistiger Zustand: befriedigend
- seelisch leicht angeknackst, aber wieder eine aufsteigende Tendenz erkennbar
- insgesamt: kein Tag zum Siegen.
- Haube geschlossen und verriegelt

»Mach's gut, heute!«
Wir werden sehen.

BEURKUNDUNG UND WERTUNG

Auf zentralen Wettbewerben und Meisterschaften werden heute ausschließlich Aufgaben ausgeschrieben, die wieder zum Ausgangspunkt zurückführen, also Zielrückkehrflüge, Drei- oder Vierecke mit einfacher oder mehrmaliger Umrundung. Das hat den Vorteil, daß zum einen jeder Teilnehmer nie so weit vom Austragungsort entfernt landen kann, daß er bis zum nächsten Tag nicht wieder zurück wäre, zum anderen erlaubt dieses Verfahren auch eine Geschwindigkeitsmessung, so daß echte Rennen veranstaltet werden können.
Noch in den sechziger Jahren wurden freie Streckenflüge, Zielflüge und Flüge auf einer vorgeschriebenen Kurslinie als Aufgaben gestellt. Die Folge war, daß mit zunehmenden Flugleistungen die Rücktransportwege immer länger wurden und der Folgetag nicht selten neutralisiert werden mußte, weil etliche Piloten fehlten.
Kamen doch einmal alle rechtzeitig wieder, so wurden die Besten dadurch bestraft, daß sie vollkommen übernächtigt und gerädert von der langen Fahrt am nächsten Morgen wieder starten mußten.
Da in unseren Breiten so gut wie nie mit länger anhaltenden Perioden guten Segelflugwetters gerechnet

werden kann, muß die Wettbewerbsleitung versuchen, so viele Wertungstage wie möglich gleich zu Beginn eines Wettbewerbs durchzuziehen; denn man weiß nie, ob es nicht anschließend trotz optimistischer Vorhersagen der Wetterberater acht Tage lang regnet – oder gar schneit. Schon mancher Veranstalter war heilfroh, in zwei Wochen wenigstens die vier Pflichtflüge ansetzen zu können, die für eine offizielle Meisterschaft erforderlich sind.

Der Ablauf des eigentlichen Wettfliegens ist recht einfach: Jeden Morgen bekommen die Mannschaften beim sog. Briefing je nach Wetterlage eine mehr oder weniger große Aufgabe vorgesetzt. Da nicht alle Flugzeuge gleichzeitig starten können, wird eine Reihenfolge ausgelost, die in den nächsten Tagen gruppenweise durchgewechselt werden muß, damit keiner benachteiligt wird.

Sobald sich die morgendlich faule Luft bequemt, thermische Aktivitäten zu entwickeln, wird per Flugzeugschlepp gestartet. Jeder bekommt zwischen 500 und 700 Meter Schlepphöhe. Ist auch der letzte oben, dann wird der Abflug freigegeben.

Die Wertungszeit läuft, sobald die sog. Abfluglinie ordnungsgemäß überquert wurde. Das läßt sich entweder vom Boden aus überwachen oder man beurkundet sich selbst mit einer Kamera, in der auch die Zeit eingeblendet wird.

Ob man so früh wie möglich auf Kurs geht oder mit dem Wetter pokert, weil es später noch besser, also schneller zu werden verspricht, bleibt jedem selbst überlassen.

Die Favoriten werden dabei streng überwacht, und wenn sie auf Reise gehen, können sie sicher sein, einen Rattenschwanz von Schmarotzern hinter sich herzuziehen.

An den vorgegebenen Wendepunkten (meist Flugplätze, Bahnhöfe, Industrieanlagen, Kirchen o.ä.) müssen mit der mitgeführten Kamera nach bestimmten Spielregeln Aufnahmen geschossen werden, dann geht die Hetzjagd zurück zum Ausgangspunkt.

Wer zuerst ankommt, ist jedoch nicht unbedingt der Tagessieger. Wer weiß, ob nicht ein paar Konkurrenten später abgeflogen sind und schneller waren?

Um sicher zu stellen, daß unterwegs niemand mogelt und sich vielleicht nach einem Absaufer von einem anderen Flugplatz wieder hoch- oder um das Reststück des Dreiecks herumschleppen läßt, muß ein verplombter Barograf mitgeführt werden, dessen ununterbrochene Linie den betrugfreien Verlauf nachweist.

Egal wie man heimkommt, ob aus eigener Kraft oder nach einer Außenlandung per Rückholwagen oder Schleppflugzeug, Barogramm und Film müssen umgehend zur Auswertung an die Sportleitung abgegeben werden. Falls man auf einer fremden Wiese gelandet ist, darf man nicht vergessen, sich die Bestätigung von den Augenzeugen auf dem mitgeführten Formular unterschreiben zu lassen.

Jetzt können die Tagespunkte verteilt werden, ein Problem, an dessen Lösung schon jahrzehntelang herumgetüftelt wird: Der beste, sprich schnellste Pilot muß die meisten Punkte bekommen. Den anderen soll ihrer Flugleistung entsprechend ein niedrigerer Kontostand zugesprochen werden.

Aber wie findet man den gerechten Abstand zwischen dem, der mit einer Durchschnittsgeschwindigkeit von 90 km/h Sieger geworden ist und einem anderen, der kurz vor dem Platz landen mußte und für den somit gar keine Geschwindigkeit ermittelt werden darf?

Oder wieviele Punkte soll man dem langsamsten noch geben, wenn alle die Aufgabe erfüllt haben? Null Punkte wäre sicher zu wenig, besonders, wenn das Feld dicht geschlossen liegt, der Abstand zum Sieger also relativ gering ist.

Für unsere deutschen Verhältnisse wurde eine nahezu geniale Lösung gefunden, die sehr viel Denkarbeit gekostet hat, über die man aber trotzdem noch einmal nachdenken sollte:

Die Wertungsformel für die Tagespunktzahl eines Piloten lautet ganz einfach: $P = (PD + PV) \cdot R$.

Das bedeutet nichts weiter, als daß sich die Punkte auf die geflogene Strecke und die erreichte Geschwindigkeit verteilen.

R, der sog. Reduzierfaktor, sorgt für Gerechtigkeit, damit niemand mehr Punkte erhält, als ihm die Ersteller der Formel zubilligen wollen.

Die Berechnung der Streckenpunkte ist simpel, weil gilt $FD = d/D \cdot TD/m$

Man muß nur berücksichtigen, daß

$$TD = (0{,}4 + (N—n)/n \cdot 0{,}6)$$

ist.

Auf ähnliche Weise ermittelt man die Punkte für die Geschwindigkeit:

$$PV = 3 \cdot (v/V — 2/3) \cdot TV \, .$$

Dazu muß man lediglich TV = Pmax — TD kennen.

Das wär's schon fast.

Halt, der Reduzierfaktor R = G/ (S · Pmax) ist ja noch zu bestimmen. Fügt man alles sauber zusammen, so ergibt sich die klare Formel

$$P = \left(\frac{d}{D} \cdot (0{,}4 + \frac{N-n}{N} \cdot 0{,}6) \cdot P_{max} + 3 \left(\frac{v}{V} - \frac{2}{3} \right) \cdot \left(P_{max} - (0{,}4 + \frac{N-n}{N} \cdot 0{,}6) \cdot P_{max} \right) \right) \cdot \frac{G}{S \cdot P_{max}}$$

Vereinfachend wirkt dabei die Tatsache, daß schon bei der Erstellung der Aufgaben die maximale Punktzahl Pmax durch die Länge der Strecke D eindeutig festgelegt ist, so daß man hier nicht mehr darum feilschen muß:

Für Strecken bis zu 100 km ist Pmax = 2 D
zwischen 100 und 260 km ist Pmax = 5 D — 300
ab 260 km aufwärts ist Pmax = 1000 Punkte

Wer seine Punktzahl überprüfen will, braucht dazu nur seine eigene Strecke d, die Zahl der gestarteten Piloten N, die Zahl der ins Ziel gekommenen Piloten n, seine eigene Geschwindigkeit v, die Geschwindigkeit des Tagesschnellsten V, die Summe G der Tagespunkte der ersten Hälfte seiner Klasse und die Anzahl S eben dieser Hälfte in die obige Formel einsetzen und schon weiß er, wie er an diesem Tag bewertet werden muß.

Alles klar?

Sollte jemand noch irgendwelche zusätzlichen Erläuterungen nötig haben, so findet er diese in der Januarausgabe des »Aerokurier« von 1980. Hier hat sich Hans Glöckl, exquisiter Meisterpilot und Mitautor des Formelwerks drei Druckseiten lang Mühe gegeben, die Berechtigung der einzelnen Terme nachzuweisen.

Eine ähnliche, kaum weniger kunstvolle Aussageform wird bei internationalen Meisterschaften angewandt. Sie hat es immerhin bei den Weltmeisterschaften 1981 in Paderborn fertiggebracht, dem Tagessieger Hämmerle (Österreich) für 188,4 von 244 geforderten Kilometern, für die er fünf Stunden lang hart kämpfen mußte, die erstaunliche Punktzahl von 24(!) zuzuordnen.

Wenn solche Meldungen in renommierten Zeitungen wie der »Frankfurter Allgemeinen« erscheinen, wird man natürlich von seinem Freundes- oder Bekanntenkreis darüber befragt.

Als ich einem interessierten Laien die inneren Zusammenhänge des Bewertungssystems erläutern wollte, hat er mich und alle anderen Segelflieger schlicht für »Deppen« erklärt, weil uns nichts Besseres eingefallen ist, unsere Sieger anschaulich zu ermitteln.

Das sollte eigentlich zum nochmaligen Nachdenken anregen:

Segelflugmeisterschaften sind – wenn sie nicht gerade auf höchster Ebene ausgetragen werden – von den Zuschauerzahlen her gesehen sehr schlecht besuchte Veranstaltungen. Auch die Berichterstattung über unseren Sport fällt nicht gerade üppig aus.

Ob wir da nicht selbst daran schuld sind?

Welcher Reporter einer Tageszeitung läßt sich ein zweites Mal auf dem Flugplatz sehen, wenn er auf die Fragen

»Wer hat heute gewonnen?«

»Wer liegt jetzt an der Spitze der Gesamtwertung?«

selbst von den aktiven Teilnehmern nur die lakonische Antwort erhält

»Keine Ahnung!«

Können wir es uns leisten, unsere Sympathisanten unter der Bevölkerung derart vor den Kopf zu stoßen, indem wir uns einfach mit unserem Sport einkapseln und ab und zu eine Meldung hinausreichen, daß es uns noch gibt und daß wir Förderung und Hilfe brauchen?

Meisterschaften sind die Aushängeschilder jeder Sportart. Wenn wir Werbung – und sei es »nur« Sympathiewerbung – betreiben wollen, müssen wir sie etwas farbiger gestalten und unsere Freunde an unserem Geschehen teilhaben lassen:

- In der Tagespresse müssen vor dem Wettbewerb die Teilnehmer, vor allem die Spitzenpiloten, portraitiert werden.
- Ablauf und Organisation müssen farbig geschildert werden.

- Bewertungssystem und Plazierung müssen transparent gemacht werden.
- Statt Funkverbot während der Wertungsflüge könnten Positions- und Situationsmeldungen von den Konkurrenten gefordert und über Lautsprecher an die Zuschauer weitergegeben werden, die an optischen Eindrücken ohnehin nur den Startvorgang, ein paar Kreise und den Zielanflug erleben können.
- Die vorläufige Wertung müßte kurz nach der Landemeldung des letzten Piloten ausgegeben werden können.
- Schautafeln, Karten, Informationsmaterial, Vorträge in Wort und Bild könnten auflockern und ergänzen...

Selbstverständlich kann nicht bei jedem Vergleichsfliegen der gleiche publizistische Aufwand getrieben werden, wie z.B. bei den in dieser Hinsicht vorbildlich organisierten Weltmeisterschaften. Aber einige Punkte wären durchaus – auch ohne großen finanziellen Rahmen – zu verwirklichen.

Oder wollen wir unser stilles Abenteuer nur selbst genießen?

Wenn ja, dann sollten wir auch auf Wettkämpfe verzichten.

Gefahren?

DER LETZTE TAG

Kühl und erfrischend war die letzte Nacht. Nun steht die Sonne trotz der frühen Stunde bereits wieder steil am südfranzösischen Himmel.
Die aufgeworfenen Bergflanken reflektieren das grelle Licht und saugen sich gleichzeitig davon voll, blasen bald darauf quirlige Ströme in die Höhe, die über den Gipfeln zerplatzen und sich in weiße Tupfer auflösen. Signale, die ein eifriges Treiben auf dem Flugplatz im Talkessel auslösen.
Eine bunte Mischung aus Französisch, Englisch, Deutsch und Holländisch verwirrt das Ohr des Uneingeweihten. Die »Neuen« drängeln sich mit ihren Seglern nach vorn, um einen frühen Start zu erwischen, die alten Stammurlauber wissen, daß bis spät in den Abend hinein geflogen werden kann, wenn der Tag gut ist, und lassen sich Zeit.
Auch Heinz beeilt sich nicht. Ihm reicht es, wenn er nach dem Mittagessen in die Luft kommt. Fünf oder sechs Flugstunden sind dann allemal noch machbar. Er trödelt mit seinen französischen Freunden herum und hilft hier und dort mal mit bei den Vorbereitungen. Einer seiner Bekannten fragt ihn, ob er nicht Lust hätte, mit ihm zusammen eine größere Strecke zu fliegen.
Nein. Heute will er ohne Zwänge spazierensegeln, sich entspannen, erholen.
Zur Mittagszeit hebt sich sein Blick immer häufiger. Kernige Haufenwolken stehen über den Graten, lokken mit fülligen Rundungen.
Wen hält es da noch am Essenstisch, wenn das Flugzeug schon startbereit wartet?
Zwanzig Minuten später löst er sich vom Seil der Schleppmaschine und kreist dem grauweißen Flaum entgegen. Genüßlich räkelt er sich in seinem vertrauten Cockpit zurecht und läßt den »Cirrus« in weichem Auf und Ab talaufwärts über die Kämme hüpfen.
Nur selten werden ein paar Kreise notwendig, um verlorene Höhe wieder gutzumachen.
Er gesellt sich zu zwei anderen weißen Kunststoffvögeln, ein bunter Holzadler mischt sich auch noch in den Reigen und begleitet seine schnelleren Kollegen ein Stück weit auf die hohen Berge im Nordosten zu. Hoch reicht nun die Basis über die Gipfel, und so verzichtet Heinz auf den schnellen Flug dicht über der Konturlinie. Lieber tummelt er sich mit den Bussarden unter den grauen Wolkenböden. Kraftvolles Steigen läßt kein längeres Verweilen zu. Nur rechtzeitiges Weitergleiten rettet vor dem Eintauchen in die feuchten, undurchsichtigen Schwaden.
Ein Blick auf die Karte zeigt, daß er bereits 60 Kilometer von seinem Startort entfernt ist. Wie von selbst ist der »Cirrus« auf die Standardstrecke für das 300 km-Dreieck gegangen, das er vor drei Jahren schon einmal abgeflogen hatte. Sollte heute das gleiche nicht viel leichter möglich sein, wo doch das Wetter um vieles besser erscheint als damals?
Eine halbe Stunde später zeigt seine rechte Flügelspitze auf den ersten Wendepunkt, eine kleine Ortschaft am Fuße einer steilen Paßstraße.
»Klick – klick«, sagt Heinz und tut so, als wollte er ein perfektes Wendefoto schießen.
Aus reiner Gewohnheit, und weil er wieder mal eine menschliche Stimme hören will, gibt er über Funk seine Position durch. Ein vertrautes Französisch antwortet ihm:
»... hättest du doch mit mir fliegen sollen. Ich bin schon an der zweiten Wende und mache mich auf den letzten Schenkel. Ca marche bien...«
Ein Funke Ehrgeiz flammt auf. Das Dreieck ist also heute leicht zu schaffen, ein Drittel haben wir ja schon. Die Idee wird zum Vorhaben. Als er die Nase nach Süden schwenkt, versprechen starke Quellungen das Gelingen. In der Ferne schraubt sich ein Wolkentürmchen besonders keck in samtenes Blau.
Der dichte Flug unter den breiten Wolken hemmt den vorausschauenden Blick und plötzlich ist aus dem schlanken Wolkenmast ein massives Bollwerk von herber, unnahbarer Schönheit geworden, das sich ihm

abweisend in den Weg stellt.
Erst jetzt fällt dem Auge auf, daß die Berge mit heimtückischer Behutsamkeit ihr Gesicht verändert haben. Das strahlende Lachen der Bergköpfe hat sich in einen ernsten Ausdruck verwandelt. Je weiter sich der Segler wagt, desto mehr weicht das beschwingte Gefühl des Spaziergängers im Park dem des einsamen Wanderers im dunklen Wald.
Unter der nächsten Wolke fängt es an zu regnen.
Hier scheint es nicht weiterzugehen.
Drehen wir lieber um.
Auch über das Funkgerät kommen Meldungen von Regenschauern und Überentwicklungen.
Nichts wie zurück!
Der kürzeste Weg führt über unwirtliche Hochgebirgslandschaft, mehr als sechzig Kilometer weit. Nein, nehmen wir lieber einen Umweg in Kauf und bleiben in der Nähe des breiteren Tals.
»Ich fliege den gleichen Weg zurück, den ich gekommen bin.«
Es kostet bereits Mühe, die Steigzentren ausfindig zu machen. Nur dicht unter den schwarzgrauen Wolken läuft es noch gut. Sobald man zu viel Höhe abgleitet, gibt es Schwierigkeiten mit dem Aufstieg.
Ist das Knacken im Lautsprecher nicht ein Anzeichen für beginnende Gewittertätigkeit?
Kurze, streifige Regenfahnen hängen in die Flugbahn hinein, lassen aber den letzten Paß ahnen, der noch überwunden werden muß.
Aufpassen! Unvermutetes starkes Fallen hebt die Berge plötzlich über den Horizont.
Reicht das noch über den Einschnitt der Paßhöhe?
Erleichtert wird ein zögerndes Heben zur Kenntnis genommen, das den Segler noch einmal bis an die schwarze, dampfende Wolkendecke bringt. Holen wir uns hier zur Sicherheit noch etwas Fahrt.
200 Kilometer pro Stunde.
Wie im Visier liegt jetzt der Kompaß im V des Bergeinschnitts.
Mensch, das wird knapp.
Aber es muß reichen. Dahinter liegt der Weg zum Heimatflugplatz.
Zum Umdrehen ist es jetzt zu spät. Zu eng stehen die steilen Flanken beisammen.
Harte Stöße treffen urplötzlich die Zelle und lassen die Fahrtmessernadel bockig schwanken. Riesig werden die Felsbrocken, die rechts und links unter dem Flügel vorbeihuschen
Vorsichtiges Ziehen am Knüppel bringt dreißig, vierzig Meter weiches Polster zwischen Rumpf und Gelände.
Noch 120 km/h Fahrt. Es müßte klappen.
Geschafft. Die höchste Stelle ist überflogen.
Heftig klopft das Blut in den Schläfen. Aber der Weg nach Hause müßte eröffnet sein. An eine Umkehr ist jetzt nicht mehr zu denken.
Voraus liegen noch einige wenige sonnenbestrahlte Hangstücke, dort läßt sich noch Höhe fassen.
Längst ist der Flug unter die Gipfel gefallen, aber die Bergschultern tragen noch.
Nach dem nächsten Talknick kommt das Erschrekken: Blauschwarze Wolkenwände stützen sich an den Talseiten auf, ein milchiggrauer Vorhang in Talmitte nimmt jede Fernsicht.
Was soll ich jetzt nur tun?
Die Frage ist sofort da, doch vergehen lange Sekunden, bis die Benommenheit weicht und klaren Gedanken Platz macht.
Mit der noch ausreichenden Höhe blind in den Taleinschnitt einzufliegen wäre Selbstmord.
In die Wolken zu steigen und darin hochklettern? Dazu reicht die Blindflugerfahrung nicht, und außerdem müßte man sicher sein, auf der anderen Seite wieder freie Sichtverhältnisse anzutreffen.
Zurück über den Paß? Das war vor zwanzig Minuten schon nicht mehr möglich.
Landen?
Verzweifelt sucht der Blick nach unten eine geeignete Stelle.
Unbebaute, zerklüftete Naturlandschaft, durchsetzt von dürren Büschen und verkrüppelten Kiefern, entzweigerissen von einem schmalen Bergbach in grobfelsigem Bett.
Warum eigentlich fliege ich immer noch talabwärts auf das schlechte Wetter zu?
Die momentane Ausweglosigkeit und der warnende Ton des fallenden Variometers fordern eindringlich zu einem Entschluß auf.

Erst einmal oben bleiben, das ist die Hauptsache!
Eine scharfe Kehrtkurve beendet die lähmende Handlungslosigkeit und leitet den Rückzug in das wolkenärmere Hochtal ein. Tief unter der Hangkante fängt es wieder an zu tragen. Mit angehaltenem Atem und angespannten Armmuskeln glaubt man das Steigen beschleunigen zu können.
Hinter dem Talknick erscheint ein kleines, bisher nicht beachtetes Bergdorf, das von einem schmalen Plateau getragen wird.
Menschen wohnen hier. Ihre Nähe mildert ein wenig das Gefühl des Alleingelassenseins.
Doch der aufragende Talschluß, der sich vor der Kabine aufbaut, läßt die Erleichterung wieder zusammenfallen, und das panische Ziehen in der Magengegend verdrängt die kurze Freude über den spärlichen Höhengewinn.
Gefangen.
Gefangen zwischen einer regennassen Wolkenwand und drei steinernen, unüberwindlichen Mauern.
Hilft mir denn keiner?
Das Funkgerät!
Gottseidank man hört mich. Jetzt reiß dich zusammen! Schildere deine Lage. Wie sie ist. Beschönigen wäre jetzt unsinnig.
Wo ich genau bin?
Letzte Ortschaft im Hochtal.
Landemöglichkeit?
Keine. Das einzige Geländestück, das einigermaßen eben zu sein scheint, liegt am unteren Ortsausgang, ist aber von Felsbrocken durchsetzt. Außerdem stehen zwei Bäume im Weg.
Oben bleiben?
Im Moment noch kein Problem, aber wie lange noch trägt der Hang?
Ihr habt jemand gefunden, der sich in dieser Gegend hier gut auskennt?
Was schlägt er vor?
Die mögliche Hilfestellung, die vertrauten Stimmen geben zwar nicht gerade die innere Ruhe zurück, lösen aber wenigstens die Verkrampfung, die einer angespannten Erwartung Platz macht.
Rein mechanisch, aus etlichen hundert Stunden Übung, treten die Fußspitzen in die Pedale, lenkt die rechte Faust den Knüppel, läßt sich der blankpolierte Vogel in Kreisen, Schleifen und Achten dorthin führen, wo sich die Flügel heben.
Wo bleiben die Stimmen im Funk?
Hallo – hört ihr noch?
Endlose, beklemmende Sekunden. Ist die Verbindung abgerissen?
Ich will jetzt nicht mehr allein sein. Ich kann jetzt nicht länger allein gelassen werden.
»Heinz, hörst du?«
Ja, ja!
»Wir haben telefoniert. Die Feuerwehr wird dir ein Landefeld räumen. Genau das, welches du vorhin beschrieben hast. Es dürfte tatsächlich die einzige brauchbare Möglichkeit sein.«
Wie lange das wohl dauern wird?
»Kannst du dich noch halten?«
Solange der Wind auf den Hang bläst und die Sonne noch scheint.
Mensch, beeilt euch.
»Wir tun wirklich, was wir können, aber eine halbe Stunde wird man sicher noch brauchen, vielleicht auch etwas mehr.«
Also über der Ortschaft bleiben, beobachten, mit den Freunden reden.
Warum nur rührt sich da unten noch nichts?
Sollte ich das falsche Dorf beschrieben haben?
Hoffentlich gelingt es mir, oben zu bleiben, bis man das Feld in einen landbaren Zustand versetzt hat. Sonst gibt es Bruch.
Unaufhaltsam drückt die Wetterwand das Tal herauf, drohend, Kälte ausstrahlend.
Zittern meine Finger, weil es mich friert?
Nein, das kommt von innen.
Angst?
Jawohl, ich habe Angst. Die gewöhnliche Angst, die den Körper beben läßt.
Ich muß etwas gegen diese Angst tun! Ich muß mich auf eine Aufgabe konzentrieren. Herrgott, hilf mir, ich brauche eine Aufgabe.
Aufgabe. Das Wort kreist in meinem Kopf und findet keinen Halt.
Aufgabe? Ich drehe noch durch, wenn mir nicht bald etwas einfällt.

Jetzt kommt auch noch der abgehackte, häßliche Ton des Variometers zu meiner Verwirrung hinzu: Fallen.
Aber da ist gleichzeitig die Aufgabe: Steigen suchen, so hoch wie möglich klettern. Höhe ist Zeit. Zeit ist Reserve. Reserve ist Sicherheit.
Näher ran an den Hang! Ein Meter Steigen pro Sekunde? Hier bleiben wir zunächst einmal.
Was tut sich im Ort da unten?
Schauen da nicht Gesichter zu mir herauf?
»Jetzt rührt sich was da unten!«
Traktoren fahren auf, ein Feuerwehrfahrzeug.
Keine Antwort mehr im Funk? Wahrscheinlich bin ich schon wieder zu tief, um noch verstanden zu werden. Aber das macht jetzt nichts mehr. Höher steigen! Höhe ist Zeit. Ich brauche noch etwas Zeit.
»... du noch?«
»Ja, positiv. Ich schaue zu, wie sie da unten einen Streifen freilegen. Es klappt, Menschenskinder, es klappt.«
»... verstehen... schlecht...«
Ach, wie egal ist das jetzt, ob ihr mich versteht oder nicht. Aber ich muß jetzt reden, muß euch erzählen, daß ich mich freue, daß es nun nicht mehr lange dauern kann, bis die groben Hindernisse beseitigt sind, daß ich sogar noch steige und jetzt schon 600 oder 700 Meter über meinem Landeplatz bin. Die da unten gewinnen den Wettlauf mit dem Wetter spielend. Ihr Vorsprung wird immer größer.
Laßt euch sagen, daß der Talausgang immer verschlossener aussieht, daß die Regenfahnen immer näher rücken. Macht euch deswegen keine Sorgen. Bis es hier zu regnen anfängt, bin ich längst unten.
Dort unten, wo gerade ein Baum gefällt wird, wo Gestrüpp und Büsche ausgerissen werden und Traktoren Felsbrocken auf die Seite ziehen.
Wie viele Leute daran beteiligt sind. Zwanzig? Es scheinen immer mehr zu werden.
Was mich das wohl kosten wird? Aber ein neues Flugzeug und ein Krankenhausaufenthalt dürften noch weit teurer sein.
Es sieht so aus, als ob sie bald fertig wären. Das ist schon fast mehr Platz geworden, als ich brauche.
Tatsächlich, sie legen ein Zeichen aus. Sie winken.
Geschafft, geschafft, ich kann landen.
»Ich lande jetzt. Hört ihr, ich kann jetzt landen.«
Wie fliege ich an?
Talaufwärts natürlich. Also Klappen heraus und ein Stück das Tal hinabgesegelt. Schön an der rechten Bergflanke bleiben, damit ich zum Ausholen für die Linkskurve genügend Raum habe.
Was interessiert mich noch die schwarze Wand da vorn mit ihren schwarzen Wassertropfen. Hinter meiner Schulter liegt mein Aufsetzpunkt. Klappen rein, die Höhe müßte jetzt passen.
Das Fahrwerk! Beinahe hätte ich vergessen, das Fahrwerk auszufahren. Jetzt die Kehrtkurve einleiten.
Wo ist die schmale Landegasse? Sie müßte jetzt eigentlich zu sehen sein. Jetzt kommt sie, aber sie ist näher als sie sein sollte.
Der Wind.
Verflixt, der Wind ist stärker als ich ihn angenommen habe.
Was heißt angenommen, ich habe ihn überhaupt nicht einkalkuliert.
Er wird mich über mein Landefeld hinausschieben, hinein in die ersten Häuser.
Ich muß noch einmal zurückschwenken und neu anfliegen.
Reicht der Abstand zum gegenüberliegenden Hang?
Er muß reichen.
Querruder rechts, Seitenruder rechts.
Schneller drehen! Mehr Seitenruder.
Na also, der »Cirrus« dreht.
Er dreht sogar ungewöhnlich schnell.
Zu schnell für eine Kurve!
Die Schnauze senkt sich, obwohl ich am Knüppel ziehe?
Wieso schwenkt da hoch oben im Blickfeld meine Aufsetzstelle vorbei? Halt, dort will ich doch hin.
Aufhören mit dem Drehen, warum wirken die Ruder nicht mehr?
Die Schnauze muß doch mal wieder hochkommen.
Das ist keine Kurve mehr! Ich trudle.
Nicht mehr am Knüppel ziehen. Nachdrücken!
Seitenruder links. Links!
Schnell links, der Felsboden torkelt auf mich zu.
Jetzt abfangen! Mein Gott, bin ich dem Erdboden nahe.

Grashalme, Disteln.
Ein krachender Donnerschlag, der nicht mehr enden will.
Ist das Unwetter schon so nahe?

Warum kommt dieser Donner ohne Blitz?
Lautlos blendet ein greller Strahl, reißt den Donner einfach ab.

Risiko

Fliegen birgt wie jede andere Tätigkeit oder überhaupt jede Daseinsform ein gewisses Maß an Risiko, wobei damit die Gefahr und die Möglichkeit gemeint ist, sich zu verletzen oder gar zu töten, bzw. verletzt oder getötet zu werden. Man sollte klar zwischen diesen beiden Formen, des aktiven und des passiven Risikos unterscheiden.

Da ist einerseits das Risiko, das man bewußt eingeht, um irgendein gestecktes Ziel zu erreichen. Es läßt sich kalkulieren, die Planung bezieht es unbewußt oder bewußt mit ein. Beispielsweise sei hier der Flug in großen Höhen angemerkt, der bezüglich der Sauerstoffversorgung Probleme bereiten kann.

Dem gegenüber steht das Risiko, dem man nicht aktiv entgegenwirken kann, das man durch keine Maßnahmen auszuschalten vermag, ohne die Tätigkeit als Segelflieger selbst in Frage zu stellen. Denken wir dabei vielleicht an die Fehler, die das Bodenpersonal machen kann, wenn es um die Freihaltung der Landebahn oder um die sichere Durchführung des Startverlaufs geht.

Der eventuelle zusätzliche materielle Schaden sei hier einmal ausgeklammert.

Aus den Unfallstatistiken der letzten Jahre läßt sich – wenigstens im Segelflug – ein Faktor fast völlig vernachlässigen, nämlich der des technischen Versagens, der in den Anfangsjahren der Fliegerei die größten Probleme aufgeworfen hat. Heute dagegen hat man fast alle technischen Fragen im Griff, und wer seinen Segler oder Motorsegler in den erlaubten und erprobten Grenzen betreibt, braucht keine Angst zu haben, daß er auseinanderfällt.

Treten dennoch technische Defekte auf, die zu Unfällen führen, so sind sie vorwiegend auf mangelhafte Wartung oder unsachgemäße Bedienung zurückzuführen.

Bleibt – wie fast immer – als Ursache für irgendwelche Komplikationen der Mensch selbst übrig. Doch die Fliegerei ist, weil man um die Unzulänglichkeit menschlichen Handelns recht gut Bescheid weiß, immer weiter in Richtung auf Sicherheit verbessert worden, so daß in der Regel schon mehrere Negativeinflüsse zusammentreffen müssen, bis ein ernsthafter Unfall eintritt.

Die Unfallauswerter treffen immer wieder auf drei Hauptpunkte, die sich fatal auswirken können: mangelndes Können, mangelndes Wissen und mangelnde Vernunft.

Den ersten beiden Grundübeln versucht man durch bessere Schulung und Aufklärung zu begegnen, so daß sich mit zunehmender Flugerfahrung das Risiko beim Fliegen von dieser Seite her durchaus minimal halten läßt, jedoch ist dem dritten Punkt, der Unvernunft, nur sehr schwer beizukommen. Mit der Zunahme der Flugstundenzahl scheint sogar wieder eine Erhöhung der Risikobereitschaft einherzugehen, die vermutlich daher rührt, daß schon etliche schwierige Situationen erfolgreich gemeistert wurden, was zu einem Selbstüberschätzungseffekt führen kann.

Wo liegen nur die spezifischen Gefahrenpunkte beim Segelflug?

Grundsätzlich wird es beim Fliegen immer dann etwas gefährlicher, wenn das Luftfahrzeug dem Erdboden näher kommt. Erhöhte Aufmerksamkeit ist daher vor allem beim Start und bei der Landung sowie beim bergnahen Flug unumgänglich. Hier gilt es, sich streng an die Spielregeln der Physik zu halten und alle möglichen Störmomente im voraus einzukalkulieren, bei ihrem Auftreten zu erkennen und richtig zu interpretieren.

Grobe Fehler in Bodennähe werden von einem Piloten meist nur einmal begangen. Deswegen müssen für die üblichen Störfälle Standardverfahren eingeübt werden. Da es aber eine Unmenge von Kombinationen gefahrenträchtiger Faktoren gibt, können nie alle Situationen in der Praxis durchgespielt werden. Falls neue, unbekannte Situationen auftreten, bleibt nur der Rückgriff auf fundiertes Wissen und Können und auf die menschliche Intelligenz übrig.

Als bekanntes Beispiel sei nur der Seilriß im Startvor-

gang genannt, den heute im Normalfall jeder Flugschüler aus jeder Höhe heraus zu beherrschen lernt. Treten aber schwieriges Terrain, hohes Gras, Rückenwind, mangelhafte Aufmerksamkeit, Nervosität oder die Unzulänglichkeit der Bodenhelfer hinzu, so kann aus dem harmlosen Standardfall rasch ein Unfall mit schlimmsten Folgen werden.
Sollte auch noch die Unvernunft in Form von Angebertum oder Nachlässigkeit im Spiel sein, z.B. beim zu steilen Anfangssteigflug gegen besseres Wissen (sog. Kavalierstart), dann ist der fatale Ausgang so gut wie vorprogrammiert.
Ähnliches gilt für die zweite kritische Flugphase, die Landung, insbesondere für die segelflugtypische Außenlandung außerhalb von Flugplätzen.
Während der Motorflieger die Möglichkeit nutzen kann, bei einem verpatzten Landeanflug mit Hilfe des Gashebels einen neuen Versuch einzuleiten, muß beim Segelflieger jede Landung auf Anhieb »sitzen«. Grobe Schätzfehler können umso schlechter kompensiert werden, je tiefer man sie bemerkt. Kommt man zu hoch, so schießt man unaufhaltsam über den vorgesehenen Aufsetzpunkt hinaus, ist man zu tief, erreicht man ihn unter keinen Umständen mehr, wenn das Limit unterschritten ist. Auf großzügig angelegten Flugfeldern spielen ein paar Meter mehr oder weniger an Höhe keine Rolle. Wird es jedoch bei einer Landung auf einem Acker, zwischen Bäumen und unter Freileitungen hindurch eng, dann werden oft Zentimeter entscheidend sein.
Dieses Außenlanderisiko gehört aber mit zu den kalkulierbaren Arten; denn wer es ganz umgehen will, der bleibt in der Nähe des eigenen Platzes und landet nach einstudierten, bewährten Verfahren mit einem dicken Sicherheitspolster.
Der Pilot allein bestimmt, in welche »Gefahr« er sich beim Landen begeben will. Wer z.B. im Wettbewerb in dieser Richtung keine Hemmungen kennt, kann auf gut Glück mit der Hoffnung auf eventuelles neues Steigen immer weiter geradeaus fliegen und vermag damit noch ein paar Streckenpunkte herauszuschinden. Er darf sich aber nicht darüber wundern, wenn er sich mit abgebrochenem Rumpf und angeknackstem Kreuz in einem Gelände wiederfindet, das zur Landung überhaupt nicht geeignet war.
Erfahrene Überlandflieger behalten in niedrigen Höhen immer ein brauchbar erscheinendes Landegelände im Auge, dessen Bereich sie erst verlassen, wenn sich voraus ein neues anbietet oder wenn sie mit Höhengewinn arbeiten.
Unangenehme Überraschungen sind jedoch auch bei sorgfältiger Planung einer Außenlandung nicht auszuschließen. Trotz intensiver Beobachtung kann es passieren, daß irgendetwas übersehen wird oder vielleicht durch widrige Umstände wie Gegenlicht, Regen o.ä. nicht erkannt werden kann: ein dünner Weidezaun, ein überwachsener Graben, ein überhöhter Weg, ein verschlammter Untergrund, ein Loch, ein Grenzstein usw.
Auch die falsche Einschätzung von Wind, Geländeneigung und -länge kann dem Landenden nicht unbedingt zum Vorwurf gemacht werden, wenn irgendetwas schiefgeht. Solche Fehler sind eben »drin« und gehören zur Art des passiven Risikos, das sich nicht so ohne weiteres in den Griff bekommen, aber durch Training und Sammeln von Erfahrungen auf ein vertretbares Maß einschränken läßt.
Wer möglichst »landesicher« segelfliegen will, braucht aber nicht auf den Streckenflug zu verzichten. Mit einem modernen Segler kann man sich in unseren Breiten durchaus von Flugplatz zu Flugplatz »hangeln«, um dort mit einer risikoarmen Bodenberührung im Zweifelsfall seinen Ausflug zu beenden.
Der eigentliche Flug zwischen Start- und Landesituation ist von Natur aus die harmloseste Phase, bewegt sich doch jetzt erst der Segler in seinem Element. Und doch ist gerade für den Segelflug hier eine Unfallart typisch: der Zusammenstoß in der Luft.
So individuell Segelflieger auch sein mögen, unterliegen sie doch dem Herdentrieb, sich immer dort zusammenzugesellen, wo es Aufwinde gibt. Besonders schlimm ist diese Erscheinung an schwachen Wettbewerbstagen, wenn nur an wenigen Stellen spärliche Thermik sprießt.
Ganze Trauben hängen gemeinsam an den unsichtbaren Zitzen eines Aufwindschlauches und versuchen teils mit Gewalt, teils mit Feinfühligkeit das letzte Steigen herauszumelken.

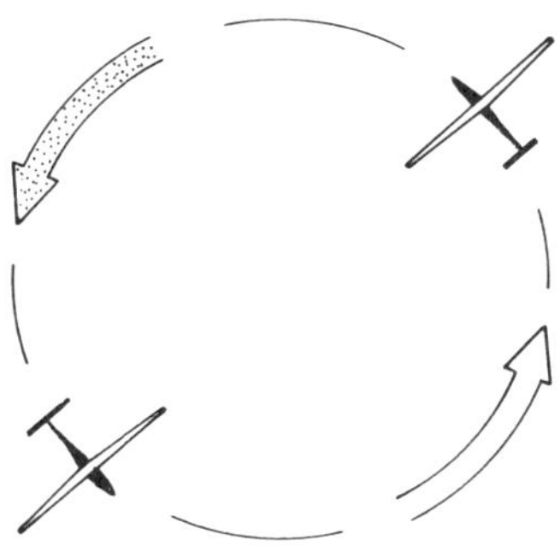

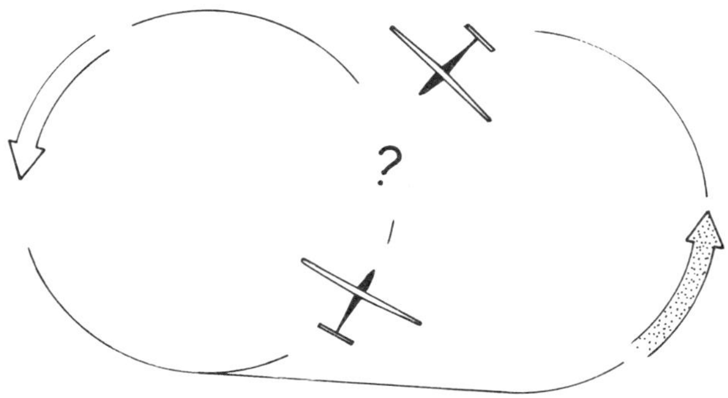

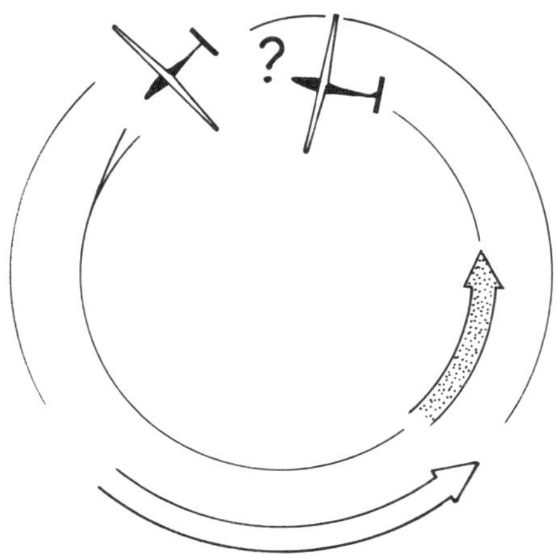

Die gemeinsame Drehrichtung beim Kreisen ist eine Selbstverständlichkeit. Doch immer wieder gibt es rücksichtslose Zeitgenossen, die es anders herum probieren müssen und aus Unerfahrenheit oder Unbekümmertheit heraus sich und ihre Kollegen gefährden.
Allein das Verlagern des Thermikkreises in vermeintlich besseres Steigen kann Kollisionsgefahren heraufbeschwören, wenn die anderen, die sich auf etwa gleicher Höhe befinden, nicht »mitspielen«.
Folgende Situationen sprechen für sich (siehe Abbildungen linke Spalte): Zwei Flugzeuge auf gemeinsamer Kreisbahn gefährden sich nicht, jeder sieht den anderen (Bild oben).
Pilot 1 verlagert seinen Kreis, Pilot 2 bleibt auf der ursprünglichen Bahn: nach wenigen Sekunden entsteht höchste Zusammenstoßgefahr (Bild Mitte).

Ähnlich »kriminell« wird die Lage, wenn Pilot 2 dicht hinter Pilot 1 herfliegt und dieser nach innen in das vermeintliche Steigzentrum verlagern will. Wer hinten fliegt, trägt hier die volle Verantwortung, weil der Vordermann seinen Verfolger nicht sehen kann (Bild unten).
Es mag zwar für den Hintermann ganz lustig sein, wenn er wie ein Jagdflieger seinen Partner im Visier hat. Wer aber voraus fliegt und um diese gefährliche Situation weiß, der bekommt ganz andere Gefühle, zumal, wenn er in einem relativ langsamen Vogel sitzt und das Näherkommen des anderen ständig zu spüren glaubt. Auch alte Wettbewerbshasen benehmen sich da manchmal wie Rowdies, um den »Gegner« zu entnerven.
Frontalzusammenstöße auf dem Reiseflug dagegen sind relativ selten. Im Gegensatz zum Straßenverkehr gibt es keine »schleudernden« Luftfahrzeuge, die ihre Spur nicht verlassen können. Der Ausweichraum ist riesig und liegt zudem in einer höheren Dimension. Voraussetzung für das Funktionieren des Prinzips Sehen-und-Gesehen-Werden sind allerdings gute meteorologische Sichtverhältnisse sowie die Aufmerksamkeit von zumindest einem Kontrahenten.
Mehr oder weniger hilflos ist man als Segelflieger jedoch schnellen Motorflugzeugen und Militärjets aus-

gesetzt, von denen man nach einer nahen Begegnung immer den Eindruck hat, daß sie einen nicht gesehen haben. Die Wahrscheinlichkeit eines »Treffers« ist zwar relativ gering, aber immerhin vorhanden und erscheint deswegen auf der Haben-Seite des passiven Risikokontos.

Aus den angeführten Beispielen läßt sich wohl erkennen, daß sich der Segelflieger bei der Ausübung seines Sports zwar auf einem risikobehafteten Gebiet bewegt, daß er aber dem überwiegenden Anteil der Gefahrenmomente ausweichen bzw. wirkungsvoll entgegenwirken kann.

Jeder Pilot wird auf Grund seiner eigenen Erfahrungen und seines Kenntnisstandes die Risikolage individuell einschätzen und sich überlegen, ob er einen Alpen-, Höhen- oder Wettbewerbsflug wagen kann. Sicher bleibt auch bei aller Vor-, Rück- und Umsicht ein gewisses, schwer abzuschätzendes Restrisiko für Gesundheit und Leben des Luftfahrers bestehen. Es setzt sich aus Faktoren zusammen, die einem Außenstehenden sicher beunruhigend vorkommen, weil er nicht mit ihnen vertraut ist, ist aber objektiv gesehen wahrscheinlich auch nicht größer als das des Alltags. Jedenfalls lohnt es sich – zumindest aus der Sicht des Segelfliegers – dieses Wagnis in Kauf zu nehmen, um genau diesem Alltag zu entrinnen.

Über riesige Stauseen . . .

In der Nähe des Piz Badile
Frühling über der Großglocknerstraße

Herbst im Oberengadin

Spuren im Schnee

Über allen Gipfeln und Quellwolken
Was will man als Segelflieger mehr?

Eine Außenlandung

So richtig locker vermag ich heute nicht zu fliegen.
Man hat uns in einen Wertungstag hineingeschickt, der nun mit absoluter Gewißheit mit einer Außenlandung enden wird. Der thermikverhindernde Wolkenschirm einer Warmfront, die uns jetzt doch noch streift, steht bereits im Westen und beginnt, behutsam die Felder und Wälder links des Kurses abzudunkeln.
Nur mühsam kommen wir noch vorwärts, der »Astir« plagt sich kurzatmig in jedem Steigen, obwohl ich ihn schon längst von seinem Wasserballast befreit habe.
An der Kante des Jagst-Tales lösen sich ab und zu noch ein paar aufströmende Luftblasen ab, die aber nur wenige, vorsichtige Kreise erlauben und sich dann im Blaugrau verlieren.
Beim nächsten Abgleiten auf Kurs werde ich ungeduldig und lasse einen solchen »Nullschieber« aus. Unaufhaltsam rinnen mir die Höhenmeter durch die Finger. Aus den weißen Flecken mit den roten Hauben werden richtige Häuser, die grünen Flächen zerlegen sich in Wiesen und unreife Felder, die Wälder bestehen wieder aus Bäumen.
500 Meter über Grund besitze ich noch, die ich nicht so ohne weiteres verschenken will. Das sind immerhin noch rund zehn Minuten Zeit, die mir bis zur Landung übrig bleiben. Damit lassen sich noch mindestens zehn Kilometer Strecke bewältigen, wenn ich noch eine Sicherheitsreserve für die Landeeinteilung abziehe. Also sparen mit den kostbaren Metern und dabei möglichst auf Kurs bleiben!
In dieser schrumpfenden Höhe spürt man eigentlich erst richtig, daß man fliegt. Die Landschaft schwebt unter den Füßen hindurch, der Anblick des sich bewegenden Erdbodens vermittelt das Gefühl des Dahingleitens, wie es der Flug in großer Höhe nie vermag. Dort hat man eher den Eindruck, bewegungslos im leeren Raum zu sitzen.
Doch nun steht die Landung bevor, es bleibt keine Zeit mehr für besinnliche Betrachtungen. Die unruhige Bodenbeschaffenheit bedarf genauer Erkundung. Wellige, fruchtbestandene Äcker eignen sich nicht. Heute werden wir wohl eine Wiese besuchen müssen.
Die Landkarte ist bedeutungslos geworden und verschwindet achtlos im Stauraum hinter der Kopfstütze.
Unbewußt suche ich die Nähe der nächsten Ortschaft. Noch ist sie namenlos für mich, zu klein, um in einer Luftfahrtkarte erwähnt zu werden. Aber an ihrem südlichen Rand entdecke ich voraus eine Wiese, die zwar anzusteigen, sonst aber keine Fehler aufzuweisen scheint.
Die verbliebene Höhe genügt, um eine Inspektionsrunde zu drehen. Ich erkenne, daß der Anflug über ein paar Obstbäume erfolgen muß, die aber in einer Mulde stehen und damit keine Behinderung bewirken.
Der rechte Wiesenrand wird von einem schmalen Feldweg begrenzt. Prima, dann kann das Transportgespann bis an die Landestelle fahren. Jetzt ist es Zeit für die Landeprozedur. Zwei rechte Winkel bringen uns in Anflugposition. Letzter Check: Wind ist ruhig, Fahrt normal, Fahrwerk ausgefahren.
Voraus liegt nun das Landefeld. Es steigt etwas steiler an, als sich das von oben aus bemerkbar machte, aber es endet in sanfter Kuppe. Auch die benachbarten Wiesen sind gemäht.
Ein Bauer fährt mit seinem Traktor dreißig Meter unter mir durch.
Ich sehe, daß er anhält und mir nachblickt. Vielleicht kann er mir bei der Telefonsuche behilflich sein.
Zügig nimmt die Schnauze nun die Landelage ein. Das Rad berührt den Boden. Wir haben sicher am oberen, immer ebener werdenden Teil der Wiesenkuppe aufgesetzt.
Eine Sekunde später bin ich starr vor Verblüffung.
Wie von einer gigantischen Faust wird der rechte Flügel zurückgerissen. Ich halte die Ruder fest wie sie gerade stehen und wage nicht mehr zu atmen.
Mit dem linken Flügel voraus geht es über die Landewiese dahin. Das Rad rumpelt häßlich über die groben Grasstollen, der Schwanz rüttelt quer hinterher.
Eigentlich warte ich jeden Augenblick darauf, daß die alugegossenen Streben des Fahrwerks brechen. Für

solche Landungen sind sie nicht gebaut.
Irgendetwas, das merke ich, hat sich jetzt vom Rumpf losgerissen. Das Schaben über dem Boden hat einen anderen Ton angenommen.
Das Beben der gemarterten Rumpfröhre überträgt sich bis ins Cockpit, so daß sich die Füße kaum auf den Pedalen halten können.
Das Fahrwerk ist immer noch dran? Unglaublich. Es kann doch diese Querbelastungen nicht aushalten. Wann knickt es denn endlich ein?
Unnatürlich, wie lange diese Rutschpartie anhält, wie lange es dauert, bis die Fahrt spürbar abnimmt.
Dreht sich das Rad eigentlich noch?
Während die Gedanken wieder die richtige Bahn finden und mit Hilfe der Steuerung irgendetwas unternehmen wollen, was diesen ungewöhnlichen Zustand beenden oder mindestens mildern könnte, kommen plötzlich alle Geräusche und Bewegungen zu einer beklemmenden Ruhe. Nur der hart auf die Grasnarbe auffallende Flügel schlägt noch einmal nach.
Der angehaltene Atem entweicht mit einem einzigen Stoß. Noch bleibe ich unbeweglich sitzen und versuche, mich zu sammeln.
Der Schreck über das unerwartete Ereignis macht sich nach einigen Sekunden erst richtig bemerkbar, als ich mit nervösen Fingern die Gurte löse.
Benommen steige ich aus und wage zunächst keinen Blick auf die Unterseite des Flugzeugs. Doch mir fällt sofort auf, daß der Sporn fehlt. Er ist glatt an der Klebestelle abgerissen. Ich finde ihn, nicht einmal beschädigt, als ich meiner »Spur« nachgehe, kurz nach dem Aufsetzpunkt.
Hier erkenne ich auch die Ursache von meinem »Ringelpietz«: Am Rand der gemähten Wiese entlang stehen einige einzelne, aber äußerst hohe und harte Gräser, die vom Mähwerk wegen der Nähe des angrenzenden Wegs nicht erfaßt werden konnten. Hier hinein ist mein rechter Flügel geraten. Und was solche Halme umschlungen haben, geben sie freiwillig nicht mehr her. Sie halten die Flügelspitze fest und zwingen den Segler, sich zu drehen.
Eine reifenbreite Furche führt bis zum Rad. Ich habe unwahrscheinlich Glück gehabt: Fest und unbeschädigt erweist sich jede einzelne Strebe. Aber durch die gewaltige Seitenkraft haben sich dicke Erdbrocken, Graswurzeln und Steine zwischen Felge und Mantel geschoben. Doch das Rad auszubauen und zu reinigen, ist eine Kleinigkeit.
Als ich mich unter dem Bauch des »Astir« hervorrolle, blickt der Bauer zu mir hinab:
»Saget Se mol, des war doch au koi normale Landung, oder?«
Peinlich, daß man das zugeben muß.
»Ka i Eahne irgedwia helfa?«
Dankend nehme ich an.
Telefon ist im nahen Bauernhof.
Der Nachbar hat ein Malergeschäft. Hier gibt es sogar Schleifpapier, Reiniger und Klebstoff.
Der Bauer stellt mir seine Werkstatt zur Verfügung. Seine Kinder helfen mir, auf freiem Feld den Segler hochzubocken.
Als meine Mannschaft eintrifft, habe ich neue Freunde gewonnen und – der Sporn ist wieder an Ort und Stelle, als ob nichts geschehen wäre. Die angeknickte Fahrwerksklappe, die wir beim Aufladen noch festgestellt haben und das Aus- und Wiedereinbauen des Fahrwerks kosten uns eine halbe Nacht Arbeit.
Doch morgen ist wieder Wettbewerb und wir sind noch dabei. Also auf zum nächsten Acker!

»VOUS NE PARLEZ PAS FRANCAIS?«

Der Wetterbericht hatte viel versprochen: Nordostlage mit guter Thermik, Basis um 1500 m usw.

Zu zweit wollten wir es diesmal versuchen, 500 Kilometer als Zielstreckenflug zu schaffen oder aber so weit wie möglich zu kommen. Gestern abend wurden die letzten Vorbereitungen getroffen, wurden Flugzeug, Geräte, Rückholer und der Schleppilot in höchste Bereitschaft versetzt.

Tatsächlich bläst heute der Nordost.

Um 8.00 Uhr stehen wir wie verabredet startbereit auf dem Vorfeld unseres Heimatplatzes und lauern auf die ersten Zeichen von einsetzender Thermik. Bis um 9.00 Uhr rührt sich nichts. Kein Flugversuch eines Bussards, keine Ablösung im Platzbereich, kein Quellwölkchen auf der Schwäbischen Alb.

Kurz vor 10 Uhr erst spüren wir die erste Unruhe in der vorher gleichmäßig strömenden Luft und weit im Norden erscheint ein kleiner weißer Tupfer am klaren Himmel.

Zwanzig Minuten später klinken wir aus und lassen uns mit einem halben Meter Steigen pro Sekunde auf Kurs treiben. Ein drittes Flugzeug vom Nachbarverein gesellt sich zu uns.

Zwei Stunden später haben wir ganze 100 Kilometer Strecke geschafft, keiner von uns hat bisher mehr als einen Meter zerrissenes Steigen gefunden, obwohl wir schön gestaffelt fliegen. Die maximale Höhe liegt bei weniger als 1000 m über Grund, meistens quälen wir uns in 500 bis 600 m über die Hügellandschaft der Alb und wagen es nicht, das Tempo zu steigern, weil dadurch das Absaufrisiko erhöht würde.

Südlich von Donaueschingen gibt unser dritter Mann auf und versucht heimzufliegen. Eine Stunde später meldet er sich jedoch noch einmal und teilt uns resigniert mit, daß er gegen den Wind nicht ankommt und auf dem Flugplatz Donaueschingen landen muß.

»Sollen wir auch aufgeben?«

»Nein!«

Die Rückholer sind mit beiden Autos und den Hängern schon unterwegs, fast genau so weit wie wir. Noch ist die Strecke zu schaffen. Nördlich von Zürich mogeln wir uns um den Beschränkungsbereich des Flughafens Kloten herum und erreichen kurz darauf die fantastische Höhe von 1500 Metern. Eine Schweizer »B4« kurbelt auf gleicher Höhe. (Ihrem Piloten verdanken wir später eine Anzeige, weil er glaubt, daß wir ›seinen‹ Luftraum verletzt haben, was aber widerlegt werden konnte. Wir bewegten uns zwar an der Grenze der Limits, aber innerhalb des Erlaubten. Um so unverständlicher erscheint dieses Denunziantentum, das in Segelfliegerkreisen sonst nicht üblich ist.)

Unser nächstes Teilziel, die Ausläufer des Schweizer Jura zu erreichen, wird ohne allzu großen Höhenverlust geschafft. Aus den turbulenten Tiefen wieder emporzuklettern, wäre sicher sehr schwierig gewesen.

Die angekündigte Bise bläst tatsächlich kräftig und wie nach dem Betätigen eines Schalters läuft der Segelflug ab, wie man ihn sich vorstellt: kräftiges Steigen, wenige Kreise, langes und schnelles Geradeausfliegen über den Gipfeln. Hochziehen bis unter die grauen Watteglocken und hastiges Weitergleiten, wenn das Fallen einsetzt.

Doch bei Neuchatel ist der Traum genau so plötzlich zu Ende wie er begonnen hat. Enttäuscht schauen wir nach der letzten Wolke in ein leeres Blau vor uns. Wir haben nicht geglaubt, daß der Einfluß der großen Schweizer Seen heute so stark ist. Jetzt ist es zu spät, weiter nach Norden auszuweichen. Die Berge werden größer, einzelne Bäume winken bereits herauf.

Doch unerwartet kommt Hilfe: Eine »Ka8« wird im Flugzeugschlepp hochgezogen und hängt sich an einen Hang. Wir bleiben an ihrem Schwanz und finden am Haushang des ›Eingeborenen‹ immerhin so viel Steigen, daß wir uns wieder über die bewaldeten Kuppen erheben können.

Inzwischen hat sich über uns ein leichter Cirrenschirm gebildet, der wohl von einem Schub warmer Luft aus westlicher Richtung herrühren muß. Fast eine Stunde lang dauert es, bis sich die Sonne wieder ein Loch hindurchgenagt und Energie für einen Aufwindschlauch bis 1200 m spenden kann.

»Jetzt reicht's bis Yverdon.«

Fünf Stunden zeigt die Uhr nach 320 Kilometern Strecke. Und das bei kräftigem Rückenwind.

Immer häufiger versuchen wir mühsam, eine noch halbwegs bequeme Sitzposition zu finden, doch wir widerstehen der lockenden Lande-Einladung der Graspiste Yverdons.

Den Jura haben wir verlassen und bewegen uns Richtung Genfer See. Bei jedem Fluggelände, das wir passieren, drängt sich der Gedanke an ein Aufgeben des Vorhabens auf. Nur der Flugplatz ›la Cote‹ unter mir weckt den Kampfgeist. Nicht schon wieder will ich einen Streckenflug hier abbrechen. Vor sechs Wochen mußte ich dort unten landen, und obwohl ich mir vorgenommen hatte, diese offensichtlich schlechte Streckenführung zu meiden, befinde ich mich heute in ähnlicher, aber etwas günstigerer Position; denn am Platzrand trägt uns ein warmer Schwall bis auf 1300 Meter.

»Reicht das über den See?«

»Den Rest schwimmen wir.«

Nahezu unbewegte, fast laminare Strömung bläst uns mit geringen Fallwerten ans gegenüberliegende Ufer des breiten Gewässers.

Ein Blick auf die Karte zeigt uns, daß wir in französischen Luftraum eingedrungen sind.

»Links von uns liegt Annemasse mit Betonpiste.«

»In Sicht. Weiter!«

700 Meter genügen, um an dem westlich vorgelagerten Hang direkt in Höhe des Aussichtsturms nach ein paar Steigschleifen in einen brauchbaren Bart einzufädeln.

Dann treiben lassen. Immer wieder treiben lassen.

Über einer unruhigen Landschaft mit spärlichsten Landemöglichkeiten erreichen wir das Rhonetal. Es reicht gerade noch, um es zu überqueren und an seine vermeintliche Luvseite zu kommen. Doch wir haben die Düsenwirkung des scharfen Einschnitts unterschätzt. Er kanalisiert die Luft längs der Flanken und verhindert den erhofften Hangflug. Gottseidank scheint wenigstens die Sonne wieder auf die zahlreichen Flanken. An ein Kreisen ist nicht zu denken, die Mittelgebirgsgipfel schauen bedauernd auf uns herab.

Endlich findet sich ein sonnenbeschienener Vorsprung. Tatsächlich beginnt sofort ein zackiger Leebart mit meinem »Astir« zu raufen. Ich unterstütze meinen fliegenden Untersatz so gut ich kann, trotzdem scheinen wir die Unterlegenen zu werden. Doch über uns entwickelt sich ein kräftiger, schneeweißer Blumenkohl. Also kommt hier doch genügend Warmluft aus den Kuhlen. Zögern verlagernd wir ein wenig vom Berg weg und plötzlich greift es.

Zehn Minuten später zeigt der Höhenmesser zur Belohnung 1600 Meter. Doch nun setzen die Nachwehen ein. Fast schlagartig fühle ich mich erschöpft und ausgepumpt. Seit siebeneinhalb Stunden habe ich nichts mehr gegessen und getrunken. Schwächegefühle kommen auf und beunruhigen mich. Noch weit unterhalb der Wolkenuntergrenze höre ich auf zu kreisen, weil ich den Anblick des kreisenden, torkelnden Horizonts nicht mehr ertragen kann.

So stark ich mich vor zehn Minuten nach 1000 Meter Höhe und möglichst noch mehr sehnte, so sehr wünsche ich mir nun festen Boden unter die Füße. Ich bin drauf und dran die Bremsklappen zu ziehen und mich nach unten in die nächstbeste Wiese zu stürzen. Aber ein Rest Energie stemmt sich dagegen und rät mir, zunächst einmal geradeaus zu fliegen. Unbewußt lasse ich den »Astir« auf Kurs laufen wie er gerade mag und kümmere mich weder um Fahrt noch Höhe. Selbst die nun auf Kurs zahlreicher werdenden Cumuli können mich nicht begeistern.

Mein einziges Interesse gilt der Flasche mit Tee hinter mir im Gepäckraum. Mit unruhigen Fingern fische ich sie hervor und schlucke gierig die kaum gesüßte Flüssigkeit. Wohltuende Wärme beruhigt mich etwas.

Die Versuche, mich zu entspannen und etwas Erholung zu finden, werden immer wieder von kurzen Böen und Stößen, die mich scheinbar bis ins Mark treffen, zunichte gemacht. Die Überempfindlichkeit für unerwartete Bewegungen des Seglers scheint sich eher noch zu steigern.

Der Flugplatz Belley taucht links vor mir auf. Wieder

greife ich zum Klappenhebel, aber ich unterlasse das Ausfahren, spüre jedoch, wie mir der kühle Klappengriff ein bißchen Zuversicht einflößt: Du kannst ja jederzeit landen, wenn es überhaupt nicht mehr geht. Plötzlich werde ich mir einer Art Schizophrenie bewußt. Geist und Seele scheinen sich in zwei Teile zerstritten zu haben, von denen jeder hartnäckig an seiner Meinung festhält:

»Hier hast du eine sichere Gelegenheit zum Landen. Nimm sie wahr, bevor dir tatsächlich übel wird!«

»Du wirst doch aus mehr als 1000 Metern Höhe nicht landen wollen. Wozu hast du dich denn vorher hochgekämpft?«

»Du brauchst jetzt Ruhe. Lande, solange dein Kreislauf noch befriedigend arbeitet.«

»Dein Kreislauf ist noch nie in deinem Leben zusammengebrochen, außerdem regt dich der Tee schon wieder an. Flieg endlich weiter!«

»Na, jetzt kommen 2 m/s Steigen. Warum kreist du nicht ein? Weil du nicht mehr kannst. Lande!«

»Du bist noch hoch genug, um diesen Bart auslassen zu können. Bis zum nächsten hast du dich sicher wieder etwas erholt.«

Ich kenne mich nicht mehr. Welcher von diesen beiden Teilen bin ich nun? Wessen Ratschläge soll ich befolgen?

Mir fällt nichts Besseres ein, als beide zu beschimpfen und zu beleidigen.

»... Feigling ... Verantwortungslosigkeit ... Schwächling ...«

Mit abnehmender Höhe werden wir drei jedoch ruhiger.

»Das Problem erledigt sich in Kürze von selbst«, wirft Teil Nummer 1 schadenfroh ein.

»Paß auf, daß du obenbleibst«, meint der zweite.

Ich habe keine Zeit mehr, mich um die Streithähne zu kümmern, denn in der Nähe des Lac de Paladru winken mir bereits die Baumspitzen entgegen. Der kleine Bauernhof mit dem genügend großen Acker davor hat doch hoffentlich ein Telefon? Das Gelände ist hügelig und kleinflächig gegliedert, keine größere Ortschaft in der Nähe.

»Hier willst du landen?«

»Noch bin ich nicht unten. Aber jetzt täten mir die 200 Meter Höhe gut, die ich vorhin verschenkt habe.«

Der schwächere, ewig jammernde Teil schweigt von nun an und überläßt dem stärkeren das Kommando.

Eine neue Aufgabe läßt gewesene Schwierigkeiten in den Hintergrund treten. Das Variometer schlägt wieder aus und gebannt starre ich die weiße Nadel an, bis sie sich endlich über die Nullstellung hinaus bewegt. Nach einigen langen Minuten ist die ehemalige Landewiese ihrer Sonderstellung enthoben und wieder voll in die Landschaft integriert.

Plötzlich meldet sich aus 1400 m Höhe – weit über mir – mein Partner, den ich in den letzten Viertelstunden nicht beachten konnte.

»Ich glaube, ich muß jetzt landen. Ich kann nicht mehr.«

Was bleibt mir übrig, als zu antworten:

»Mensch, reiß dich noch einmal zusammen, wir haben es doch gleich geschafft.«

Tatsächlich überfliegen wir wenig später in flachem Winkel die 500 km-Linie. Im Rhonetal zu landen, scheint nicht angebracht. Obstgärten und Weinstöcke wechseln sich ab, so weit das Auge reicht.

Der nächste Flugplatz liegt außer Reichweite. Also bleiben wir über den westlichen Anhöhen, die aber mit dem tiefen Sonnenstand nicht mehr tragen.

Nach mehr als 9 Flugstunden reichen wir uns auf derselben Wiese die Hand. Der freundliche französische Bauer versteht kein Deutsch, aber immerhin das Wort ›Telefon‹. Er übernimmt die Vermittlung des Gesprächs, und ich erfahre, daß unsere Rückholer in Genf warten.

Pflichtgemäß informieren wir auch die Gendarmerie. Ein Streifenwagen kommt mit zwei Uniformierten zwanzig Minuten später vorgefahren. Sie werfen kritische und neugierige Blicke in unsere Cockpits und stellen ein paar Fragen, wie das so ist mit dem ›planeur‹. Aber mein Französisch ist noch ›trop mauvais‹, um mit den notwendigen Fachausdrücken ›les explications‹ bieten zu können.

Höflich, aber sehr bestimmt bestehen sie darauf, ›le protocole‹ anzufertigen. Wir weisen unsere Streckenflugausweise vor, aber das ist ›pas suffi‹.

Ihre ›instructions‹ schreiben vor, daß alles genau aufgeschrieben werden muß. Und das geht eigentlich nur

›dans le poste de gendarmerie‹ drunten im 20 Kilometer entfernten Städtchen St. Marcellin. Wenn wir nun beide mitkommen wollten, s.v.p.

Ob denn nicht wenigstens einer von uns ›chez les planeurs rester‹ könnte? Bon, aber ›l'autre‹ muß dessen Papiere mitnehmen.

Also klettere ich auf den Rücksitz des dunkelblauen Dienst-R4.

Der junge Fahrer will offensichtlich beweisen, daß die französischen Polizisten mindestens genauso gut autofahren können, wie die deutschen Piloten segelfliegen. In wahnwitziger Fahrweise rast er die kurvigen Straßen hinunter ins Rhonetal. Er scheint aber auch sonst so zu flitzen, denn sein älterer Kollege verzieht keine Miene.

Vor seinem Schreibtisch sitzend beobachte ich ihn kurz darauf, wie er in einer Vorschriftensammlung blättert, um sich für unseren Fall die passende Behandlungsmethode herauszusuchen.

Es dauert auch nicht allzu lange und die ersten Fragen kommen:

Name, Geburtstag, Adresse usw., das geht ja alles noch. Aber was soll der Name der Eltern, deren Beruf und Alter?

Na, vielleicht ist das in Frankreich so üblich.

Flugplan? – Jawohl über Stuttgart.

Flugplan abgemeldet? – Macht die Rückholmannschaft.

Non, c'est pas suffi. Er greift zum Telefon und läßt sich mit irgendeiner Flugsicherungsstelle verbinden. Die Fragerei geht weiter:

Passagiere an Bord? – Nein, da paßt bloß einer hinein.

Passagiere verletzt? – Wird als rhetorische Frage erkannt.

Ursache der Landung? – Wie soll man das erklären? ›Essence?‹ – Non! Brauchen wir nicht.

Warum ausgerechnet hier gelandet?

Warum nicht auf dem nächstgelegenen Flugplatz?

Landezeit? Vorgesehene Landezeit?

Geduldig, leicht amüsiert mache ich das Spiel mit. Auch mein Gegenüber scheint die Sache zwar ernst, aber nicht tierisch zu nehmen. Er bietet mir zwischendurch etwas zum Trinken und einen übriggebliebenen ›ficelle‹ an, was ich dankbar annehme.

Doch bei der letzten Frage geht mir ein Licht auf: Das ist doch die Prozedur, die nach der Notlandung eines Motorflugzeugs fällig ist, der ich mich hier unterziehen muß.

Die nächste Frage verstehe ich beim besten Willen nicht und versuche, mich begreiflich zu machen, daß wir uns seit mehr als einer Stunde mit dem falschen Paragraphen herumschlagen.

Nach weiteren zehn Minuten kommt der Gendarm zu der Auffassung, daß es so wohl nicht weitergehen kann. Er bittet mich wieder zum Streifenwagen. Wir fahren zu einem Dolmetscher. Der ist zu Hause und nach einer knappen Stunde sitzen wir zu dritt im Büro. Der Übersetzer hat mir auf der Fahrt erklärt, daß er Deutscher ist, aber seit 15 Jahren hier in Frankreich lebt. Damals ist er an eine nette Französin geraten und daran hängengeblieben.

Kurz darauf bestätigt sich meine Vermutung, daß sich die Fragerei auf die Notlandung von Passagierflugzeugen bezieht. Aber etwas anderes ist in den Vorschriften nicht zu finden. Außerdem: ca ne fait rien. Von vorn fangen wir nicht noch einmal an und außerdem sind wir bald ›terminé‹.

Gesunde Einstellung. Jetzt geht alles sehr schnell. Nach wenigen Minuten kann ich die Fragen stellen, wie uns unsere Rückholer am besten finden.

Der Dolmetscher erklärt die Sache mit den Rückholmannschaften.

Ich muß die Zugfahrzeuge und die Hänger beschreiben, weiß leider nur meine eigene Kfz-Nummer auswendig, vermute aber, daß beide ›ensemble‹ unterwegs sind.

Wie findet man uns am besten in der Nacht? Ein Blick auf die Karte zeigt, daß der Konvoi durch St. Marcellin kommen muß. Der Gendarm macht den Vorschlag, einen Streifenwagen auf die Hauptkreuzung zu stellen, in dem ich zusammen mit seinem Rennfahrerkollegen warten kann. Außerdem haben ›les pompiers‹, die Feuerwehren, heute eine Nachtübung. Man wird sie informieren.

Inzwischen ist es nach 23 Uhr. Zweieinhalb Stunden lang habe ich nun Gelegenheit, Französisch zu lernen, dann trifft plötzlich ein kleiner Konvoi, von Blaulicht

begleitet, am Marktplatz ein. Die Rückholgespanne sind da.
Wie die Fahrer später erzählen, hat man sie wenige Kilometer vor der Ortschaft mit Blaulicht und Sirene regelrecht abgefangen. Sie hatten fest mit einer saftigen Strafe wegen permanenter Überschreitung der Höchstgeschwindigkeit gerechnet, erhielten aber nur die Anweisung, zu folgen.
»Mein« Streifenwagenfahrer bietet sich an, den Weg zu unseren Flugzeugen vorauszufahren, was er mit dem gleichen Elan unternimmt, wie sechs Stunden zuvor. Ampeln und Kreuzungen sind keine Hindernisse mehr. Sie werden mit Blaulicht genommen. Die Rückholfahrer haben Mühe dranzubleiben. Schließlich – ›voila‹ – biegt er in einen Feldweg ein. Doch – ›merde‹ – kein ›planeur‹, das war nicht der richtige.
Nach drei weiteren Anläufen stehen wir im Scheinwerferlicht endlich zum Abrüsten bereit. Mein Mitflieger fragt mich vorwurfsvoll:
»Wo warsch denn so lang?«
Zwischen zwei und drei Uhr nachts klopft unser amtlicher Begleiter an den Rolladen eines kleinen Hotels. Ein verschlafener Wirt erschrickt zunächst beim polizeilichen Anblick, faßt sich aber schnell, als er vernimmt, daß hier nur unsere Übernachtung von Amts wegen arrangiert wird. Zum Essen gibt es zwar nichts mehr, aber ein paar Flaschen Bier rückt er noch heraus. Wir prosten unserem Ordnungshüter zu. Unseren Dank können wir zwar nicht in Worte fassen, aber ich glaube, er hat uns auch so verstanden.

VORBEREITUNGEN FÜR EINEN FREIEN STRECKENFLUG

Angesprochen werden sollen hier solche Unternehmungen, die einen Segelflugtag voll ausschöpfen, d.h. sie beginnen mit der ersten Thermik und enden nach einer möglichst langen Strecke. Bei unseren derzeitigen politischen Verhältnissen bedeutet das, daß bei einem Flug von der BRD aus auf jeden Fall die Staatsgrenze überflogen werden muß.
Zweckmäßigerweise wählt man sich dazu eine westliche aus; denn auf der gegenüberliegenden Seite versteht man solche »Späße« nicht.
Wenn auch lange Streckenflüge nur in westliche oder südwestliche Richtung windunterstützt möglich sind, so gehören sie doch zu den größten Erlebnissen, die die Überlandfliegerei bieten kann.
Rekordflüge wie der des H.-W. Grosse von Lübeck nach Biarritz sind nicht alle Monate möglich, aber doch ergeben sich im Laufe des Frühjahrs immer wieder Wetterlagen, auf die eine große Anzahl Segelflieger lauern.
Hat man seine Chance erkannt, dann müssen alle Faktoren zusammenpassen, damit wenigstens die Chance für ein Gelingen besteht:
- Das Wetter muß über die gesamte Strecke mitspielen.
- Alle Vorbereitungen müssen abgeschlossen sein.
- Eine Rückholmannschaft, mindestens aber ein guter Fahrer, muß abkömmlich sein.
- Ein Schleppilot muß morgens startbereit am Flugplatz stehen.
- Der Pilot muß in guter körperlicher und seelischer Verfassung sein und mindestens drei Tage Zeit opfern können.

Es würde den Rahmen sprengen, bei all diesen Punkten ins Detail zu gehen. Einige interessante Aspekte sollen jedoch herausgestellt werden.

Die Anforderungen an das Wetter

Maximale Strecken ergeben sich bei Nordostlagen im Frühjahr, wenn sich ein Hochdruckgebiet mit Kern über Großbritannien oder dem Kanal aufbaut und nicht allzu trockene Luftmassen quer über Mitteleuropa schiebt. Wenn man – wie die meisten aller Segelflieger – nicht über einen persönlichen Segelflugwetterberater verfügen kann, der den Startschuß am Abend vorher gibt, ist man auf eigene Beobachtungen angewiesen, die man aus Rundfunk und Fernsehen, sowie den Segelflugwetterberichten bezieht. Nicht zu vergessen und zu unterschätzen ist der persönliche Blick zum Fenster hinaus, den, so könnte man manchmal glauben, einige Berufsmeteorologen total verschmähen.
Wichtig sind vor allem die Meldungen der Rundfunksender aus unseren Nachbarstaaten, die oft heiße Tips enthalten. Fällt z. B. im Schweizer Fernsehen das Stichwort »Bise«, dann ist Aufmerksamkeit geboten.

Bei höheren Windgeschwindigkeiten bilden sich Aufwindreihungen, die einen schnellen, kreisarmen Flug zulassen. Die Bise könnte solche Bedingungen versprechen. Der morgendliche Standardwetterbericht sollte in seinen Vorhersagen über das ganze Gebiet ›heiter bis wolkig und niederschlagsfrei‹ melden.
Wenn trotz optimaler Vorhersage dann doch andere Verhältnisse angetroffen werden, die zum vorzeitigen Abbruch des Flugs oder gar zur Außenlandung führen, darf munter auf die Wetterfrösche geschimpft werden. Eines muß dem erfahrenen Segelflieger aber klar sein: Es ist unmöglich, alle Erscheinungen und alle Einflüsse zu erfassen, die sich auf einer Strecke von 600 oder gar 1000 Kilometer Länge ergeben könnten. Es bleibt also immer auch dem Fingerspitzengefühl des Piloten überlassen, gute Gebiete aufzuspüren und landeträchtige zu meiden. Er darf dafür sicher sein, auch an Tagen, an denen die Wetterexperten nicht mit allzu großen Erwartungen handeln, einmal einen Supertag anzutreffen.

Flugplanung
Steht die Wetterlage einigermaßen greifbar zur Disposition, so sollte der Langstreckenflieger eine dazu passende Route aus der Schublade ziehen, die er in der flugarmen Winterzeit mit Streckenvorbereitungen gefüllt hat.
Die richtigen Karten, richtig gefaltet und sortiert sind mit Strecken- und Zeitmarken versehen und enthalten bereits bekannte Landemöglichkeiten mit eventuell zugehörigen Kurzinformationen. Schwierige Gebiete werden besonders gekennzeichnet, Ausweichrouten geben Sicherheit.
Vor dem Start erleichtert ein bereits ausgefülltes Formular die telefonische Übermittlung des obligatorischen Flugplans an die Flugsicherung. Dort will man – auch für den Segelflug – wissen, wann gestartet wird, wo die Grenzen überflogen werden und wann und wo die Landung zu erwarten ist. Luftfahrzeuge müssen für Auslandsflüge normalerweise auf einem Zollflugplatz starten und landen. Für Segelflieger kann die Zollabfertigung durch einen sog. Streckenflugausweis ersetzt werden, den der Flugleiter unterschreibt, so daß auf jedem Segelfluggelände gestartet werden kann. Bei der Landung in einem anderen Staat bestätigt die dortige Zollbehörde oder die Polizei die Angaben, so daß auch bei der Ausreise keine Schwierigkeiten auftreten sollten.

Startvorbereitungen
Um den morgendlichen Start in Ruhe angehen zu können, muß das Fluggerät und das gesamte Interieur bereits am Tag zuvor peinlich genau auf Vollständigkeit überprüft worden sein. Es kann zum Scheitern des Vorhabens führen, wenn man kurz vor dem Einsteigen feststellen muß, daß die Batterie nicht voll geladen ist oder daß der Film zur Beurkundung eines Wendepunkts fehlt.
Eine sorgfältig erstellte Checkliste hilft, sich selbst unnötigen Ärger zu ersparen. Sie reicht von der Sonnenbrille über die ›Pinkeltüten‹ bis zur Wasserflasche.
Vor dem Einklinken zum Start sollte auf jeden Fall noch eine halbe Stunde zum Ausspannen übrig bleiben. Die nie ganz zu vermeidende Hektik kann abgebaut werden durch eine Viertelstunde des Meditierens unter dem Flügel, durch geistige Lockerungsübungen oder durch mentale Vorbereitung auf die bevorstehende Aufgabe.
Soll der Tag bis zum Äußersten ausgenutzt werden, muß der Abflug bereits vor Einsatz der Thermik erfolgen. Bei guter Wetterberatung oder auf Grund eigener Beobachtungen und Messungen lassen sich die ersten 50 Kilometer schon zurücklegen, indem man sich auf 1000 m oder mehr schleppen läßt.
Größere Ausklinkhöhen sind zwar denkbar, bringen aber nach den sportlichen Regeln des Segelflugs Streckenabzüge mit sich, die eventuell mit einkalkuliert werden müssen. (Liegen zwischen Ausklinkhöhe und Landehöhe mehr als 1000 m, so wird die gewertete Flugstrecke um das Fünfzigfache der zusätzlichen Höhe reduziert. Bei 1500 m Höhendifferenz gibt es also bereits 25, für Rekordflüge sogar 50 Kilometer Abzug.)
Voraussetzung ist aber, daß der erste Streckenabschnitt aus vorangegangenen Flügen so gut bekannt ist, daß man weiß, wo sich die ersten Aufwindfelder bilden. Die Konvektion setzt nicht überall gleichzeitig

ein. Flußtäler, Niederungen und wasserspeichernde Gründe eignen sich nicht als Ausgangsgelände für diese Taktik. Hügeliges Gelände mit exponierten Aufheizstellen sind die besseren Kompositionselemente zur Ouvertüre des Fluges, ebenso wie Industriethermik aus den Kühltürmen von Kernkraftwerken oder Hochöfen.
Läßt sich der Zeitpunkt des Thermikbeginns einigermaßen gut abschätzen oder zeigen sich bereits in größerer Entfernung die ersten Anzeichen, so lohnt es sich, schon ›vor der Zeit‹ zu starten. Ein Schleppvorgang auf 1000 m dauert etwa 10 Minuten, das Abgleiten bis auf eine Höhenreserve von etwa 300 bis 400 Metern bei sparsamem Flugstil weitere 15 Minuten, so daß vom Abheben des Schleppzugs bis zum Notwendigwerden von Aufwinden etwa 25 Minuten zu gewinnen sind, in denen man je nach Windstärke bereits die ersten zwanzig bis dreißig Kilometer zurücklegen kann.
Klappt danach der Anschluß an die Thermik nicht, so dürfte der Tag nicht gerade ideal gewesen sein, wenn man auch noch mit seinem Zeitplan in Verzug gerät. Eine Außenlandung ist dann unvermeidlich. Um sich den bekannten Biß ins eigene Hinterteil zu ersparen, wenn man zwanzig Minuten nach der Landung auf einem holperigen Acker mit dem abgerissenen Sporn in der Hand beobachten muß, wie immer mehr Cumuli den blauen Himmel zu verzieren beginnen, plant man diese Landung ebenfalls mit ein und zwar auf einem Segelfluggelände, von dem aus ein zweiter Start möglich ist. Wenn es der Zeitplan noch erlaubt, kann man sich sogar noch einmal zum ursprünglichen Abflugort zurückziehen lassen und einen zweiten Anlauf nehmen, falls man sich von diesem Zwischenspiel nicht hat entnerven lassen.

Organisation der Rückholung

Bei Langstreckenflügen, die nicht zum Ausgangspunkt zurückführen, ist es zweckmäßig, die Mannschaft mit dem Transportgespann noch vor oder unmittelbar nach dem Start abfahren zu lassen. Die Hauptrichtung ist bekannt, ein Vorsprung schadet nicht.
Über Funk erfahren die Rückholer, ob Anflug und Beginn des Streckenflugs planmäßig verlaufen. Im Laufe des Vormittags wird die direkte Funkverbindung abreißen, weil der Segler wesentlich schneller vorankommt.
Um zu wissen, ob der Pilot noch fliegt oder schon auf das Aufsammeln wartet, bieten sich zwei Möglichkeiten zur Kontaktaufnahme an:
– Ein ständig besetztes Telefon auf dem Heimatplatz dient als Relaisstation und wird im Falle der Landung vom Piloten als auch in stündlichen Abständen von seinen Helfern angerufen.
Der Aufwand ist gering. Aus einer öffentlichen Telefonzelle oder aus einer Gaststätte läßt sich für eine Telefoneinheit feststellen, ob ein »positiv« oder »negativ« vorliegt.
Zur guten Vorbereitung gehört allerdings auch, daß man die Vorwahlnummern griffbereit hat, die man vom Ausland aus benötigt.
– Bei gutem Streckenwetter sind immer viele Segelflieger unterwegs. Auf einer der bekannten »Quasselfrequenzen« können die Rückholer einen beliebigen Piloten ansprechen und ihn um die Positionsmeldung des eigenen Flugzeugs nachfragen lassen. Eine grobe Ortsbestimmung genügt, z.B. »Lima-Charlie, Schweizer Jura, Nähe Grenchen, weiterfahren!«
Etwa eine Stunde vor Sonnenuntergang haben die Fahrer wohl eine Pause verdient, die sie in einem Gasthaus in der Nähe eines Telefons verbringen. Nun ist jede Minute mit der Landemeldung zu rechnen. Sie geben der heimatlichen »Telefonzentrale« ihre Rufnummer durch und warten, bis sie entweder vom Piloten direkt oder über die Relaisstation von der Landung hören. Der Segelflieger selbst erfährt auf diese Weise, wo seine Leute sitzen und kann sich ungefähr ausrechnen, wann sie bei ihm eintreffen. Übermittelt er auch noch die Telefonnummer, unter der man ihn erreichen kann und vereinbart man einen leicht auffindbaren Treffpunkt z.B. einen Gendarmerieposten, so steht einer erfolgreichen Suchaktion eigentlich nichts mehr im Wege.

Kosten und Zeitaufwand

Ein freier Streckenflug war schon immer eine kostspielige Angelegenheit, die allerdings auch einen hohen Gegenwert an Erlebnisreichtum für alle Beteiligten besitzt. Mit welcher Begeisterung werden doch die Berichte in den Luftsportzeitschriften von denen geschrieben, die sich zum ersten Mal in dieser Disziplin versuchten.

Was am stärksten finanziell zu Buche schlägt, ist der Rücktransport von Pilot und Segelflugzeug.

Wer mehr Zeit aufwenden kann, braucht weniger Geld und umgekehrt.

Wenn der Rücktransport in der Regel über die Straße erfolgt, so bietet sich doch auch der Rückschlepp per Motorflugzeug an.

Vergleichen wir diese beiden Möglichkeiten in Bezug auf die Faktoren Geld und Zeit.

Als Faustregel kann man davon ausgehen, daß 120 Kilometer Flugstrecke rund 150 Straßenkilometer (Autobahn und Landstraße gemischt) und somit etwa zwei Stunden Fahrzeit und 20 Liter Benzin kosten.

Endet ein Vorhaben z.B. nach 600 Kilometern, so wären hin und zurück bei einigermaßen brauchbaren Verkehrsverbindungen circa 1500 Kilometer zu fahren. Rechnet man die reinen Betriebskosten für das Kraftfahrzeug mit nur 0,30 DM pro Kilometer, so ergibt das bereits einen Betrag von 450 DM. Dazu kommen noch die Kosten für Übernachtung und Verpflegung der Mannschaft und eine beträchtliche Menge an Ausgaben für die Vorbereitung. Der Pilot bezahlt also mehr als 1 DM für den geflogenen Kilometer, wenn nichts Besonderes dazwischenkommt, eigentlich erschrekkend viel, aber es gibt noch – Gottseidank – genügend junge Leute, die dafür z.B. auf oberflächlichere Genüsse verzichten.

Läßt man sich von einem Motorflugzeug zurückschleppen, so sind etwa drei Stunden Anflug und vier Stunden Schleppzeit zu berechnen, also in einem günstigen Fall etwa 1200 DM. Man ist dabei zwar zweimal 600 km geflogen, aber ein langer Weg im Flugzeugschlepp gehört nicht gerade zu den Annnehmlichkeiten der Segelfliegerei. Außerdem sind Schleppgebühren in dieser Höhe von den wenigsten Piloten ohne weiteres zu verkraften, und der psychologische Effekt fällt negativer aus, weil der Betrag in einer einzigen Rechnung präsentiert wird, während man sich beim Fahren mit dem PKW viel besser selbst betrügen kann, indem man nur den Benzinpreis rechnet und die vielen kleinen Nebenausgaben innerhalb von zwei Tagen einfach vergißt.

Wie geht's denn billiger?

Wenn es sich einrichten läßt, daß die Langstrecke auf einem Flugplatz endet, kann man das relativ unwahrscheinliche Glück haben, von einem flugbegeisterten Eingeborenen zu Übernachtung und Frühstück eingeladen zu werden. Besorgt man sich auch noch ein Schleppflugzeug samt Pilot, dann kann am nächsten Tag der Rückflugversuch gestartet werden, vorausgesetzt, das Wetter spielt auch noch mit.

Wer mit solchen Gedanken behaftet seinen Flug plant, sollte aber zweckmäßigerweise mindestens acht Tage Urlaub einkalkulieren, denn auch bei günstigen äußeren Umständen dürfte die Rückstrecke in den seltensten Fällen in einem Tag zu bewältigen sein. Die Wahrscheinlichkeit, daß Schlechtwettergebiete eine schnelle Rückkehr verzögern, ist genau so groß wie die, daß auf einem fremden Flugplatz nicht jeder bereitsteht, um einem den Rückflug zu ermöglichen.

Es werden dann wohl mehrere kleine Etappen sein, in denen man sich heimwärts hangelt: Aus dem freien Streckenflug ist der Wandersegelflug geworden, den man aber trotzdem nicht ohne Rückholmannschaft beginnen sollte, weil man vielleicht sonst aus Wetter- oder sonstigen Gründen eine neue Staatsbürgerschaft beantragen muß.

Doch nehmen wir einmal einen günstigeren Fall an: Gelungener Flug über 600 km, Rückflug in 3 Etappen, zwei Tage Zwangspause wegen schlechter Witterung.

Das ergibt zu den üblichen Vorbereitungskosten vier Rechnungen über je einen kurzen Flugzeugschleppstart und fünf für Übernachtung und Frühstück. Mit einem Zeitaufwand von sechs spannenden Tagen lassen sich die Kosten auf einen Bruchteil des herkömmlichen Aufwands reduzieren – immer vorausgesetzt es kommt nicht anders als man denkt.

Doch wen wundert's, wenn in Anbetracht der zu erwartenden Komplikationen oder auch nur der inkaufzunehmenden Unbequemlichkeiten die freien Strecken- oder die Zielstreckenflüge immer mehr zu-

gunsten der Flüge mit Rückkehr zum Ausgangsort verdrängt werden?
Zum Glück gibt es immer wieder Segelflieger, die sich unbeschwert in solche Unternehmungen stürzen und erst hinterher zu rechnen beginnen. Vielleicht war dann der erste Langstreckenversuch auch gleichzeitig der letzte. Als Erlebnis wird er jedoch wahrscheinlich zu den größten gehören, die in einem Segelfliegerleben überhaupt möglich sind.

Physische und psychische Momente

Zu einem erfolgversprechenden Flugversuch gehört auch die Beachtung der individuellen Eigenarten des Piloten, besonders aber seine Belastbarkeit. Mit der vom Fliegerarzt bescheinigten Tauglichkeit allein ist es nicht mehr getan, wenn man Segelflüge über sieben, acht oder mehr Stunden lang betreibt.
Wenn man sich selbst beobachtet, dann verspürt man vor Beginn eines geplanten größeren Fluges den Drang, möglichst bald die gestellte Aufgabe anpacken zu müssen. Die ersten Teilstrecken werden in einer Art Hochgefühl bewältigt, die Freude am Fliegen, am Steigen und Gleiten hält solange an, solange sich keine Ermüdungserscheinungen einstellen oder Unbequemlichkeiten ärgerlich registriert werden. Der fliegerische Erfolg, z.B. das Einhalten oder gar Unterbieten des Zeitplans wirken sich positiv aus und lassen diesen Zustand anhalten.
Aber man kann nicht vor lauter Begeisterung stundenlang »juhu« rufen. Irgendwann, so etwa zwischen der dritten und vierten Flugstunde, hätte man gerne mal eine Pause. Jetzt wäre es herrlich, dort unten zu sitzen und sich ein bißchen auszuruhen, Ball zu spielen oder Kaffee zu trinken. Man sehnt sich auch danach, sich einmal ausstrecken zu können oder den Körper in eine andere Lage zu bringen.
Wenn es in dieser Situation jetzt fliegerische Schwierigkeiten gibt, ist das für den Fortgang des Fluges gar nicht einmal so übel: Man wird abgelenkt, hat eine neue Aufgabe, nämlich oben zu bleiben und vergißt dabei die kleinen Unpäßlichkeiten.
Häufen sich die Fälle jedoch, daß man nicht mehr richtig vorwärts zu kommen glaubt, immer wieder aus niedrigsten Höhen emporklettern muß und mehr an das Landen als ans Fliegen zu denken gezwungen wird, so erfolgt der Abbau des Energiepotentials rascher, als man es wahrhaben will. Man neigt dazu, den Tag als nicht geeignet für die vorgesehene Aufgabe zu betrachten und an ein Abbrechen und Nachhause-Fliegen zu denken.
Überwindet man auch diesen toten Punkt, dann kommt der Moment, in dem man sich fragt, warum man sich eigentlich nun mehr als sechs oder sieben Stunden lang quält und ob das der eigentliche Sinn des Segelfliegens ist. Ein Spitzensegelflieger (Klaus Holighaus?) hat einmal den Ausspruch getan: Man kommt sich vor, als wenn einen irgend etwas vergiftet.
Die Lust am Fliegen ist nun endgültig dahin, nur der Wille kann noch weiterhelfen und der wird mit weiteren Schwierigkeiten immer mehr abgebaut. Besonders schlimm wird es, wenn die körperliche Kondition an diesem Tag nicht ausreichend erscheint. Man fühlt sich überfordert, Übelkeitsgefühle und Bewegungsunlust oder gar -störungen treten auf.
Das steilere Kreisen fällt einem schwer, weil es mehr belastet, das Zentrieren der Steigfelder gelingt nicht mehr schnell genug. Am liebsten würde man überhaupt keine Kurven mehr fliegen, sondern den Vogel nur noch geradeaus vor sich hinzuckeln lassen.
Je nach Stimmung kann es sein, daß man sich der Isolation bewußt wird, der man ausgesetzt ist. Vor allem bei schlechten Sichtverhältnissen kann manchmal der Eindruck entstehen, daß man in den Weltraum ausgesetzt wurde. Solche Gefühle rufen Beklemmungen, unter Umständen sogar Platzangst hervor und können Hindernisse seelischer Natur sein, die den weiteren Fortgang des Fluges blockieren. Besonders beim erstmaligen Auftreten dieser Zustände fühlt man sich hilflos, weil man nicht richtig weiß, wie man reagieren soll. Einerseits will man den Flug nicht abbrechen, solange das Wetter noch brauchbar ist, andererseits fühlt man sich den Anforderungen einfach nicht mehr gewachsen und hat Angst, daß ›irgend etwas‹ passieren könnte.
Ein Umschwung der Gefühle in positive Richtungen erfolgt aber dann, wenn das Ende der Aufgabe,sprich der Zielflugplatz in greifbare Nähe rückt. Körper und

Seele scheinen dann plötzlich auf ›Reserve‹ umgeschaltet zu haben. Die Konzentration auf Flugzeug und Wetter ist wieder in scheinbar vollem Umfang möglich, auch schwierige Bedingungen bringen keine außergewöhnlich spürbaren Belastungen.

Der Endanflug und das sichtbare Näherrücken des Ziels bereiten wieder richtigen Spaß, und nach einem Rückkehrflug ist man vielleicht sogar noch dazu aufgelegt, die letzte schwache Abendthermik auszunützen, um die achte Flugstunde noch ›vollzukriegen‹.

Nicht alle Flüge verlaufen nach diesem Schema. Jeder Mensch reagiert anders, und jeder neue Tag kann völlig andere Reaktionen auslösen. Aber wenn man etwas genauer in die Schilderungen von Segelfliegern hineinhört und mal mit den seelischen Betreuern der Piloten (Ehefrauen, Freundinnen oder Rückholer) spricht, wird man immer wieder auf gleichartige Symptome stoßen, die über Gelingen oder Nichtgelingen, im Wettbewerb über Sieg oder Niederlage entscheiden und die eigentlich nichts mit den fliegerischen Fertigkeiten des Piloten zu tun haben, sondern wirklich nur daraus resultieren, daß eben ein Lebewesen sich in einer Umwelt bewegt, für die es eigentlich von Natur aus nicht geschaffen ist.

Es würde den Rahmen dieses Kapitels sprengen, ginge man auf alle Details ein, die sich förderlich oder hinderlich auf einen langen Flug auswirken können. Solche Untersuchungen gehören in das Aufgabengebiet der Luftfahrtmediziner. Aber einige Punkte, die aus der Erfahrung gesichert erscheinen, sollen herausgegriffen werden.

Grundbedingung nicht nur für das Durchhalten, sondern auch für eine solide Leistungsfähigkeit und -bereitschaft bei langen Streckenflügen ist eine gute körperliche Kondition, die sich die meisten Piloten erst erarbeiten müssen. Nur wenige sind von ihrer Veranlagung her in der Lage, ohne Training die üblichen Ausfallerscheinungen zu verkraften.

Um den Kreislauf funktionstüchtig zu erhalten, bieten sich alle Formen von sportlichen Dauerbelastungen an. Wichtig erscheint mir dabei, daß bei diesem Training Streßbedingungen vermieden werden. Wettkampfspiele wie Tennis, Volleyball, Fußball usw. sind vielleicht dann geeignet, wenn der Ehrgeiz, gewinnen zu wollen, ausgeschaltet wird.

Besser bieten sich Disziplinen wie Laufen, Schwimmen oder Radfahren an, die man jederzeit abbrechen kann – und auch sollte –, wenn man genug hat. Die Verbesserung der Kondition kommt nicht durch die Trainingsdauer, sondern mehr durch die Häufigkeit zustande.

Aus meinen eigenen Beobachtungen schließe ich, daß ich etwa pro Flugstunde folgende Belastung spurlos(!) verkraften können muß:

– 1 Kilometer Trimmtrab

oder 15 Minuten flottes Radfahren

oder 200 Meter Schwimmen.

Das heißt, wenn ich in der Lage bin, 10 Kilometer zu laufen oder mehr als zwei Stunden radzufahren (Durchschnitt etwa 25 km/h) oder 2000 m zu schwimmen, ohne mich hinterher kaputt zu fühlen, fühle ich mich für einen vollen Thermiktag physisch gerüstet.

Der Tag vor dem erwarteten längeren Flug bleibt allerdings trainingsfrei, lediglich lockere Aufwärmgymnastik wird betrieben. Das gleiche gilt für den Morgen des Flugtages selbst.

Was ist aber gegen die Ermüdungs- und Ausfallerscheinungen während des Fluges selbst zu tun?

In den ersten Stunden scheint es so, als ob keinerlei Beeinträchtigungen zu erwarten wären. Man fühlt sich relativ frisch und kampfbereit. Dauert der Flug nicht länger als vier oder fünf Stunden, so sind auch in der Regel keine besonderen Maßnahmen notwendig. Muß aber mit wesentlich längerer Dauer gerechnet werden, so empfiehlt es sich, noch in der Phase, in der man sich wohlfühlt, die ersten Übungen zu absolvieren, die den späteren Unlustgefühlen entgegenwirken können.

Es geht eigentlich immer darum, den eigenen Körper zu überlisten:

Wenn man von sich selbst weiß, daß man irgendwann das Bedürfnis hat, sich auszustrecken, dann sollte man das auch tun und zwar mit den Körperteilen, die im engen Cockpit dazu in der Lage sind, also zum Beispiel Hände, Arme, Schultergürtel und Füße.

Mit dem Verlangen nach Bewegung ist es ähnlich, leichte Drehungen des Oberkörpers, des Kopfes, Beugen und Strecken von Armen, Ballen der Fäuste,

Anziehen der Zehenspitzen usw. vermitteln die Befriedigung nach Bewegung, wenn man gezielt die möglichen Partien ›abarbeitet‹.
Brauchbare Kreislaufanregungen sind die isometrischen Übungen, von denen man sich eine ganze Reihe aus den morgendlichen Rundfunksendungen zu eigen machen kann. Beispielsweise bietet sich das Anpressen der Handflächen auf die Oberschenkel oder der Handflächen gegeneinander an. Wichtig dabei ist, daß man nicht zur Preßatmung kommt, sondern bewußt ein paarmal tief ein- und ausatmet, ansonsten sind der Phantasie hier kaum Grenzen gesetzt.
Es kann sein, daß man in diesen Minuten nicht optimal fliegt und vielleicht etwas Zeit verliert, die sich aber später wieder vielfach einspielen läßt, wenn man durch konservierte Leistungsfähigkeit keine groben Fehler provoziert.
Unlust- oder Beklemmungsgefühle, die trotz guter körperlicher Verfassung auftreten, können ihre Ursache auch in einer ungeeigneten Sitzposition haben. Es ist manchmal sogar zu überlegen, ob man nicht das Flugzeug wechseln sollte. Oft hilft aber schon ein Armvoll Schaumgummi, den man sich zurechtschneidet und -legt, bis man sich wohlig in die Sitzwanne ›nesten‹ kann. Der psychologische Effekt, daß man glaubt, ein Mittel gefunden zu haben, das hilft, mag zwar manchmal überwiegen, aber wenn man damit Erfolg hat, war die Maßnahme nicht falsch.
Dem Gefühl der Einsamkeit oder des Verlassenseins, das einen manchmal beschleicht, kann man durch Selbstgespräche entgehen. Man kann über den bisherigen Flugverlauf referieren oder sich die nächsten Schritte laut überlegen. Besser hilft natürlich das Gespräch über Funk mit einer zweiten Person, und ich werde den Eindruck nicht los, daß das sinnlose Gerede, über das sich die anderen Luftverkehrsteilnehmer zu Recht mokieren, hier seine tiefere Ursache hat. Alle Appelle nach Funkdisziplin haben nämlich bisher bei den Segelfliegern nichts gefruchtet.
Wesentlich einfacher sind die Grundbedürfnisse des Menschen nach Essen und Trinken und den Auswirkungen des letzteren zu befriedigen. Man nehme sich das mit, was einem sonst auch schmeckt und wonach man beim letzten Mal Appetit verspürt hat. Zur Belohnung nach dem Emporklettern aus dunklen Tiefen gibt's dann vielleicht ein Stück Schokolade oder einen Apfel. Und in einem ruhigen Bart kann man der Blase die notwendige Erleichterung verschaffen. Aber selbst das ist nicht immer so einfach, wie man annehmen sollte. Wer verkrampft und unter ständiger Anspannung fliegt, kann trotz gewaltigstem Druck entnervende Frustrationen erleben. So mancher Flug endete aus solchen Gründen schon vor der Zeit. Bleibt nur eins übrig: auch das Wasserlassen unter Cockpitbedingungen zu üben. Ganz nebenbei besteht die Möglichkeit, seine Familienmitglieder zu erheitern, wenn man, statt sich wie ein normaler Mensch auf die Toilette zu begeben, mit dem Plastikbeutel in der Hand in das Badezimmer schleicht und dort auf dem Boden sitzend seine Innereien zu überreden versucht.
Es gibt zwar genügend Piloten, die sechs oder acht Stunden lang auf diesem Gebiet keine Bedürfnisse haben, jedoch hat sich herausgestellt, daß sich Flüssigkeitszu- und abfuhr während des Fliegens nur positiv auswirken, heroisches Durchhalten dagegen schädlich sein kann.
Trotz guter körperlicher und seelischer Vorbereitung kommt es aber immer wieder einmal vor, daß man einen langen Tag nicht so recht durchsteht. Das kann an einer vor dem Start nicht erkannten Infektion, einem verdorbenen Magen oder einfach daran liegen, daß man seinen »schlechten Tag« hat. Sollte man in solchen Fällen tatsächlich Übelkeitsgefühle, Brechreiz o.ä. verspüren, so gibt's nur eine Lösung: so schnell wie möglich landen, bevor man sich und womöglich noch andere unnötigen Gefahren aussetzt.

Gewitter

Der Segelflugwetterbericht hat für den Süden und den Südwesten den Durchzug eines Tiefausläufers mit nachfolgenden Schauern angekündigt. Geringe, kaum nutzbare Thermik wird erwartet.

An diesem Sonntag ist der Schulbetrieb seit neun Uhr in vollem Gang. Ein frischer Wind aus 80 bis 90 Grad weht über das Gelände und erlaubt Ausklinkhöhen um die 550 Meter, selbst mit dem Kunststoffdoppelsitzer.

Vom späten Vormittag an stehen im Südwesten hohe Schichtwolken, die aber vom Hochdruckeinfluß, der östlich des Illertals noch besteht, konsequent aufgelöst werden, bevor sie unsere Region erreichen.

Aber auch unter dem Stratus ist scharfe Quellbewölkung zu erkennen. Immerhin reicht die »kaum nutzbare Thermik« dazu aus, daß man die Flugaufträge der Schüler zeitlich begrenzen muß. Birgit, unsere clevere Flugamazone, reitet den »Club-Astir« mehr als drei Stunden lang in Höhen bis 1600 Meter über Grund, um dann mit ausgefahrenen Klappen aus saftigen Bärten abzusteigen und dem nächsten das Steuer zu übergeben.

Gegen 17 Uhr verdunkelt sich plötzlich der Himmel. Die Sonne hat sich zu weit in die Nähe des Wolkenschirms gewagt und ist von ihm eingefangen worden. Die Kühle der Luft läßt nach Pullovern und Anoraks greifen.

Noch einmal startet die »Club-Libelle« und findet im diffus werdenden Licht Anschluß an die Thermik im Osten des Platzes. Der »Twin« kommt von einem Passagierflug zurück und meldet schwaches, aber großflächiges Steigen in Platznähe.

Die Alarmglocke in mir klingelt jetzt deutlicher als zuvor. Die Erwartung eines nichtalltäglichen Fluges spannt die Sinne. Wilfried, einer unserer älteren Flugschüler, ist als nächster dran.

Hoch über uns läßt sich die »Club-Libelle« blicken.

»Schau mal hinauf, wenn wir Glück haben, gelingt uns das auch.«

Schwarz schieben sich nun mittelhohe Quellschichten von Westen heran. Wenn wir uns jetzt nicht beeilen, klappt der Windenstart nach Osten nicht mehr.

Um 17.55 Uhr heben wir ab und klinken eine Minute später in 520 m Höhe aus. Ich habe nicht die Absicht, die seltene Situation mit einem einfachen Schulrundflug zu verschenken, sondern dirigiere den »Twin« an die platzbekannten Abreißkanten, die bereits allesamt im Schatten liegen. Wie um uns helfen zu wollen, kurbelt über uns die »Club-Libelle«. Vorsichtig tasten wir die Stellen ab, die mit größter Wahrscheinlichkeit den hebenden Ruck liefern könnten.

Nichts.

450 Meter zeigt der Höhenmesser noch an.

Aus Erfahrung weiß ich, daß unterhalb von etwa 350 Metern bei dieser Wettersituation nicht mehr mit auswertbarem Steigen zu rechnen ist. Ich versuche mir vorzustellen, woher die drohenden schwarzen Kanten über uns ihre Luftmassen herbeiziehen könnten und lasse meinen Flugschüler einen ausladenden Tastkreis in Richtung »Wetter« einleiten.

Weitere 40 bis 50 Meter Höhenverlust.

»Wenn sich jetzt nicht bald etwas rührt, wird's heute nichts mehr. Wir sind offensichtlich schon zu spät dran.«

Doch in der nächsten Schleife wird die Variometernadel aus ihrem Tiefschlaf geweckt. Zögernd streckt sie sich in Richtung »Null«.

Das dürfte unsere letzte Chance sein.

Mit einer Entschuldigung nehme ich Wilfried den Knüppel aus der Hand und kann schon nach dem ersten Kreis einen halben Steigmeter registrieren. Noch eine Korrektur in den Wind und plötzlich fängt auch der Höhenmesser an zu reagieren. Mit jedem weiteren Kreis nimmt die Intensität des Variometers zu.

Bei etwas über 4 m pro Sekunde bleibt die Anzeige konstant.

Zwei Minuten später zeigt die Höhennadel 1000 Meter über dem Platz. Und weitere 50 Meter höher ist auf einmal der Teufel los. Der schwere »Twin« wird geschüttelt wie ein nasser Lappen. Vollausschläge im Querruder genügen nicht mehr, um im Steigen zu bleiben. Überkräftige Tritte in die Seitenruderpedale müssen helfen.

Der Windsprung!

Wir sind in der Scherungszone, wo sich der Ostwind an der angreifenden Nordwestströmung reibt. Der starke Aufwindschlauch gerät in dieses Häckselwerk, wird in tausend Fetzen gerissen und mit neuen Luftmassen vermischt.

Unten am Startplatz hat zu dieser Zeit nach einer kurzen, drohenden Windstille ein böiger Rückenwind eingesetzt. An einen weiteren Start ist heute nicht mehr zu denken. Eine Rauchpatrone signalisiert die neue Windsituation.

Die »Club-Libelle« steigt aus stolzer Höhe ab und landet sicher entgegen der ursprünglichen Startrichtung. Inzwischen kämpft unser »Twin« mit der Turbulenz.

Die Fahrt schwankt zwischen 80 und 130 km/h, ohne daß sich die Lage zum Horizont ändert.

»Wir müssen da vollends hindurch!«

Mit dem Wegziehen der überschüssigen Fahrt in den Steigfetzen versuchen wir Höhe zu gewinnen und nehmen dabei das Wegsacken in den fallenden Teilen unserer Taumelbewegungen in Kauf. Doch die Böigkeit ist stärker, sie drängt uns aus dem Aufwindbereich heraus.

Erst eine weite Acht nach Westen bringt die Variometernadel wieder in zornige Arbeitswut. Der Höhenmesser weiß zunächst nicht, wie er sich gegenüber seinem Partnerinstrument verhalten soll und beantwortet das Gezeter des elektrischen Schreihalses mit stoischer Ruhe. Schließend setzt er sich trödelnd nach oben in Bewegung.

Mit zunehmender Höhe schließen sich die zertrümmerten Aufwindlüfte wieder zu einem ruhigeren Strom zusammen. Fünf Minuten später sind 300 Meter gewonnen, und die Luft streicht schmeichelnd über die Flügel, als wollte sie sich für ihre Unartigkeiten entschuldigen.

Kurze Walzen mit rotierenden Kondensen haben sich rechts voraus gebildet. Bereits im Anflug springt das Variometer auf über 2 Meter pro Sekunde. Mit wenigen Kreisen läßt sich der Höhenzeiger auf 1700 Meter treiben. So hoch wie der Gipfel des Nebelhorns befinden wir uns jetzt über dem Meeresspiegel.

Die Wolkenbasis scheint sich auf uns herabsenken zu wollen. Nur nach Osten hin, an der Stirnseite des Wetters, hebt sich die Decke.

Wir umkurven die tieferstehende Wolkenbank und schwingen uns vor ihren aufsteigenden Teil. An den rotierenden Fahnen läßt es sich wie am Hang hin- und herfliegen. Ohne zu zögern überschreitet der Höhenmesser die 2 km-Marke.

Von unten leuchtet die Donau mit ihren Stauflächen aus diffusem Licht herauf. Satte, überdunkle Farben strömen aus der Schwäbischen Alb zu uns auf. Düster liegt ein breiter Schatten über dem westlichen Donautal.

Dann zuckt der erste Blitz rechts voraus durch milchiges Grau und pinselt mit schnellem Strich ein mattes Ockergelb über die faserigen Gespinste. Ärgerlich grollend löscht der Donner die Farben sofort wieder aus.

Die aktive Zone des Gewitters hat sich also südlich des Flugplatzes zusammengebraut. Lockend hell steht ihr unterer Rand etwa 1000 Meter unter uns in sicherem Abstand.

»Auf keinen Fall da hinein!«

Brav bleiben wir vor dem Gewitterherd und fliegen die Walzen auf und ab.

Der Bericht des Rekordfliegers Karl Bauer fällt mir ein, der mit voller Absicht, aber gut vorbereitet den Kampf mit den Urgewalten aufgenommen hatte. Wie mußte ihm im Jahre 1959 in seiner »Weihe« zumute gewesen sein, als er sich mit Steigwerten von über zwanzig Metern in der Sekunde auf Höhen über 10000 Meter hinaufwirbeln ließ? Der alte Holzvogel hat ihn trotz Turbulenzen, Niederschlägen und Vereisung nicht im Stich gelassen.

Was sind dagegen unsere 2700 Meter, die wir uns im stabilen »Twin« durch »Hangsegeln« vor den fracto cumuli erarbeitet haben?

Ich weise meinen Flugschüler in die neue Technik ein. Er begreift sofort. Weitere hundert Meter gehören ihm.

Währenddessen treibt uns die Höhenströmung vor sich her. Der Flugplatz ist nicht mehr in Sicht. So interessant es jetzt wäre, mit diesem Cumulonimbus über Land zu ziehen, so unangenehm sind die Gedanken an die Folgen. Das Risiko einer Landung im Dämmerlicht auf unbekanntem Gelände, der mit Sicherheit nachfolgende Niederschlag, vielleicht mit Hagel vermischt, eine unvorbereitete Rückholung mit einem offenen Transportanhänger sind Gesichtspunkte, die gegen das zweifellos reizvolle Unternehmen sprechen.

Vor fünfzig Jahren hätte man sich eine solche Gelegenheit nicht entgehen lassen. Mit Begeisterung wäre man über all diese Hürden gesprungen. Doch nicht allein das Können befähigte Piloten wie den »Gewittermaxe« Max Kegel, der schon 1926 die gewaltigen Energien eines Frontgewitters ausnützte, sicher waren es auch die Unkenntnis der Gefahren, die den Tatendrang beflügelt und die Entdeckerfreude, die zunächst die Hemmnisse übersieht.

Heute entschließen wir uns zur Umkehr und halten das Risiko so gering wie möglich.

Der direkte Weg ist uns aber inzwischen versperrt. Ein Fangarm des brodelnden Molochs liegt quer vor uns. Wir weichen über den Südrand der Schwäbischen Alb nach Norden aus. Nasse Regenfinger greifen nach dem »Twin« und überschütten ihn mit kaltem Wasser. Vor uns beult sich die Basis flüssigkeitsschwer nach unten aus. Vorsichtig drücken wir die Fahrtmessernadel in die gelbe Zone. Aber auch jetzt sinken wir noch nicht.

Blind durch die graue Mauer zu stoßen, ist nicht ratsam. Wer weiß, was dahinter los ist. Also helfen nur die Klappen.

Mit einer Verbeugung nach vorn stößt die Schnauze unseres Vogels nach unten. 400 Meter müssen aufgegeben werden, ehe wir wieder einwandfreie Sicht voraus bekommen. Mit zwei Metersekunden Fallen erreichen wir die Rückseite des Gewitters. Schimpfend maulen die Donner hinter uns her. Leichter Regen trägt uns in schwerer Luft.

Zwischen prallgefüllten Wassersäcken hindurch scheint plötzlich eine tiefstehende Sonne bleich und müde hervor und beleuchtet mit letzter Kraft spiegelnde Straßen und Flußläufe. Farbverstärkt glänzen die Niederungen des Donauraumes, und die weichen Rundungen der Albberge bilden einen eigenartigen Kontrast zu dem verschwommenen Gelb über der Horizontlinie.

1300 Meter unter dem linken Flügel bietet sich der Flugplatz Erbach zur Landung an. Falls sich der Wetterherd über unserem Heimatgelände festsetzen sollte, werden wir hier landen.

Doch Neu-Ulm »Info« ist noch besetzt und gibt bereitwillig Auskunft: »Bodenwind aus Nordwest mit mindestens 35 Knoten. Der Zeiger steht am Anschlag.«

Nordwest? Dann liegt das Zentrum höchstwahrscheinlich südöstlich des Platzes und saugt für seinen Gewitterturm von dort aus den Nachschub an. Jetzt heißt es warten, bis der Wind sich etwas beruhigt hat.

Wir sparen mit der Höhe und richten die Nase vorsichtig auf Heimatkurs. Mit Aufwinden ist jetzt nicht mehr zu rechnen. Satt durchtränkter Boden braucht Stunden, bis er sich wieder aufheizt, und von der Sonne ist jetzt nichts mehr zu sehen. Hier hat das Gewitter seine Kraft verpulvert und zieht nur noch eine Regen- und Windschleppe hinter sich her.

Zitternd perlen die Wassertropfen die Plexiglashaube entlang, lassen aber den Blick auf unser Landegelände passieren.

Noch eine Wetteranfrage:

»... nur noch 25 Knoten, aber Seitenwind!«

Es dämmert bereits und wir entschließen uns zur sofortigen Landung. Aus 400 Metern über Grund erfolgt der Endanflug unkonventionell diagonal zur Landewiese, um die Seitenwindkomponente so gering wie möglich zu halten.

Nur wenige Zentimeter müssen die starken Luftbremsen ausgefahren werden, um den bockenden Doppelsitzer ins nasse Gras zu setzen.

Noch auf dem Weg zur Halle werden wir erneut von strömendem Regen überfallen.

Erst fünf Tage später hört er wieder auf.

Über dem Gletschergebiet des Roseg

Neuschnee

99
D-6302

Alpen

Kalt und hart steht der Reif auf den Auto- und Zeltdächern. Die klare Nacht hat die Wärme des Vortags aus allen Ritzen und Fugen gesogen und in die Weiten des Weltalls verteilt.
Sieben Grad unter Null: nichts Ungewöhnliches auf dem Campingplatz von Samedan in den Morgenstunden der letzten Sommertage.
Doch eine gute Stunde später schon läßt es sich mit entblößtem Oberkörper herrlich im Freien frühstükken.
Unten, neben dem langen grauen Band der Hartbelagpiste, kommt bei den Abstellplätzen der Segelflughänger Bewegung auf. Aus Klappen und Türen werden weiße Kunststoffteile herausgezogen und zu großen Kreuzen zusammengesetzt.
Jeder der erfahrenen Piloten weiß, daß in dieser Jahreszeit kein früher Start möglich ist, und doch lassen sich etliche durch die zunehmenden Aktivitäten aus der Frühstücksruhe bringen und sind bald ebenfalls startbereit.
Vielleicht geht es heute eben doch noch einmal früher los?
Der Windsack torkelt um den hohen Mast vor dem Flugleitungsgebäude.
Wenn die Startrichtung 2-1 bleibt, müssen die Segler nicht zwei Kilometer weit über holpriges Flugplatzterrain gezogen werden.
Der Flugleiter greift zum Fernglas:
»So können wir überhaupt nicht starten. Am anderen Platzende hat der Wind die Gegenrichtung.«
Der im Sommer so verläßliche Luftstrom, der nach Konvektionsbeginn täglich über den Malojapaß in das Oberengadin fällt, ist schon sehr müde geworden. Er schafft es auch heute nicht mehr.
Aber er stiftet noch so viel Unruhe in der Atmosphäre, daß sich erst um zwei Uhr nachmittags eine deutliche Oстströmung durchsetzen kann: also Startrichtung 0-3.
Wer sein Flugzeug noch im Hänger hat, kann an der anderen Seite der Startbahn aufbauen und ist schneller bereit, als die anderen, die, leicht verärgert über ihre eigene Voreiligkeit, mit der Flügelspitze in der Hand hinter ihrem PKW durch die kurzen Gräser stapfen.
Der Windenstart ist heute zahm. 300 Meter können herausgeholt werden, und wer damit beim ersten Versuch nicht zurecht kommt, muß noch einmal zwanzig Fränkli opfern.
Max, der beste der ansässigen Segelflieger, und ich sind uns heute einig: Den Hang von Muottas Muragl braucht man gar nicht erst zu bemühen. Er liegt im Lee. Aber aus der Düse des Bevertals heraus trifft kanalisierter Wind auf die Gegentalseite. Die kleine bewaldete Hangnase davor hält ihre Flanke senkrecht zu den Sonnenstrahlen.
Mit ein paar dicht am Berg liegenden Achten läßt sie sich heute rasch übersteigen. Der Weg ist gebahnt für enge Bodenkreise. Vor dem Hang treiben ruppige Steigfetzen. Noch sind Zentrierversuche sinnlos. Jedoch bleibt der mittlere Steigwert gut über 1 m pro Sekunde. Trotz steilen Einkreisens sackt etwa ein Viertel des Kreises abrupt ab. Das Variometer besingt stufenlos die Tonleiter.
»Die Basis ist bei 3600 Meter.«
Max kennt sich an seinem Heimatplatz aus wie kein anderer. Er hat heute seiner ASW 20 die Ohren langgezogen und schon die Absprunghöhe für alle Ziele im Engadin erreicht.
Meine Kreise liegen jetzt wieder näher am unruhigen Fels, aber in sicherer Entfernung. Langsam fließen die zerstreuten Aufwindbäche zu einem kräftigen Fluß zusammen, und aus dem Instrumentenbrett ertönt das Legato eines konstanten 2-Meter-Bartes.
Baumgrenze – Felswand – Gipfelkuppe – frei.
Das Auge verläßt nun beim Kreisen den Berg und richtet sich nach oben. Wir liegen richtig im Saugstrom einer flachen weißen Qualle und lassen uns genüßlich nach oben an ihren Mund schlürfen.
Über dem Munt Müsella zeigt der Höhenmesser 3600m, genug, um quer über die Gipfel zum Piz Lan-

guard zu springen. Ein Bergwanderer hat dort die Höhe bis zum Rasthaus erklommen und winkt herauf.

Grüßend lassen wir ihn zurück.

Max und Christian, ein weiterer Schweizer, melden sich aus dem Berninagebiet. Die höchste Erhebung des Oberengadins ist wolkenfrei und lädt zur Besichtigung ein.

Der Morteratsch streckt seine kalte Gletscherzunge ins Berninatal. Mit 180 auf dem Stau lassen wir sie unter uns hindurchziehen, heben über den Piz Chalchagn hinweg ins Steigen der Nordwestflanke, umrunden das Dreieck des Tschierva und finden uns beim Piz Morteratsch in einem 3 m-Steigen wieder. Etwa zehn enge Kreise bringen eine Höhe von 3900 Metern. Mit steiler Brutalität stürzen hier die Felswände ins Bodenlose, der Blick hinab in die Tiefe macht bewußt, wie ausgeliefert man seinem Fluggerät ist.

Im durchsichtigen Dunst verliert sich nun der Auftrieb. Wenige Augenblicke geradeaus geben einen grellblauen Himmel frei, in den der nie abschmelzende Bianco-Grat wie eine Schneide hineinfährt. Frische Fußspuren zeugen noch von dem großartigen Erlebnis, dem hier Bergwanderer entgegengestiegen sind.

Gemächlich klettert der Zeiger auf die 4100 m-Marke und verweilt dort schließlich. Mehr ist heute nicht drin, aber diese Höhe genügt allen Ansprüchen.

Der Blick ins italienische Sondrio hinunter verheißt allerdings nichts Gutes. Tiefe Wolken hängen an der Südseite des Berninamassivs und drängen gegen die Schweizer Grenze. Wer heute hier hinunter fliegt, kommt nicht mehr zurück ins Engadin.

»Komm mit ins Bergell.«

Max schießt mit hoher Fahrt an mir vorbei.

»Gleich.«

Strahlend steht die Sonne im Cockpit, das Außenthermometer korrigiert die Täuschung: minus 8 Grad. In einem weiten Panoramakreis gebe ich mich den Eindrücken von Höhe, Sonne, Gebirge, Farbe hin und versuche, mit einigen Fotos die Alpenstimmung einzufangen.

Ein paar Minuten später nehme ich Kurs auf den Malojapaß. Max ist gegen die Sonne nicht mehr zu finden. Über die Grenzlinie zwischen Italien und der Schweiz folge ich seiner unsichtbaren Flugspur. Fast konturlos fügen sich die gewaltigen Gletscherspalten unter dem Piz Roseg in das graubraune Eis. Hier lebt das starre Wasser. Man spürt förmlich, wie es sich als kalte, gigantische Echse hinab ins Val Roseg wälzt, sich dabei an jedem Wirbel das Rückgrat bricht und sich endlos erneuert. Aus unerschöpflichen Adern blutet milchiges Rinnsal.

Am Piz Fercoz verhalte ich und blicke heute zum erstenmal bewußt ins Bergell. Doch ich suche vergebens nach dem scharfen Einschnitt, der zum Comer See führt. Dichte Stratusbewölkung liegt im gesamten Tal so weit das Auge reicht und erlaubt nur den höchsten Gipfeln, ihre Köpfe aus der Wolkendecke zu strecken. Auch heute ist der Malojapaß Wetterscheide, die dem Engadin seine Sonderstellung verschafft. Nur eine langgestreckte Nebelbank züngelt vorwitzig über die Paßhöhe bis nach Silvaplana. Dauerregen im Italienischen, strahlende Sonne im Engadin.

Mit dem Flug ins Bergell dürfte es damit wohl nichts werden. Wie eine mit Schaum gefüllte Schüssel liegt der gesamte Westen vor meinen Füßen. Die Obergrenze dieses Gebräus hat genau die Höhe des Malojapasses.

»Max, Position?«

Ich glaube, nicht richtig zu hören:

»Über dem Bergell, komm ruhig her.«

Vom Disgrazia aus versuche ich, die beiden Schweizer Segler auszumachen – vergeblich. Gegen das grelle Licht ist nichts zu sehen, obwohl die Entfernung meiner Meinung nach nicht so groß sein dürfte.

Nach meiner Positionsmeldung hilft mir Max:

»Disgrazia ist falsch. Flieg mal von dort aus genau gegen die Sonne!«

Also doch in dieses matte, wolkenlose Blau, doch über die geschlossene Wolkendecke?

3500 Meter sind noch genügend hoch und ich wage einen zaghaften Vorstoß: Über den Felsgraten entlang taste ich mich nach Südwesten vor und registriere überrascht, daß ich nach 10 Kilometern noch keinen Meter Höhe verloren habe.

Plötzlich erkenne ich weit voraus einen blinkenden Punkt und daneben noch einmal einen kleinen Blitz.

»Ich glaube, ich habe euch entdeckt.«

Mit einem abschätzenden Blick zurück auf den Malojapaß wage ich den Sprung zum nächsten Grat. Immer noch 1700 m über der Paßhöhe scheint mir ausreichend, um noch weiter weg fliegen zu dürfen. Längst ist die Landschaft unter den Flügeln verschwunden und durch einen strahlend hellen Schaumteppich ersetzt, der die bereits schrägen Sonnenstrahlen ausschließlich in die Augen zu reflektieren scheint. Doch der Bergzug, über dem ich mir gerade meinen Weiterflug in die scheinbar stabile Zone vor mir überlege, trägt plötzlich und hebt den Segler wieder auf sichere Höhe.

Max und Christian haben mich entdeckt und kommen mir entgegen:

»Komm mit, da hinten geht es noch besser.«

Vor uns liegt nun der endgültig letzte Bergzug, der aus 3000 m Höhe in geschwungenem Bogen in das träge Weiß eintaucht und nie mehr erscheint. Doch seine langen, steilen Flanken stehen gegen den Nordwestwind, der hier in der Höhe herrscht und werden zusätzlich noch von der Nachmittagssonne in idealem Winkel bestrahlt. Wer würde da unten im verregneten Bergell ahnen, daß man über den Wolken thermisch segeln kann? Ein seltenes Zusammentreffen günstiger Umstände verschafft uns eine ausgesprochen wohlgesonnene Atmosphäre.

3500 m Höhe sind überall mühelos zu halten und immer wieder zu erreichen, falls man sich etwas tiefer gewagt hat, so daß die Anspannung einem gelösten Gefühl weicht. Nun erst dringt es richtig ins Bewußtsein, daß wir hier etwas ganz Besonderes erleben.

Im Norden ragen die hohen Berner Alpen aus dem Wattemeer, und einsam steht das Montblanc-Massiv am Horizont.

Wir sind an der letzten möglichen Thermikquelle angekommen, die uns die Berge noch bieten, ehe sie im Weiß verschwinden. Weiterfliegen wäre gefährlich, zu unsicher wäre der Rückweg.

Christian hat als einziger von uns noch ein paar Fotos auf dem Film frei. Er läßt uns vorausfliegen und dirigiert die Positionen, Max bemüht sich inzwischen als Fremdenführer:

»Hier sind wir am Piz Badile.«

Aha, dann liegt uns schräg links voraus das Riesen-Ypsilon des Comersees zu Füßen. Doch man kann heute die Landschaft nicht einmal erahnen, zu geschlossen liegt die feuchte Abdeckung darüber.

Durch die Fotomanöver haben wir etwas Höhe verloren und richten die Nasen vorsichtshalber wieder nach Osten. Die Gipfelkreuze schauen bereits zu uns herab.

»Hier, diese schwarze Wand am Badile hat den 6. Schwierigkeitsgrad.«

Max denkt laut als Bergsteiger. Beängstigend steil zieht die blauschwarze, schartige Felsmauer an uns vorbei. Er hat sie schon mit Seil und Haken bezwungen.

Zuverlässig heben uns die Berge wieder in sichere Höhen, und übermütig tollen wir umeinander herum. Schließlich laugt der späte Nachmittag die Sonnenscheibe aus. Die größten Höhen liegen nur mehr bei 3300 m. Nach einem letzten Rundblick über das Wolkenmeer, das sich mit später Stunde zunehmend ins Gelblich-Orange verfärbt, nehmen wir über den Graten Kurs auf Maloja.

Nach knapp 20 Kilometern hat sich der Abstand nach unten kaum verändert, und wir stacheln uns im Anflug auf St. Moritz zu immer höheren Geschwindigkeiten an. Schließlich steht der Zeiger auf der roten Linie. Mit 270 km/h rauschen wir ins Oberengadin hinab, die rechten Flügel in sicherem Abstand zu den hellbraunen, sonnenbeschienenen Felsen, deren Bewegungen wir in weichen Linien folgen.

Max und Christian verabschieden sich mit ausgefahrenen Bremsen. Ein Blick auf die Uhr: Mir bleibt noch eine knappe Stunde bis zur obligatorischen Landezeit um 19 Uhr.

Bis nach Zernez lasse ich den schnellen Vogel noch gleiten, dann werden auch die höheren Bergspitzen dunkel. Die Abendthermik trägt mich mit beschaulicher Fahrt zurück zur sicheren Landung im dunklen Samedan.

BESONDERHEITEN DES BERGFLIEGENS

Wer im Flachland seine Segelflugausbildung genossen und dort seine Flugerfahrungen gesammelt hat, muß

wohl oder übel noch einiges hinzulernen, will er sich auch in den Alpen sicher bewegen.
Die ersten Flüge sind erfüllt von der Besorgnis, den Fels- und Gesteinsmassen nicht zu nahe zu kommen. Genau das aber wird einem abverlangt, will man während des Konvektionszeitraums Höhe gewinnen.
Ich erinnere mich immer wieder an meinen ersten Gebirgsflugversuch: Mit einem L-Spatz wollte ich 1960 einen 300 km-Flug nach Yverdon in der Schweiz legen. Im Schweizer Jura, der gegenüber den Hochalpen noch relativ ruhig verläuft, machte ich die erste Bekanntschaft mit höheren Bergen. Allein ihr Anblick flößte mir damals Unbehagen ein. Die Versuche, vor den Höhenzügen immer weit über Gipfelhöhe zu bleiben, waren von vornherein zum Scheitern verurteilt. Der nächste Tiefpunkt verleitete mich zur Flucht ins Aaretal, und trotz 1000 m über Talgrund und Rückenwind konnte ich mich zehn Minuten später von einem Schweizer Bub fragen lassen:
»Das ischt doch heute ein guater Wind gsi, wieso sind Sie dann scho glandet?«
Erfahrungen dieser Art lassen sich vermeiden, wenn man sich die Technik und die Taktik gewiefter Alpenflieger anschaut.
Unterhalb der Gipfel trifft man starkes Steigen fast nur in hangnahen Bereichen an. Abgesehen von der Gefährlichkeit des Kreisens vor dem Hang bringt ein voller Kreis meist nur in der Bergseite Steigwerte, da die Thermikluft in einem relativ schmalen Band bodennah nach oben strömt.
Lohnender und weit ungefährlicher sind die Achten vor dem Hang, die um so besseres Steigen liefern, je steiler die Flanke der Sonne zugeneigt ist. Steht auch noch der Wind darauf, so ist mit fast hundertprozentiger Sicherheit Aufwind zu erwarten, es sei denn, er wird durch besondere Umstände (Hangwirbel in tiefen Bereichen, Strömungen aus Seitentälern o.ä.) gestört.
Während des »Hangpolierens« sollte man bereits auf stärkere Ablösungen achten, in die man einsteigen kann, wenn man sich über der Hangkante befindet. Auch unterhalb ist oft ein Einkreisen angebracht, vorausgesetzt, eine genügend geräumige Scharte oder Kuhle läßt den notwendigen Raum. Ständige, konzentrierte Aufmerksamkeit ist lebenswichtig, da man auf die Luvseite beim Kreisen auch immer näher an den Berg versetzt wird. Solange das Steigen anhält, wird das durch die mit der Höhe zurückweichenden Wände kompensiert. Läßt sich jedoch der Steigkern nicht richtig fassen, so wird man immer näher an die Bergflanke getragen. Vorsicht und rechtzeitige Korrekturen sind hier unerläßlich.
Hat man erst einmal Gipfelhöhe erreicht, ist der thermische Flug genau so problemlos wie im Flachland. Jetzt gilt es, mögliche Abreißkanten zu suchen; denn die aufsteigende Luft bleibt zunächst einmal auf Grund ihrer Adhäsion am Gelände »kleben«, es sei denn, sie kann sich vorzeitig an Vorsprüngen o.ä. ablösen, weil sie der Geländekontur nicht mehr zu folgen vermag. Der späteste Abriß erfolgt demnach immer am Gipfel.
Es scheint aus der Beobachtung heraus so, als ob sich die aufsteigenden Luftschichten zusammen mit den vielen kleinen Nebenadern in einem Hauptstrom vereinigen, der über den höchsten Ablösepunkten einen meist kräftigen Aufwindschlauch bildet. Sichtbare Anzeichen dafür sind die Gipfelwolken, die auch noch bei relativ trockenem Wetter die stärksten Steigkerne markieren.
Der Überlandflieger wird sich aber weniger auf diese punktförmigen Energiequellen konzentrieren. Ihm sind die Aufwindbänder lieber, die ihm einen zwar thermisch schwächeren, aber schnellen, höhenkonstanten Geradeausflug ermöglichen. Die besten Zonen hierfür liegen von knapp unter bis knapp über Gipfelhöhe.
Nur wenn breite Haupttäler gequert werden müssen, wird die große Höhe bis zur Wolkenbasis gesucht.
Am späten Nachmittag bei bereits tiefer stehender Sonne ist ein spürbares Nachlassen der Bergthermik festzustellen. Nur aus besonders exponierten Flanken strömt es noch einigermaßen konstant nach oben. In den Schattenzonen und den flach bestrahlten Gebieten wird bereits wieder mehr Wärme abgegeben als aufgenommen.
Kalte Lüfte fließen zu Tal. Tritt dieser Zustand dann an beiden Talseiten ein, so treffen sich beide Strömungen in etwa in Talmitte und werden gezwungen, nach oben auszuweichen: Die sog. Umkehr- oder Abendthermik ist in Gang gekommen.

Zwischen Verebben der Bergthermik und Einsetzen der Umkehrung liegt jedoch ein Zeitraum der Flaute. Er läßt sich überbrücken, indem man gegen Abend die letzten hohen Gipfelwolken ausnützt und aus größeren Höhen tastend in die schwarz gewordenen Täler eintaucht. Auch hier lohnen sich Ortskenntnisse und sichere Beobachtungsgabe. Scharfe Taleinschnitte erweisen sich meist weniger brauchbar als breitere Talböden, da ein steiler Talabfall auch ein rascheres Abfließen der Luftmassen bewirkt.
Treffen aber aus einem scharf eingeschnittenen Seitental die abwärts strömenden Luftmassen auf eine Gegenströmung oder ein orographisches Hindernis, so ist mit gut ausnutzbarer Spätthermik zu rechnen.
Das Auffüllen der Täler mit Kaltluft kommt bis Sonnenaufgang zum Stillstand. Kalte Luft in Bodennähe – je nach Luftmasse auch Nebel oder Dunst – und eine mehr oder minder hohe Inversion darüber, das ist wieder die Ausgangslage für den neuen Tag.

HÖHENFLÜGE ÜBER DEN BERGEN

Zwei Wege sind möglich, große Höhen über den Bergen zu erreichen: der Wolkenflug und der Wellenflug.
– Die Technik des Wolkenfliegens wurde bereits angerissen. In den Alpen ist jedoch mit noch größerer Vorsicht vorzugehen: Auch erfahrene Bergflieger werden nicht in dichte Wolkenfelder oder gar gewitterträchtige Cumulonimben einsteigen, sondern frische, einzelstehende, »trockene« Quelltürme suchen, aus denen es möglichst nach allen Seiten einen sicheren Ausweg im wahrsten Sinne des Wortes gibt.
Der freie Raum zwischen Wolkenbasis und Gipfeln sollte nie weniger als 500 m betragen, um noch genügend Zeitreserve für Orientierungsaufnahme und Steuerkorrekturen zu haben, falls man unkontrolliert aus dem Kondens fällt. Das kann recht unverhofft geschehen: Beim Anlegen der Sauerstoffmaske, beim Aufdrehen des Ventils, bei der Überwachung der ersten Atemzüge vergeht genügend Zeit, um den Instrumenten Gelegenheit zu chaotischem Verhalten zu geben.
– Angenehmer ist dagegen der Flug in der sog. Welle, die bei vollem Sichtflug mit seidenweichem Steigen größte Höhen erlaubt.
Viel Zeit und Geld wird aufgewendet, um von einigen, gerade in Mode stehenden Alpenflugplätzen aus die »Höhe zu machen«. Innsbruck, Aosta, Fayence, St. Auban, Zell am See usw. sind klingende Namen für alle, die nach einem Diamanten am Abzeichen streben. Allen gemeinsam ist, daß sie an charakteristischen Wetterlagen vom Flugplatzgelände aus erprobte Aufstiegsrouten liefern, die fast schon die Startüberhöhung garantieren. Doch diese Dienstleistung muß kräftig entlohnt werden.
Weit weniger bekannt und genutzt wird die Tatsache, daß Wellenerscheinungen hinter jedem Gebirgszug möglich sind, der in etwa quer zur Windrichtung steht, eine ausreichende Windgeschwindigkeit vorausgesetzt. Es braucht nicht die Regel zu sein, daß man sich erst durch brutale Rotoren hindurchkämpfen muß (mancherorts wird man sogar per Flugzeugschlepp in die Welle gehievt), um demoralisiert oder geläutert den Anschluß an die laminare Strömung zu finden. Oft erreicht man z.B. bei nachlassender Thermik aus einem gipfelhohen Gebiet ein Tal, das quer zum Höhenwind steht. Liegt auch noch eine Inversionsschicht so, daß gerade noch flache Quellwolken entstehen, so können Fetzen des Talrotors durch die Inversionsgrenze greifen. Mit einigen Suchschleifen und etwas Glück (oder Erfahrung) gelingt es, in die Steigzone zu kommen, die einen über die graue Grenzlinie der Inversion hebt.
Die laminare Strömung wird an ihrer Ruhe spürbar.
Jetzt gilt es, in dem aufsteigenden Ast der Schwingung zu bleiben. Wer als Thermikflieger nach alter Gewohnheit bei kräftigem Steigen einkurvt, um seine üblichen Kreise zu ziehen, wird schnell enttäuscht, weil er wenige Sekunden später wieder im fallenden Teil der Wellenströmung landet. Rutscht er dabei auch noch unter die laminare Strömung, so hat er wahrscheinlich die Chance des Tages vertan. Oder er muß noch einmal ganz von vorn anfangen: zurück in die Thermik, höhere Gefilde aufsuchen, neuer Anflug...
Richtig macht es der, der sich parallel zum Tal einen unsichtbaren Hang vorstellt, an dem er je nach Windstärke mit mehr oder weniger großem Vorhaltewinkel

hin- und herfliegt oder gar mit der Schnauze gegen den Wind die Fahrt so variiert, daß er gegenüber dem Boden nahezu ortsfest bleibt. Vielleicht bildet sich mit fortschreitender Stunde auch noch eine Linsenwolke über oder neben ihm, dann wird der eingebildete Hang gar zur Wirklichkeit.

Es ist schade, daß gerade der Höhenflug in den Bergen stark kommerzialisiert worden ist. Der Entdeckerfreude und dem Erfolgserleben, gerade den Werten, die man als Segelflieger so sucht, wird dadurch entgegengewirkt, daß man gegen Bezahlung einen Fahrplan zu einem sogenannten Leistungsabzeichen erwerben kann.

Der Touristenrummel der Segelflieger in den »Diamantenfabriken« hat ein erschreckendes Ausmaß angenommen: Achtzig oder hundert Segler drängeln sich nicht selten mit Tricks und Unfairness in eine vermeintlich günstige Startposition, wenn die erwartete Föhnlage einzutreffen verspricht.

Wo bleibt da noch Platz für die Gelassenheit, für den Blick nach innen, wenn nur der Gedanke an das Leistungsabzeichen vorherrscht? Aber die Einstellung, daß man selbst auch das haben muß, was der Nachbar besitzt, macht natürlich auch vor dem Segelflug nicht halt. Man kann es sich schließlich doch leisten, oder?

Also auf nach ...

»Wo hast du im letzten Jahr deinen Diamanten gemacht?«

Höher!

Von einem nicht alltäglichen Flug berichtet ein schwäbischer Segelflieger:
»Demnächst hat doch deine Tochter wieder Geburtstag. Wetten, daß dann wieder der Föhn bläst?«
So hatte die Stammtischrunde am letzten Montag noch gefrozzelt, während ich mich auch ein Jahr später noch über die verpaßte Gelegenheit ärgerte. Fast alle waren sie damals beim Wellenfliegen gewesen, hatten sagenhafte Höhen erreicht, nur ich »durfte« bei Kaffee, Kuchen und Kinderspielen das Wochenende verbringen.
Doch diesmal scheint Fortuna mich zu begünstigen. Tatsächlich naht mit dem Geburtstag des Töchterchens auch eine vielversprechende Wetterlage, dazu noch am freien Wochende.
Ein Anruf bei der Wetterwarte am Samstagabend bestätigt die Vermutung: kräftiger Wind aus Süd mit ca. 50 Knoten in der Höhe. Diesmal bin ich bereit.
Am Sonntagmorgen reißt mich der Wecker aus einem erwartungsvollen Schlaf: 4.30 Uhr. Das Frühstück schmeckt zwar noch nicht so recht zur frühen Stunde. Aber um 6 Uhr liegen die wattierten Hosen, der dicke Anorak und die Fellstiefel mit den beheizbaren Sohlen im Kofferraum. Der Transportanhänger schnappt auf die Kupplung.
Nach gut zweistündiger Fahrt treffe ich auf dem kleinen Flugplatz am Alpenrand ein. Die Freunde sind schon seit gestern da:
»Na, was haben wir gesagt? Auf deine Tochter ist halt Verlaß.«
Nach wenigen Minuten stehen die Segler startbereit am Pistenrand. Kurz vor zehn Uhr hebt unser Schleppzug von der Piste ab. In ruppiger Luft gewinnen wir die nötige Ausgangshöhe: 1400 Meter.
Der Hang trägt sofort. Mit wenigen Schleifen greifen wir uns 1000 Höhenmeter. Vor der Kante steht wirbelnd die Rotorwalze. Zerrissene Kondensen verheißen Kampf. Gegen den starken Wind fliege ich sie an, ziehe in ihrem Steigbereich hoch und nehme den nächsten grauen Fetzen ins Visier.
Treppenartig läßt es sich steigen. Ermüdend sind die harten Schläge. Endlich bei einer Anzeige von etwa 3000 m wird es beim erneuten Vorfliegen plötzlich ruhig. Als ob nichts gewesen wäre, hängt die »Club-Libelle« in der laminaren Strömung.
Ich versuche, mich zu entspannen. Die Berggipfel um mich herum beginnen, ihre massige Wucht zu verlieren, während das Variometer bei etwa 3,5 m/s verhält. Wäre da nicht der Höhenmesser, nichts würde auf eine vertikale Bewegung hindeuten.
Bei 4000 m greife ich nach der bereitgelegten Sauerstoffmaske und stülpe sie über. Rechtzeitige Sauerstoffversorgung ist eine wichtige Voraussetzung für längere Flüge in großen Höhen. Und heute sieht es ganz danach aus, als ob wir nicht so schnell landen müßten.
Rasch nimmt die Höhe zu. In den letzten 10 Minuten habe ich 2000 m zugelegt, doch nun klettert die Nadel zögernder, schafft zwar noch spielend die 6000er, nicht aber die 7000er-Marke. Immerhin, wir sind nun fast doppelt so hoch wie der Großglockner.
Trotz aller Bemühungen scheint hier aber das Steigen ausgereizt zu sein. Kreise und Verlagerungen geben nichts mehr her. Eine Viertelstunde lang schwimme ich auf gleicher Höhe herum. War's das schon für heute?
Ich suche den Himmel um mich herum nach Anzeichen ab, die auf hochstrebende Luftmassen hinweisen. Heute bin ich höhenhungrig. Ein eigenartiges Gefühl von Tatendrang und Erlebnisfreude hat mich erfaßt. Und vor mir entdecke ich in beachtlicher Entfernung einen Schleier, der zehn Minuten vorher noch nicht vorhanden war. Dort muß etwas los sein. Ohne Grund bildet sich auch nicht die kleinste Wolke.
Warum soll ich es dort nicht probieren? Fast 7 Kilometer Höhe sind ein ausreichendes Reservepolster.
Mit hoher Fahrt dränge ich meine »Club-Libelle« nach Süden. Kalt stemmt sich der Luftstrom dem Segler entgegen. Das Variometer rutscht ab und brummt mit Baßtönen unwillig vor sich hin.

Habe ich mich verschätzt? 600, 800 Meter gehen verloren. Fast genau unter der durchsichtigen, perlmuttfarbenen Wolkenhaut läuft der Höhenmesser nach unten. Noch einmal gebe ich 200, 300 Meter in wenigen Sekunden auf. Dann plötzlich wird der Steigton des akustischen Varios wieder hörbar. Seidenweich nehmen mich die Lüfte mit in das dunkle Blau.
Pro hundert Meter Höhe benötige ich kaum mehr als eine halbe Minute. Und aus dem feinen Schleier wird in der gleichen Minutenschnelle eine Hebungswolke klassischer Natur. Sie streckt sich zusehends in die Länge und nimmt bald eine Ausdehnung an, die sich nur schwer abschätzen läßt. Sind es nun 40 oder 70 km, die sie überspannt? Ich vermag mich nicht festzulegen. Jedenfalls muß sich die Höhenströmung irgendwie so verändert haben, daß sich eine riesige Welle aufschwingt. Was konnte mir besseres passieren, als genau die starke Anfangsphase zu erhaschen?
Nichts weiter bleibt mir nun zu tun, als hier gegen den Wind zu stehen und fasziniert zu beobachten, wie die Alpen vollends ihr Relief verlieren und sich platt in die Erdoberfläche einzuordnen scheinen, während sich in gleichem Maß die Riesenwoge auf mich herabzusenken droht.
Ich schalte die Sauerstoffanlage auf den höchsten Bereich und ziehe gleichmäßig am trockenen, lebenswichtigen Gas aus der wohlgefüllten Flasche, kontrolliere dabei gleichzeitig die Funktion der Geräte.
8000 m ziehen vorbei: meine bisherige persönliche Höhenbestleistung. Ich ahne, ja spüre es förmlich: Heute geht es weiter hinauf. Wenn jetzt noch in jeder Sekunde 2 Meter erklommen werden, dann ist so schnell kein Ende abzusehen.
Keiner meiner Freunde ist mehr in meiner Nähe. Ich bin allein. Trügerisch warm scheint die Sonne ins Cockpit, doch draußen ist es bitterkalt. Langsam beginnt die Haube von innen zu vereisen. Der warme Strom der ausgeatmeten Luft hängt wie Rauch vor den Instrumenten, schlägt sich als Kristallnadeln nieder. Ich muß Lüftung und Seitenfenster voll öffnen, um ein ausreichendes Stück Glas vom Eis zu befreien und Bodensicht zu behalten.
Währenddessen sind 9000 m überschritten. Ich komme mir vor wie im Traum. Unnatürlich eingeebnet erscheint das Alpenmassiv, selbst die höchsten Spitzen haben keine Bergähnlichkeit mehr. Ortschaften und Städtchen werden zu wesenlosen Flecken, Straßen und Flußläufe zu flächenlosen Linien.
Nur die Föhnwolke nimmt Form und Raum an, sie ist das einzige plastische Gebilde, das in meiner Blickweite liegt. Genau so hoch wie ihre Untergrenze bin ich jetzt, verweile im ständig aufwiegenden Ast ihrer Vorderseite und lasse mich vor ihre Stirn heben.
Etwas wie Festigkeit geht von dieser Wolke aus. Sie mildert ein wenig das fremdartige Gefühl, regungslos und weit abseits der Erde im Weltall zu sitzen. Nur an ihr findet das Auge einen Halt.
Mir fällt ein, daß mein Höhenschreiber »nur« bis 10000 Meter ausgelegt ist, und ich ärgere mich nun, daß ich ihn nicht habe umrüsten lassen, denn heute scheint es unbegrenzt hoch zu tragen. Noch verspüre ich den eigentümlichen Willen, mehr und mehr Höhenmeter zu erklimmen. Was mich treibt, kann ich nicht erklären.
Was machen die anderen? Wo sind sie? Haben sie ebenfalls Anschluß an diese Wellenwoge gefunden?
Vorsichtig versuche ich, für ein paar Sekunden die Sauerstoffmaske abzusetzen. Die gefütterten Handschuhe behindern mich. Doch noch bevor ich mich mit dem Funkgerät und dem Mikrofon befassen kann, befällt mich trotz tiefer Atemzüge heftige Atemnot. Mir ist, als wäre ich beim Tauchen und käme nicht mehr rechtzeitig an die Wasseroberfläche. Erschreckt verspüre ich die Lebensfeindlichkeit dieser Region und stelle so rasch wie möglich wieder die Verbindung zur Sauerstoffflasche her. Noch einen Versuch dieser Art werde ich nicht mehr wagen, das verspreche ich mir.
Kein Wunder: 10500 Meter zeigt die Höhennadel nun an. Ohne intakte Versorgung mit Zusatzluft blieben mir vielleicht 20 Sekunden Zeit für eine vernünftige Reaktion. Nicht daran zu denken, wenn die Anlage defekt wird. Ein schneller Abstieg bis in atembare Höhen wäre nicht möglich, ohne daß das Bewußtsein nach wenigen Sekunden verloren ginge. Ein Fallschirmabsprung käme auch nicht in Frage. Man könnte wählen, ob man am offenen Schirm ersticken oder am geschlossenen aufschlagen will, weil man vor Erstarrung die Reißleine nicht mehr ziehen kann.

Wieder und wieder überprüfe ich Druck und Durchfluß des lebenswichtigen Gases, achte auf meine Reaktionen und beobachte mich ständig. Fühle ich mich wohl, oder gibt es irgendwelche Warnzeichen für Sauerstoffmangel? Alles ist in Ordnung.
Also weiter! Ich mag noch nicht aufhören und die freien Energien verschenken, die sich mir hier anbieten. Trotz des Wissens um die steigenden Risiken bleibe ich noch gelassen und hochgestimmt.
Inzwischen reicht der Blick voraus über die gesamte Alpenbreite.
Das Mailänder Becken taucht auf. Wolken über Italien.
Die Föhnwolke hinter mir wird flacher. Ich habe auch sie überstiegen. Kurz darauf ist die Mechanik des Höhenmessers überfordert. Bei 11200 Metern gibt sie ihren Geist auf. Unschlüssig drehe ich am Verstellknopf. Das Variometer jedoch zeigt immer noch fast 2 Meter Steigen pro Sekunde. Die Höhennadel rührt sich nicht mehr.
Nur dünn und unverständlich dringen die Stimmen aus dem Lautsprecher bis in mein Bewußtsein. Liegt das an meinem Hörvermögen oder ist die Schallübertragung in dieser Luft schon so schlecht?
Durch meine Hantiererei am Höhenmesser läßt sich die Anzeige noch einmal überlisten und schnappt plötzlich auf 12000 Meter. Immer noch hört das Steigen nicht auf, scheint auch nur wenig schwächer geworden zu sein.
Als ich nach oben blicke, glaube ich nicht richtig zu sehen: Bildet sich da nicht über mir noch eine weitere Wellenwolke? Gibt's das wirklich oder entspringt dieses Bild nur meiner Phantasie? Noch einmal 2000 oder 3000 Meter höher scheint sie zu hängen. Eine stumme, aber ironische Aufforderung scheint von ihr auszugehen: »Komm doch herauf, wenn du dich traust!«
Die Gedanken umfassen mich: Das ist ein Flug, der wohl nicht so rasch wiederholt werden kann, vielleicht ist er sogar einmalig in meinem Leben. Ein wenig sollte ich ihn dokumentieren.
Mit klammen Händen zerre ich die Kamera hervor und versuche, durch das Schiebefenster hinaus zu fotografieren. Rings herum beginnt die Scheibe nun stark zu vereisen. Zuviel feuchte Luft habe ich ausgestoßen. Eiskalt drängt nun die dünne Atmosphäre durch alle Ritzen und kriecht durch die dickste Vermummung bis an den Körper. 50 Grad unter Null, und wir steigen noch.
Das Bedürfnis mit jemandem zu sprechen, ihm meine Eindrücke mitzuteilen, verstärkt sich, aber im Moment muß ich allein mit meinen Gedanken bleiben, die sich ebenfalls auf einem Höhenflug befinden: Stellt den Mount Everest unter mir auf und setzt die Zugspitze darauf. Ich bin immer noch 1000 Meter höher. Hier gibt es kein irdisches Hindernis mehr, das sich mir in den Weg stellen könnte.
Ist das schon die Stratosphäre, auf die ich mich zubewege?
Unter mir erkenne ich verschwommen durch das matte Plexiglas den Eisnebel ›meiner‹ Riesenwolke. Von Zürich bis Innsbruck scheint sie zu reichen.
Doch plötzlich weicht die Hochstimmung einem bedenklichen Gefühl. Irgendetwas scheint mir von innen her zuzurufen: »Menschlein, jetzt solltest du mit deinem Spielzeug aufhören, dich an den Rand des Lebens tragen zu lassen!«
Beunruhigt registriere ich, daß die Bodensicht verlorengegangen ist und die Vereisung immer heftiger zunimmt. Offensichtlich befinde ich mich nun genau über der Woge. Voll fahre ich jetzt die Bremsklappen aus und kurve auf die linke Seite, wo ich durch das Seitenfenster Orientierung suche. Mit Macht versetzt mich die Höhenströmung nach Norden. Im Fallen tauche ich von oben in das eisdampfende Gebräu.
Der Schreck überwältigt mich. Meine Blindfluginstrumentierung ist nicht betriebsbereit und ich scheine in das Leegebiet der Luftschwingung geschleudert zu werden.
Mir fällt die Begebenheit von einem Föhnflieger in Innsbruck ein, der sich in die Fallzone der Welle treiben ließ und im Karwendel-Gebirge zerschellte. Momentan ist mir aber nicht bewußt, daß ich noch eine Höhenreserve von mehr als 10 Kilometer habe und daß damit keinerlei Gefahr für einen Absturz in die Berge besteht.
Doch die panikartigen Aufwallungen verdrängen solche logischen Gedanken. Sie fixieren mich auf die Vor-

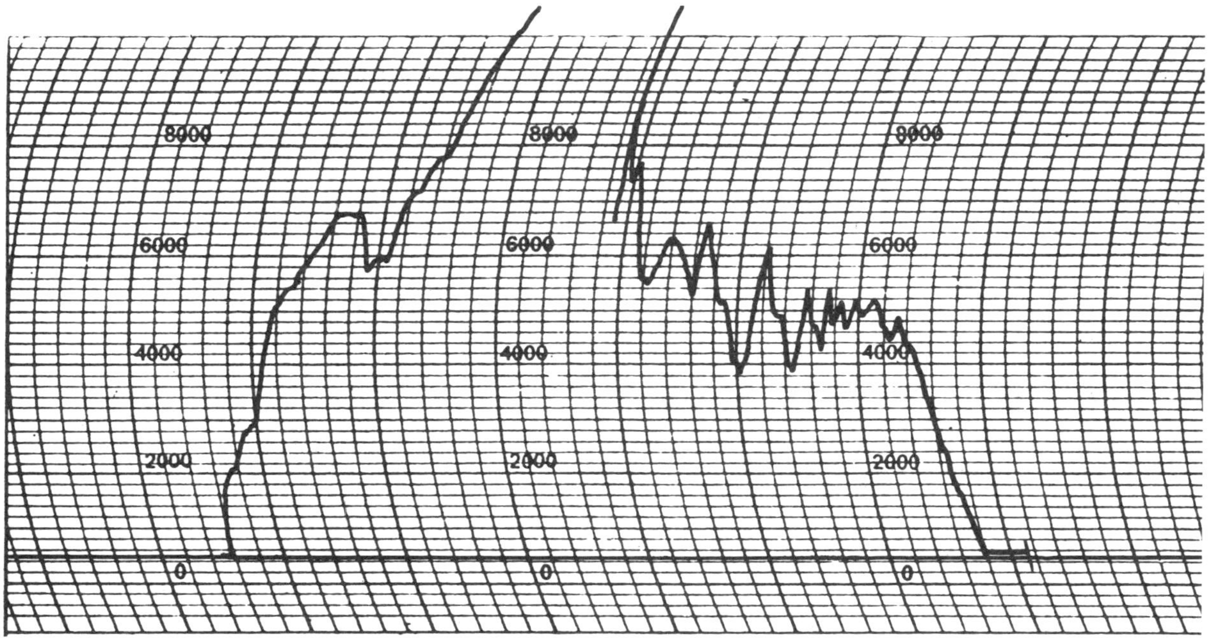

Das Barogramm zu dem beschriebenen Flug: Jeder Teilstrich entspricht 10 Minuten Fugzeit. Am oberen Rand überschritt die Nadel den 10 km-Bereich, blieb hängen und schnappte eine gute Stunde später erst wieder nach unten.

stellung, daß ich auf jeden Fall Kurs nach Süden gegen den Wind halten muß.

Die starken Luftbremsen stabilisieren Gottseidank das Flugzeug in einer Normallage. Nur der Südkurs will sich nicht einstellen. Wie betrunken torkelt die Kompaßrose in ihrem Gehäuse. Meine ganze Konzentration gilt nun dem Einhalten einer konstanten Fahrt.

»Nimm dich zusammen, bis jetzt geht doch noch alles ganz gut!«

Lange, viel zu lange dauert es, bis die Minuten in blindem Fallen vergehen. Ich will jetzt runter von dieser Höhe und muß mich beherrschen, den Knüppel nicht weiter vorzuschieben, als es der Fahrtmesser erlaubt.

Endlich – bei etwa 9000 Metern erscheint die gute, alte Erdkugel wieder. Immer noch behalte ich den südlichen Kurs bei und lasse mich weiter hinunter auf 7000 Meter fallen. Dem Höhenmesser kann ich nun nicht mehr richtig trauen.

Langsam beruhigt sich der harte Puls. Gedanken, Vorstellungen und Beobachtungen verknüpfen sich wieder zu einem sinnvollen Sicherheitsnetz. In einer weiten Kehre schwenke ich nun in den Wind und lasse mich in schneller Fahrt bis vor den Flugplatz treiben.

5000 Meter. Hier läßt es sich schon wieder ohne größere Probleme atmen. Mein Sauerstoffvorrat ist auf 30 bar abgesunken, ich schalte zurück auf die Sparstellung.

Immer wieder treffe ich nun im unbeschwerten Gleiten auf Wellenaufwinde, finde auch meine Freunde wieder, kann wieder mit ihnen sprechen. Zwischen 4000 und 6000 Meter pendle ich noch ein paar Mal mit kleiner werdender Amplitude auf und ab.

Ich kann beobachten, wie von Westen her eine Front

aufzieht. Zum Teil hat sie schon das Vorland erreicht.
Fünf Stunden Flugzeit sind nun um. Mit einem letzten Panoramablick verlasse ich die Höhe und lande nach einem zügigen Abstieg um 15 Uhr. Die anderen sind schon unten. Das Herz ist voll, der Mund bereit zum Erzählen. Wir sind uns einig: So einen Tag voll auszuschöpfen, ist ein unerhörter Glücksfall.
Wie hoch wäre es wohl heute gegangen, wenn man mit einer besseren Ausrüstung alles ausgenutzt hätte? Wir schätzen mindestens 15000 m. Diskussionen entbrennen. Wie lange hält der Mensch solche Höhen aus. Wann braucht er einen Druckanzug? Wie muß man sich vorbereiten, um sicher zu überleben?
Wir werden uns noch lange mit diesem Thema beschäftigen.
Doch wenn uns solche Höhen nie mehr beschert werden sollten, dann war dieser Tag besonders wertvoll. Was macht es, daß auf der späten Heimfahrt die Kopfschmerzen schier unerträglich werden, daß der Reiseverkehr mit den blendenden Scheinwerfern und den regennassen, reflektierenden Straßen die Augen zu sprengen droht, daß die Erschöpfung am Abend sich beunruhigend über Körper und Seele legt?
Der Mensch hat sich an seine Grenze begeben, hat allein mit den Kräften, welche die Natur im Überfluß verschenkt, gezeigt, daß er sich in Räumen bewegen kann, die ihm jahrtausendelang verschlossen waren, in denen auch der Nüchternste zum Philosophen werden muß. Er hat aber auch die Warnung verstanden, die ihm zugeflüstert wurde:
»Vergiß nicht, du bleibst ein sterbliches Wesen!«

D-6302
99

Segelfliegen im Aufwind: Freiheit und Abenteuer

Georg Brütting
DIE BERÜHMTESTEN SEGELFLUGZEUGE

Der bekannte Autor stellt hier die berühmtesten Segler aus Deutschland, Österreich, der Schweiz und aller Welt vor. Aber nicht nur ruhmreichen Flugzeugen widmet sich dieses Standardwerk, sondern auch den Männern, die sie bauten und mit diesen motorlosen Fluggeräten unglaubliche Leistungen vollbrachten. Von den Apparaten der Pionierzeit bis zu den heutigen Seglern.

Die dem letzten Stand entsprechende Neuauflage der großen Dokumentation der Segelfliegerei ist hochaktuell.

220 Seiten, 270 Abbildungen, gebunden, DM 39,–

Fred Thomas
GRUNDLAGEN FÜR DEN ENTWURF VON SEGELFLUGZEUGEN

Der Segelflug verlangt Wissen um die physikalischen Zusammenhänge des Fluges und die Technik des Segelfluges. Bereits die Auswahl des geeigneten Segelflugzeugs ist nicht unproblematisch. Das vorliegende Buch soll deshalb allen Segelfliegern, die sich genauer mit den Entwurfsgrundlagen ihres Sportgeräts befassen, eine Einführung in diese nicht ganz einfache Materie vermitteln. Die anschauliche Zusammenfassung des erforderlichen Fachwissens.

232 Seiten, 218 Abbildungen, gebunden, DM 54,–

Peter F. Selinger
SEGELFLUGZEUGE: VOM WOLF ZUM DISCUS
Flugzeugbau bei Schempp-Hirth und Wolf Hirth 1935 bis 1985

Die Geschichte der Firmen Schempp-Hirth und Wolf Hirth ist mehr als die Darstellung legendärer Konstrukteure und ihrer Segelflugzeuge. Es ist ein lebendiger Spiegel des Segelflugzeugbaus.

Ein reichbebildertes Dokument von der Firmengründung im Jahr 1935 über die »Sonderaufgaben« während des Zweiten Weltkrieges bis zu der 1951 wieder einsetzenden Konstruktion und Herstellung berühmter Segelflugzeuge.

256 Seiten, 280 Abbildungen, gebunden, DM 64,–

Dietmar Geistmann
DIE ENTWICKLUNG DER KUNSTSTOFF-SEGELFLUGZEUGE
Alles Wissenswerte über die Kunststoff-Segelflugzeuge

Erstmals die historisch-technische Gesamtübersicht. Die einzelnen Typen werden mit einem Datenblatt, Zeichnungen und Fotos dargestellt. Hochinteressant auch die Darstellung der einzelnen Fertigungsabschnitte sowie der Materialien.

232 Seiten, 252 Abbildungen, gebunden, DM 42,–

Manfred Kreipl
WOLKEN, WIND UND WELLENFLUG
Ein meteorologischer Wegweiser für den Leistungssegelflug

Mit Hilfe des vorliegenden Buches können – beginnend mit der Auswertung des vorabendlichen Fernsehsatelliten-Wetterbildes bis hin zur Streckenplanung und meteorologischer Hilfe – ergänzt durch aussagekräftige Farbfotos – die dem Segelflug scheinbar gesetzten Grenzen noch weiter hinausgeschoben werden. Dieses wichtige Buch führt hin zum »Höher, schneller und weiter«.

148 Seiten, 114 Abbildungen, davon 24 in Farbe, gebunden, DM 45,–

Manfred Kreipl
MIT DEM WETTER SEGELFLIEGEN

Dieses Buch mit seinen vielen erklärenden Zeichnungen und Fotos, auf leicht verständliche Art geschrieben, soll die natürlichen Grundlagen für alle Segelflieger – unabhängig von Vor- oder Ausbildung – vermitteln. Denn keine andere Sportart hängt so sehr vom Wettergeschehen ab wie das Fliegen ohne Motor. Hier steht alles was der Pilot über die atmosphärischen Vorgänge wissen muß. Ohne dieses Wissen geht es nicht. Ohne dieses Wissen ist das Fliegen mit einem höheren Risiko verbunden.

148 Seiten, 119 Abbildungen, gebunden, DM 32,–

Peter Riedel
Erlebte Rhöngeschichte

Band 1: START IN DEN WIND
behandelt die Jahre von 1911 bis 1926.
284 Seiten, 450 Abb., gebunden, DM 56,–

Band 2: VOM HANGWIND ZUR THERMIK
die Rhön in den bewegten Jahren von 1927 bis 1932.
228 Seiten, 450 Abb., gebunden, DM 48,–

Band 3: ÜBER SONNIGE WEITEN
Rhöngeschichten 1933 bis 1939.
272 Seiten, 377 Abb., gebunden, DM 56,–

Helmut Reichmann
STRECKEN-SEGELFLUG
Ein Lehrbuch für den Leistungs- und Wettbewerbs-Segelflug

Streckensegelflug – wie steigt man besser, fliegt man weiter, höher, schneller, wie trainiert man, welche taktischen Grundsätze gelten im Wettbewerb? Dies ist ein Lehrbuch, das auch komplizierte Zusammenhänge verständlich darstellt. Ein Segelflug-Bestseller!

210 Seiten, 147 Abbildungen, gebunden, DM 48,–

Motor buch Verlag

MOTORBUCH VERLAG
Postfach 1370 · 7000 Stuttgart 1